本书为教育部哲学社会科学研究重大课题攻关项目"国家语言文字事业法律法规体系健全与完善研究"(14JZD050)研究成果

国外语言文字立法比较研究：
经验及其启示

杨解君　庄汉 ◎ 著

中国社会科学出版社

图书在版编目(CIP)数据

国外语言文字立法比较研究：经验及其启示 / 杨解君，庄汉著 . —北京：中国社会科学出版社，2022.9

（语言文字法研究丛书）

ISBN 978-7-5227-0719-8

Ⅰ.①国⋯　Ⅱ.①杨⋯②庄⋯　Ⅲ.①语言文字符号—立法—对比研究—国外　Ⅳ.①D912.160.4

中国版本图书馆 CIP 数据核字（2022）第 141228 号

出 版 人	赵剑英
责任编辑	梁剑琴　高　婷
责任校对	李　莉
责任印制	郝美娜

出　　版	中国社会科学出版社
社　　址	北京鼓楼西大街甲 158 号
邮　　编	100720
网　　址	http://www.csspw.cn
发 行 部	010-84083685
门 市 部	010-84029450
经　　销	新华书店及其他书店
印刷装订	北京市十月印刷有限公司
版　　次	2022 年 9 月第 1 版
印　　次	2022 年 9 月第 1 次印刷
开　　本	710×1000　1/16
印　　张	17
插　　页	2
字　　数	286 千字
定　　价	98.00 元

凡购买中国社会科学出版社图书，如有质量问题请与本社营销中心联系调换
电话：010-84083683
版权所有　侵权必究

总序

推进语言文字法治建设，铸牢中华民族共同体意识

"语言文字法研究丛书"是受教育部哲学社会科学研究重大课题攻关项目"国家语言文字事业法律法规体系健全与完善研究"的资助，由中国社会科学出版社悉心推出的语言文字立法研究领域的系列学术成果，目的在于为语言文字依法治理的中国实践提供理论支撑，推动中国语言文字法治建设不断进步，推进语言文字治理体系和治理能力现代化。

"多元一体"是中华民族的文化格局和特色。习近平总书记指出："我们讲中华民族多元一体格局，一体包含多元，多元组成一体，一体离不开多元，多元也离不开一体，一体是主线和方向，多元是要素和动力，两者辩证统一。"习近平总书记关于"多元一体"的重要论述高屋建瓴，为新时代健全与完善国家语言文字事业法律法规体系提供了根本遵循和行动指南。在"多元一体"文化格局引领下，我国需要建立起以《国家通用语言文字法》为"一体"、为主线，以"非通用语言文字法"为"多元"、为动力的语言文字法体系，从而为我国语言文字事业的发展和繁荣奠定坚实的文化法制基础。

我国是一个多民族、多语言、多文种的国家，推广普及国家通用语言文字是实现文化认同，提升国家软实力，铸牢中华民族共同体意识的基本国策。诚如有论者指出，通用语言文字推广普及是维护国家统一的治政基本策略，是中华民族共同体的重要表征，是铸牢中华民族共同体意识的基础工程。基于此，关于《国家通用语言文字法》的贯彻实施、修订与完善的学术研究，旨在维护国家的语言文字主权和尊严，促进各民族、各地区经济文化交流，提高民族地区教育质量和水平。同时，关于非通用语言文字立法的研究，旨在赋予少数民族语言、汉语方言、手语盲文、繁体字、异体字、外来语、网络语言文字等非通用语言文字应有的法律地位和

支持，从而为实现语言文字的多样化发展提供长期而永续的支持。

"他山之石，可以攻玉。"国外语言文字立法，在确立一种或多种语言的官方语言地位、强化少数族群和特殊人群的语言权利保障、维护语言文化多样性、提供公共语言服务、实现语言文字规范化等诸多方面，发挥了至关重要的作用，其成功的经验或失败的教训值得我们借鉴吸取。基于此，我们对主要代表性国家或地区语言文字立法的现状、特点和利弊得失进行研究，并选译了部分国外法律法规，以期加深对人类语言文字法治发展的认识，为我国语言文字事业的法制建设发掘有益的经验与启示。

国家语言文字事业的科学立法、严格执法、公正司法和全民守法是铸牢中华民族共同体意识不可或缺的文化法制根基，让我们共同努力，在语言文字法研究领域持续深耕，为推动语言文字事业的依宪依法治理、开拓语言文字事业发展新局面贡献智慧和心力。

杨解君

序　言

　　语言既是人际交流沟通的工具，又是文化传承发展的根基。许多国家制定语言政策来鼓励或限制民众对某一特定语言的使用，有些国家通过语言政策的制定来推行官方语言，还有些国家借助语言政策来保护少数民族语言或濒危语言。语言政策可以划分为显性语言政策和隐性语言政策。所谓显性语言政策，是指通过立法和政府文件等明文规定的语言政策，世界上多数国家如今有自己的显性语言政策。所谓隐性语言政策，是指通过语言意识形态、语言实践活动等体现的语言倾向，以及可能影响到语言生活的其他法律条文或政府文件。本书所指的语言文字立法可以理解为显性的语言政策，是指国家通过制定政策、立法或司法等手段来培养公民对特定语言的理解与掌握，或是维护个人或团体使用某种语言的权利。因此，在本书中，语言政策与语言立法这两个概念有时亦在同一意义上加以使用。

　　从立法目的和价值取向的角度，国外语言文字立法可以区分为工具性价值和文化性价值。主张语言立法的工具性价值，往往把语言仅仅视为一种沟通的工具，是某个人获致政治权利、经济资源、社会地位和文化认同的登堂入室的钥匙。语言立法的工具性价值强调的是语言的标准化、规范化和沟通的便捷性，因而倾向于采取语言同化政策，以达到语言统一的目标。如法国的《杜彭法案》、德国正字法改革、日本国语政策的推行等，均以语言功利主义价值的考量为主。强调语言立法的文化性价值，则认为不管语言使用人数的多寡，都是独一无二的文化资产，区域性或少数民族语言权利的保障具有正当性。加拿大的《多元文化法》、新西兰的《毛利语言法》等，则为凸显语言文字立法文化性价值的典范。

　　从立法内容的角度，国外语言文字立法区分为官方语言立法、语言平等法、少数族群语言保护法、濒危语言保护法、语言教育法，等等。据不完全统计，明定国家语言、官方语言立法的有 112 个国家；明定平等条款的有 64 个国家；明定特殊语言保障条款的有 81 个国家；明定母语教育的有 25 个国家。

　　从立法规范强度的角度，国外语言文字立法可以区分为强制性立法和任意性立法。语言立法是显性的语言政策，一般来说都具有"软法"的特点，以宣导性、促进性、辅助性规范为主，强制性规范较为少见。

　　国外语言政策和语言立法的制定通常与该国历史因素和经济社会现实有密切的关联，因此实务上语言法的立法目的、适用范围、规范强度等往往会因国家而异。究竟是要重视语言的沟通功能、规定通用语的强制适用、辅导不懂通用语言公民的学习，还是要强调语言地位的平等，不管是支配性民族还是少数民族，所有民族的语言都是官方语言或是国家语言；究竟是要采取因地制宜的方式，也就是制定区域性通用语言，还是采取属人的语言权；究竟要采取消极地包容或是避免打压少数族群的语言，还是要积极地加以存续保护或是推动；究竟要花大力气让本国人学习其他国家的语言，还是着力于使公民掌握一种可以顺畅交流的通用语，凡此种种，无不是由一国的政治、经济、社会、文化等多种力量相互角力的结果。

　　我国是一个多民族、多语言、多方言、多文种的国家。2000 年通过的《国家通用语言文字法》，依法将普通话和规范汉字确定为国家通用语言文字，以便全国各族人民沟通交流。同时允许在特定情况下保留繁体汉字，并让各民族使用和发展自己的语言文字。国家通用语言——普通话以北京语音为标准音，以北方方言为基础方言，以典范的现代白话文为语法规范。而汉语本身还分成官话、吴语、粤语、闽语、湘语、赣语、客家语等多种方言。另外，现今少数族群使用的地方语言，则有蒙古语、藏语、维吾尔语、哈萨克语、朝鲜语、彝语、壮语等。以国外语言文字立法为镜鉴，我国通用语言文字已有中央层面的立法。在信息化时代，需要针对网络语言文字的规范化进行修改完善。我国少数民族语言立法的缺失是显而易见的，为保护少数民族的语言权利、体现各民族语言文字平等的政策、实现民族团结，均迫切需要通过立法的形式，进一步落实《宪法》《民族区域自治法》的相关规定，明确少数民族语言文字的地位，保障少数民族使用本民族语言文字的权利。此外，关于外语使用方面的管理也亟须法治化，以适应全球化时代经济社会发展的需求。

在法学研究领域，本书讨论的国外语言文字立法问题是一个小众话题，能收集、研究、吸纳的学术文献较为有限，受制于自身知识储备的不足，书中谬误之处在所难免，尚祈各位方家不吝指正。

作者谨识

目　　录

第一章　绪论 …………………………………………………………（1）
　第一节　语言文字立法和语言政策的发展及概念范畴 …………（1）
　　一　语言文字立法和语言政策的发展趋势 ……………………（1）
　　二　相关概念范畴 ………………………………………………（2）
　第二节　国内外研究现状 …………………………………………（4）
　　一　国外研究现状 ………………………………………………（4）
　　二　国内研究现状 ………………………………………………（7）
　第三节　研究意义 …………………………………………………（8）
　　一　理论意义 ……………………………………………………（10）
　　二　实践意义 ……………………………………………………（10）
　第四节　研究思路和主要内容 ……………………………………（11）
　　一　研究思路 ……………………………………………………（11）
　　二　主要内容 ……………………………………………………（12）
第二章　英语作为官方语言国家的语言文字立法 ………………（13）
　第一节　全球推广：英国语言文字政策与立法 …………………（13）
　　一　英语能力与英语推广 ………………………………………（14）
　　二　英国少数民族语言立法和方言立法 ………………………（15）
　　三　外语教育 ……………………………………………………（16）
　　四　北爱尔兰语言政策与语言立法 ……………………………（17）
　第二节　独尊英语：美国语言文字立法 …………………………（19）
　　一　美国的语言状况 ……………………………………………（19）
　　二　影响美国语言政策和语言立法的主要因素 ………………（20）
　　三　官方语言立法 ………………………………………………（25）

四　美国语言教育立法 …………………………………………（30）
　　　五　从语言灭绝到语言保护——对原住民的语言政策 …………（32）
　　　六　结语 …………………………………………………………（33）
　第三节　英法双语：加拿大语言文字立法 …………………………（34）
　　　一　加拿大的语言状况 …………………………………………（35）
　　　二　加拿大语言文字的立法实践与主要内容 …………………（36）
　　　三　加拿大语言文字立法的特点与启示 ………………………（42）
　第四节　从同化到多元文化：澳大利亚语言文字政策与立法 ……（45）
　　　一　澳大利亚的语言政策与语言立法状况 ……………………（46）
　　　二　语言多样性、语言平等与少数族群语言权利保护 ………（48）
　　　三　澳大利亚语言服务政策与立法 ……………………………（50）
　　　四　澳大利亚语言教育与语言能力政策与立法 ………………（52）
　　　五　澳大利亚语言政策与立法发展的未来方向 ………………（53）
　第五节　少数族群语言权利保护：新西兰语言文字立法 …………（53）
　　　一　新西兰的语言状况 …………………………………………（53）
　　　二　新西兰毛利语政策与《毛利语言法》 ……………………（54）
　　　三　新西兰手语立法 ……………………………………………（59）
　第六节　多语共存：新加坡语言文字政策与立法 …………………（60）
　　　一　新加坡的语言状况 …………………………………………（60）
　　　二　新加坡语言地位政策 ………………………………………（62）
　　　三　新加坡双语政策的意涵 ……………………………………（63）
　　　四　结论 …………………………………………………………（64）
第三章　欧盟主要成员国的语言文字立法 ……………………………（66）
　第一节　专门立法的典范：法国语言文字立法 ……………………（66）
　　　一　法国的语言状况 ……………………………………………（67）
　　　二　法国的语言政策与语言立法：内涵与实践 ………………（69）
　　　三　《杜彭法案》（Loi Toubon） ……………………………（71）
　　　四　全球化与多元化的挑战 ……………………………………（74）
　　　五　法国单一语言政策和专门语言立法的启示 ………………（76）
　第二节　语言规范化与纯洁性：德国语言文字立法 ………………（78）
　　　一　德意志民族语言的形成 ……………………………………（78）
　　　二　德国正字法改革 ……………………………………………（79）

三　索布人语言权利保护 …………………………………… (82)
第三节　语言区的划分：比利时语言文字立法 ……………………… (85)
　　　一　比利时的语言状况 ……………………………………… (86)
　　　二　"佛拉芒独立运动"与比利时语言立法历程 ………… (86)
　　　三　比利时语言区的划分 …………………………………… (88)
　　　四　结论 ……………………………………………………… (91)
第四节　语言联邦主义：瑞士语言文字立法 ………………………… (92)
　　　一　瑞士语言文字状况 ……………………………………… (92)
　　　二　瑞士的族群语言地理分布 ……………………………… (93)
　　　三　瑞士联邦体制与语言法条款 …………………………… (94)
　　　四　瑞士语言立法的实际运作 ……………………………… (96)
　　　五　少数族群语言权利保护 ………………………………… (96)
　　　六　瑞士经验的启发 ………………………………………… (97)
第五节　国家与地方官方语言共存：西班牙语言文字立法 ………… (98)
　　　一　官方语言西班牙语现况 ………………………………… (99)
　　　二　地方官方语言之巴斯克语 ……………………………… (100)
　　　三　地方官方语言之加利西亚语 …………………………… (101)
　　　四　地区官方语言之加泰罗尼亚语 ………………………… (102)

第四章　独联体国家的语言文字立法 ………………………………… (105)
第一节　从语言沙文主义到语言多样性：俄罗斯语言文字
　　　　　立法 …………………………………………………… (105)
　　　一　俄罗斯语言政策研究 …………………………………… (106)
　　　二　俄罗斯语言立法研究 …………………………………… (110)
　　　三　俄罗斯联邦语言政策发展及研究新动态 ……………… (112)
　　　四　俄罗斯语言文字立法现状 ……………………………… (119)
第二节　"三语政策"：哈萨克斯坦语言文字立法 ………………… (126)
　　　一　《哈萨克斯坦共和国国内语言法》的主要内容 ……… (126)
　　　二　"三语政策" …………………………………………… (126)
第三节　国家语言与官方语言的分立：吉尔吉斯斯坦语言文字
　　　　　立法 …………………………………………………… (127)
　　　一　关于国家语言的立法 …………………………………… (127)
　　　二　关于官方语言的立法 …………………………………… (128)

三　吉—俄双语制的演进 …………………………………（128）
第五章　东亚国家的语言文字立法 ……………………………（130）
　第一节　语言的标准化与多样性：日本语言文字立法 ………（130）
　　　一　日本的语言状况 ………………………………………（130）
　　　二　日本语言政策与国语审议会 …………………………（131）
　　　三　日本语言标准化政策面面观 …………………………（134）
　　　四　少数民族语言文字问题及有关政策 …………………（139）
　　　五　语言权的确立 …………………………………………（140）
　　　六　日本语言政策的统一性与多样性 ……………………（142）
　　　七　日本语言政策与立法对我国的启示 …………………（150）
　第二节　国语的确立与语言纯化：韩国语言文字立法 ………（151）
　　　一　韩国的语言状况 ………………………………………（151）
　　　二　韩国语言文字政策历程 ………………………………（153）
　　　三　韩国语言文字立法现状 ………………………………（156）
　　　四　中韩语言文字立法比较 ………………………………（166）
第六章　非洲与拉美国家的语言文字立法 ……………………（174）
　第一节　语言万花筒：南非语言文字立法 ……………………（174）
　　　一　南非宪法中语言政策的变迁与发展 …………………（175）
　　　二　制定语言政策的依据 …………………………………（175）
　　　三　语言政策的革新方案及其具体规定 …………………（179）
　　　四　教育与公务部门的语言规范 …………………………（182）
　　　五　传统语言、手语和特殊交际方式 ……………………（184）
　第二节　从本土语言到殖民地语言：秘鲁语言文字立法 ……（185）
　　　一　社会语言状况 …………………………………………（185）
　　　二　共和国时期的语言政策 ………………………………（186）
　　　三　秘鲁的双语政策 ………………………………………（186）
　　　四　从本土语言到殖民语言 ………………………………（188）
第七章　国外语言文字立法比较研究 …………………………（190）
　第一节　主要代表性国家语言文字立法的共性分析 …………（190）
　　　一　语言文字立法的调整对象特定 ………………………（191）
　　　二　语言文字立法的规范内涵有限 ………………………（192）
　　　三　语言文字立法的"软法"特征明显 …………………（193）

四　语言文字立法的重心体现为语言平等与语言权利保护 …… (197)
第二节　主要代表性国家语言文字立法的差异性分析 ………… (200)
　　一　语言文字立法模式各异 …………………………………… (200)
　　二　语言文字立法的理论基础不同 …………………………… (201)
　　三　语言文字立法的功能多元化 ……………………………… (205)
　　四　语言文字立法的规范内容不同 …………………………… (208)
第三节　国外语言文字立法的发展趋势 ………………………… (212)
　　一　文化（语言文字）资产保护的立法专门化 ……………… (212)
　　二　语言文字立法的宪法化 …………………………………… (213)
　　三　语言文字立法的国际法化 ………………………………… (214)
第四节　国外语言文字立法的经验教训与启示 ………………… (217)
　　一　国外语言文字立法的经验 ………………………………… (218)
　　二　国外语言文字立法的教训 ………………………………… (221)
　　三　国外语言文字立法对我国的启示 ………………………… (224)

参考文献 ………………………………………………………… (232)
后记 ……………………………………………………………… (257)

第一章

绪 论

第一节 语言文字立法和语言政策的发展及概念范畴

语言文字立法和语言政策的形成与发展，无不是在语言的通用性、规范性与语言的多样性、变动性之间寻求平衡。一方面，国家经常通过语言立法和语言政策的制定来推行官方语言文字或通用语言文字，以提升主权范围内人们沟通交流的便捷性，促进多民族国家中各民族的交流交往交融，维护国家统一和民族团结，提高国民语言能力；另一方面，亦有许多国家借助语言政策和语言立法来保护地区性语言、少数语言或濒危语言。整体而言，少数语言的存在可能构成一个国家内部融合的潜在障碍，但保障少数语言权利将有助于提升使用少数语言的民众对政府的信任，维护文化差异性和语言多样性。

一 语言文字立法和语言政策的发展趋势

诚如有论者指出："主体性和多样性"构成了语言文字立法和语言政策的总原则。[①] 各国语言文字立法和语言政策的发展要么是在语言的主体性和多样性之间有所偏向和选择，要么是在二者之间寻求调和与妥协。

（一）主体性

国家往往会通过制定政策、立法或法院裁判等手段来培养国民对特定语言的理解与掌握，或是维护个人或团体使用某种语言的权利。由于语言文字政策和语言文字立法通常与该国历史文化传统有紧密的关联，因此实

---

① 周庆生：《中国"主体多样"语言政策的发展》，《新疆师范大学学报》（哲学社会科学版）2013 年第 2 期。

务上语言政策的范围往往会因国别而差异巨大。法国的《杜彭法案》是强调语言主体性的典范，该法案视法语为建构和维系法国共同体的关键，亦是法国文化的一部分，该法的立法目的在于通过规范法语的使用，确保法语文化的传承和延续，属于法国文化政策的重要一环。我国的《国家通用语言文字法》旨在推动国家通用语言文字的规范化、标准化及健康发展，同样以法律的形式强化和固定了语言的主体性。此外，国家间就特定语言政策和语言立法的落实明晰度也不尽相同。比如，法国的《杜彭法案》与加拿大魁北克地区的《法语宪章》即语言政策落实辨识度高的显例。

（二）多样性

在目前世界上约6000种语言中，超过一半面临着在21世纪内消失的危机。许多因素影响着人类语言的存续和使用，其中包括母语使用者人数、地理分布与该语言的使用者在世界上的社会经济影响力等。国家则可通过语言政策强化或消弭这些因素。以色列语言学家诸葛漫（Ghil'ad Zuckermann）曾言：母语的使用与语言权利应该被鼓励。政府应该将本土语言与托雷斯海峡群岛原住民的原始语言列为澳洲的官方语言。我们必须改变怀阿拉与其他地方的语言样貌。英语与本土方言都应该有文字。我们应该认可包含语言、音乐与舞蹈在内的本土知识产权。①新西兰的《毛利语言法》是维护语言多样性的典范，该法旨在通过法制化路径捍卫母语的尊严，拯救濒危语言。

二 相关概念范畴

（一）语言政策②

语言政策是语言冲突和矛盾的产物，它表明一国对国内多元化语言种类存在的态度和规划，一个国家语言政策的制定都是服务于其本国的各种利益目标。加拿大社会语言学家罗纳德·沃德华（Ronald Wardhaugh）认为：语言政策是一种实现现代国家建设的语言地位规划，体现了该国强化

---

① Ghil'ad Zuckermann, "Stop, Revive and Survive", *The Australian Higher Education*, June 6, 2012.

② 从广义上来看，作为沟通工具的语言，不论是口语或是书写的形式，诸如符号、声音、文字等都属于广义的语言类型。在此意义上，本书将"语言文字政策"简称为"语言政策"，将"语言文字立法"简称为"语言立法"。

民族意识和民族感情的需求，成为加强民族团结的重要手段。但不管对语言政策的定义如何界定，都离不开本国特定的国情以及特定的历史背景，任何语言政策的制定都对国家的安定、民族的融合、经济的发展以及现代化的进程起到重要的作用。① 在我国，理论界对于语言政策概念界定的通说为：语言政策是指人类社会群体在言语交际过程中根据对某种或者某些语言所采取的立场、观点而制定的相关法律、条例、规定、措施等。②

（二）官方语言

官方语言（official language）是在政府官方使用的语言，与民间语言相区别。具体而言，是指"为了适应管理国家事务的需要，在国家机关、法律裁决、正式文件及国际交往等官方场合中规定的一种或几种有效的语言"③。换言之，官方语言通常是指国家制定法律、政府行政、司法裁判、对外交往以及新闻媒体中使用的语言。官方语言可能是本土民族语言中的一种或多种，也有可能是外语（原宗主国的语言或原联盟通用语）。有的国家只有一种官方语言，有的国家有几种官方语言等。在一些国家，少数民族语言也可以是官方语言。值得注意的是，官方语言并不一定等同于行政语言（administrative language）。如新加坡的法律规定有四种官方语言，但其行政语言和第一教育语言是英语。

（三）母语

母语（native language），又称第一语言，为一个人出生以后，最早接触、学习并掌握的一种或几种语言。母语一般是自幼即开始接触并持续运用到青少年或之后；并且，一个人所受的家庭或正式教育中，尤其是早期，有相当部分是通过母语传授的。一个人同时可以拥有多种母语，并且可以使用双语或多种语言。

（四）通用语

又称通行语（common speech），主要用于使用不同的语言的人之间进行交际，它是不同语言背景的人进行交际的一种共通语言。通常一种语言，会因为在国际商务中被广泛应用，而成为通用语。

（五）少数族群语言

少数族群语言（Minority language）是指地区内少数族群使用的语言。

---

① ［加拿大］罗纳德·沃德华：《社会语言学引论》（第五版），雷红波译，复旦大学出版社2009年版，第5页。
② 陈章太：《语言规划研究》，商务印书馆2005年版，第148页。
③ 孙炜、周士宏、申莉：《社会语言学导论》，世界知识出版社2010年版，第194页。

截至 2008 年，193 个国际承认的主权国家中有 5000—7000 种语言，其中大部分是少数族群语言。在欧洲、加拿大和世界某些地区，以宪法或立法来确立少数民族语言的地位。有些少数民族语言是官方语言，如爱尔兰语是爱尔兰共和国的官方语言。

（六）濒危语言

濒危语言（endangered language）指的是使用人数越来越少的、行将灭绝的语言。在全球范围来看，已经有超过 750 种语言灭绝，还有许多语言也只有少数的使用者。联合国教科文组织发布的 2009 年版"世界濒危语言地图"指出全球有 199 种语言处境告急，其中有 18 种语言被列为"极度濒危语言"。

第二节 国内外研究现状

一 国外研究现状

从国外研究来看，有关语言文字立法、语言文字事业法律法规体系方面的研究，与其所在国家或者地区的立法状况是紧密相连的。如果一国无语言文字立法实践，则该国一般对此研究较少。只有在那些具有语言文字法的国家，其理论研究才较为多见。但即便如此，相较于其他领域的法学研究成果而言仍然较少。一般来说，语言文字法研究在各国法学研究中属于小众话题。

语言文字立法在语言学上的分类属于社会语言学的范畴，进一步来看，语言文字立法往往作为推行语言政策或语言规划、进行语言管理的一种语言治理工具。因此，在国外语言政策和语言规划的研究中，一般蕴含着对语言权利和语言立法的研究。比如，以色列著名语言学家博纳德·斯波斯基的专著《语言政策——社会语言学中的重要论题》中，辟有专章探讨"语言权"，指出语言权产生于 20 世纪后半叶，现在是影响各国语言政策制定的一个主要因素。① 在其另一本语言学著作《语言管理》一书

---

① [以] 博纳德·斯波斯基：《语言政策——社会语言学中的重要论题》，张治国译，商务印书馆 2011 年版，第 127—148 页。

中，研究了国际法中的语言权。① 英国语言学家苏·赖特在《语言政策与语言规划——从民族主义到全球化》一书中提出了语言多样性与濒危语言的保护问题。② 匈牙利语言学家米克洛什·孔特劳等编的《语言：权利和资源——有关语言人权的研究》一书中对国际法中少数族群的语言权利进行了系统研究，探讨了新兴世界语言秩序下的语言人权。③

俄罗斯学界对语言文字法律法规的研究比较多，主要涉及国家层面与地方层面国家机关制定有关国家官方语言与地区语言使用的法律法规问题，以及这些法律法规怎样更好地调控官方语言与本民族语言之间的关系问题。这方面的代表性研究成果有俄罗斯学者 A.C.彼戈尔金的《俄罗斯苏维埃联邦社会主义共和国民族语言法：经验与发展问题》一文，该文详细论述了语言法的具体内容，阐释了国语作为各民族通用语的作用，以及民族语言法的错误和缺陷。④ 值得一提的是，2004 年供职于俄罗斯国家杜马的法律专家娜达利亚首次分析了俄语作为国家正式语言在俄罗斯联邦的宪法、司法地位，她同时还分析了俄语在日常生活、国家管理与教育领域使用减少的原因，指出了俄罗斯国家语言的运行与使用中出现的问题主要在于司法调控不足。鉴于此，她提出了具体的政策建议。

法国学界对语言文字法律的研究成果非常丰富，主要涉及国家机关制定有关保护法语、传播法语以及有关法语语言使用的法律法规问题。这方面的代表性研究成果有法国学者米歇尔·尚苏（Michel Chansou）的《法国语言规则政策与语言法律（1966—1994）》。该论文论述了 1966—1994 年法国语言规则政策与语言法律制定的历史背景和演变过程。其主要观点为：1966—1994 年法国语言政策制定的目的在于应对法语的衰落和来自英语的外来语的"入侵"、彰显法语和法兰西文化的存在。但由于政界人士的思想系统及其政府的当务之急各不相同，不同政府所制定的语言政策存在差异。这些政策对于立法文本和规章条例文本的起草产生了影响。

---

① ［以］博纳德·斯波斯基：《语言管理》，张治国译，商务印书馆 2016 年版，第 292—300 页。

② ［英］苏·赖特：《语言政策与语言规划——从民族主义到全球化》，陈新仁译，商务印书馆 2012 年版，第 243 页。

③ ［匈］米克洛什·孔特劳等编：《语言：权利和资源——有关语言人权的研究》，李君、满文静译，外语教学与研究出版社 2014 年版，第 1—36 页。

④ ［俄］A.C.彼戈尔金：《俄罗斯苏维埃联邦社会主义共和国民族语言法：经验与发展问题》，杨丽艳、汤正方译，《世界民族》1995 年第 1 期。

如：术语学委员会的行为带有统制经济色彩；《巴斯—劳里奥尔法案》受到了自由主义的影响；《杜彭法案》回归唯意志论政策。宪法委员会的审查成为公共权力机构介入语言政策法律领域的新形式。

德国学者 Christina Noack 在其博士论文《德语的规范化与不规范化》中梳理了 17—19 世纪末正字法理论的历史概况，深入探究理论基础与术语论述，并就现代计算机基础上的正字法进行分析。Gerald G.Sander 的博士论文《德国需要一部法律来保护德语吗？》倾向于立法保护德语，以此防止德语被英语瓦解，改善英语充斥着商业生活的现状，并将法国也有同样措施保护法语作为加强德语立法的佐证。

韩国对语言文字法律法规方面的研究集中于对《韩语专用法案》和《国语基本法》以及《国语基本法实施令》的探讨。2000 年以前，研究主要是针对《韩语专用法案》，2000 年以后主要针对《国语基本法》及其实施令；从研究主题来看，关于《韩语专用法案》的研究主要集中在修订和废除方面。杨耀生、韩国语文教育研究会、郑载浩、孙元日、全国汉字教育促进总联合会等都提出了《韩语专用法案》存在的问题主要在于影响了国语教育的正常化进行。孙元日指出学生有学习的权利，这样的法案阻挡了语言的自然发展，强制改变文化运行体制，这只能使全民族陷入危机。奇世勋也强调该法案影响了小学语文教育，应该废除。而关于《国语基本法》的研究主要体现在以下三方面：第一，基本法正式颁布前，就其内容进行研究。陈泰夏指出立法前，一定要明确什么是"国语"以及固有词、汉字词、外来词、方言的概念定位。孙元日也指出法令中存在的问题，例如第 3 条中"大韩民国的共享语是韩国语（以下简称'国语'）"，这里的"共享语""韩国语""国语"用语混乱。第 14 条中规定"公民的语言生活以使用国语为原则"，这违背了语言的自然性。第二，该法给韩国语教育界带来了变化。[①] 赵恒禄强调，进入 2000 年后，由于政府颁布的基本法及推行的其他韩国语教育扶植政策，韩国语教育取得了前所未有的发展。[②] 金世中认为基本法的意义在于它指定了国家机关和地方自治团体对韩国语所担负的责任，赋予了韩国语教育者专门性，为

---

① 손원일 (2004)，한글+한자문화 칼럼：<국어기본법>은 백해무익，《한글한자문화》54，54-57，전국한자교육추진총연합회.

② 조항록 (2007)，<국어기본법>과 한국어 교육-제정의 의의와 시행 이후 한국어 교육계의 변화를 중심으로-，《한국어 교육》18 권 2 호，401-422，국제 한국어 교육학회.

了让全体公民能使用专门用语而使其标准化。金俊熙指出,在基本法制定后,教师培养制度也进行了调整,大大提高了韩国语教师的专业性。① 此外,金振奎、权载日也论述了国语基本法制定的意义,认为它促进了韩国语发展,并提供了保障。第三,关于国语政策和发展方向的探讨。② 权载日(2010)③、李宽奎(2006)④、金甲洙(2003)、陈载乔(2006)⑤ 等都分析论述了国语政策、国语基本法的发展方向。朴昌源在《国语基本法》实施十周年之际,分析了《国语基本法》的缘起、内容与未来趋势,指出《国语基本法》与《国语基本法实施令》之间衔接不畅,存在着内在的冲突和矛盾;他还着重指出由韩国文化体育观光部掌管《国语基本法》实施的体制存在执行乏力的问题。⑥ 综上,国语政策方向大致如下:实现国语基本法理念,提高实效性;改善国语使用环境,提高公民的国语能力;韩国语海外振兴事业的扩大;确立多元化语言规范;扩大施行社会语言福利对策;发掘国语文化遗产;推动国语信息化事业的持续发展,等等。

二 国内研究现状

国内对国外语言文字立法研究的论著主要有周庆生主编的《国外语言政策与语言规划进程》⑦,该书第二编为"语言立法",翻译整理了俄罗斯、哈萨克斯坦、法国、加拿大等国的语言法、欧洲地区性语言或少数民族语言宪章、世界各国宪法中的语言条款、联合国及诸区域法规文件中的语言条款;探讨了语言立法的理据、类型学以及俄罗斯和加拿大的语言立

---

① 김준희 (2006), 한국어 교사의 전문성-<국어 기본법> 이후 달라진 한국어 교사 양성 제도-, ≪한말연구학회 학회발표집≫ 23, 207-223, 한말연구학회.

② 김진규 (2005), <국어기본법>제정의 의의, ≪한어문교육≫ 1, 133-145, 한국언어문학교육학회.

③ 권재일 (2010), 세계화 시대의 국어 정책 방향, ≪국어국문학≫ 155, 5-17, 국어국문학회.

④ 이관규 (2006), 국어기본법 시대의 국어 정책 방향, ≪한글≫ 272, 221-247, 한글 학회.

⑤ 진재교 (2006), <국어기본법>과 한문 교육의 방향-언어 내셔널리즘을 넘어-, ≪한문교육연구≫ 27, 361-396, 한국한문교육학회.

⑥ 박창원 (2015), [특집] <국어기본법> 시행 10 년, 그 성과와 나아갈 방향; <국어기본법> 10 년을 되돌아보면서, ≪새국어생활≫제 25 권 제 3 호, 국립국어원.

⑦ 周庆生主编:《国外语言政策与语言规划进程》,第二编《语言立法》,语文出版社2001年版。

法，研究了语言人权的历史与现状、拉丁美洲土著居民的语言权利，澳大利亚的语言政策和少数民族权利。《国家、民族与语言——语言政策国别研究》一书系统介绍了代表性国家的语言政策，其中涉及诸多国家的语言立法。① 周庆生、王杰、苏金智主编的《语言与法律研究的新视野》一书，从语言立法等视角，研究语言与法律的理论与实践。② 刘红婴的《语言法导论》一书，在第三章"语言立法"中对语言文字的国际立法和各国国内立法进行了举要和说明。③ 在国别研究中，周玉忠主编的《美国语言政策研究》一书第六章探究了美国21世纪以来语言立法的主导倾向和反双语教育立法。④ 李英姿的《美国语言政策研究》一书中，对美国境内英语、移民语言、土著语言以及英语的国际推广等几个方面的语言政策，进行历史分段的纵向考察，在此基础上进行分析、解释、评价，并指出其对制定我国语言政策与立法的借鉴意义。⑤ 王辉的《澳大利亚语言政策研究》，详细阐述了澳大利亚国家语言政策的历史、现状与走向。⑥ 钱伟的《多民族国家的国语、官方语言、通用语言的比较研究——以中国周边六国为例》一文，从历史的观点深入分析了造成这些国家国语地位较弱、官方语言和通用语言复杂的历史原因，从社会语言学的视角说明人口结构为多核心型的多种（民）族国家往往双语或多语并存，各语种之间互相竞争，得出国语和官方语言的选择实际上反映的是国际性语言和地区性语言、外来语言和本土语言、原宗主国语言和藩属国母语综合博弈的结论。⑦

第三节　研究意义

语言文字立法，作为一国语言政策中的显性环节，其目的在于确定官方语言和标准语及其使用，规定各民族语言的关系，确保公民的语言权

---

① 中国社会科学院民族研究所、国家语言文字工作委员会政策法规室编：《国家、民族与语言——语言政策国别研究》，语文出版社2003年版。
② 周庆生、王杰、苏金智主编：《语言与法律研究的新视野》，法律出版社2003年版。
③ 刘红婴：《语言法导论》，中国法制出版社2006年版。
④ 周玉忠主编：《美国语言政策研究》，外语教学与研究出版社2011年版，第138页以下。
⑤ 李英姿：《美国语言政策研究》，南开大学出版社2013年版。
⑥ 王辉：《澳大利亚语言政策研究》，中国社会科学出版社2010年版。
⑦ 钱伟：《多民族国家的国语、官方语言、通用语言的比较研究——以中国周边六国为例》，《新疆社会科学》2016年第3期。

利，减少或防止语言矛盾与冲突，规定语言规范的原则，促进语言健康有序地发展。①语言文字通常是一种由任意符号与声音组成的系统，这些符合与声音独立于环境之外，以语法规则支配的方式相互联结，其重要性与意义被某一特定群体共同承认。语言文字作为文化的象征，是人类思想沟通的主要工具。在现代国家，语言文字经常是统治者用来塑造民族认同和国家认同的工具，"书同文，车同轨"是中国古已有之的说法。语言文字这项社会事实，被法律规范纳入的历史，可以说是权力与语言的互动历史。语言文字的规范化是国家公权力必然介入的领域，比如，我国《国家中长期语言文字事业改革和发展规划纲要（2012—2020年）》提出，"大力推广和规范使用国家通用语言文字，科学保护各民族语言文字"，这是对我国语言文字规范化政策与立法目标的高度概括，也是公权力介入语言文字领域的基本原则。2013年6月，国务院正式发布《通用规范汉字表》。该字表是贯彻《国家通用语言文字法》，适应新形势下社会各领域汉字应用需要的重要汉字规范，对提升国家通用语言文字的规范化、标准化、信息化水平，促进国家经济社会和文化教育事业发展具有重要意义。

语言文字问题始终关系到国家和民族的主权，关系到公民的语言权。几乎所有的国家或地区都要解决国家或民族通用语（官方语言、标准语、国语等）和少数民族语言、方言、特殊人群语言之间的关系问题。在各国的语言政策和语言立法实践中我们可以看出这样一条规律：语言立法必须符合语言和民族的发展规律，一种语言文字的地位，归根到底并不取决于立法者的态度和情感，决定性的因素只能是该种语言文字能否承担起法律与政策所赋予它的人际交流、信息承载、文化传承和促进社会发展的功能。②

国别语言立法和语言政策研究是语言政策与规划研究的重要组成部分，是了解其他国家语情和民情不可或缺的路径。③ 具体而言，进行语言文字立法的国别研究具有两方面的意义。一方面，"他山之石，可以攻玉"，国外语言文字立法的经验教训可以作为我国的镜鉴与参考；另一方面，该项研究是开放发展理念下的应有之义。随着现代交通和信息技术的

---

① 巨静、周玉忠：《当代美国语言立法探析》，《宁夏社会科学》2009年第4期。
② 中国社会科学院民族研究所"少数民族语言政策比较研究"课题组、国家语言文字工作委员会政策法规室：《国家、民族与语言——语言政策国别研究》，语文出版社2003年版，序言第2页。
③ 戴曼纯：《国别语言政策研究的意义及制约因素》，《外语教学》2018年第3期。

迅猛发展，整个世界已紧缩成为一个"地球村"，不同国家和地区之间的经贸合作、人员往来及文化交流日益频繁，特别是在我国大力推动"一带一路"国际合作，构筑人类命运共同体的时代背景下，由于"一带一路"沿线国家涉及官方语言近60种，大部分属非通用语种。因此，应加强语言互通，提升我国国家语言能力，为"一带一路"建设铺好语言服务之路。[①] 无论是加强语言互通，还是推动汉语国际传播，都需要建立在了解国外语言文字政策与立法的基础上，唯其如此，才能做到有的放矢，避免产生语言冲突。

一 理论意义

比较研究方法是在进行问题分析和规范设计时经常诉诸的一种途径，在进行比较的时候，需专注于研究国外立法文本对于相同制度处理上的差异性。不同的国家或地区往往有着不同的语言文字政策和立法，这表明，一国国家语言文字事业的法律法规体系不应该仅从文本出发，而应该从本国、本地区实际情况和实际需要出发去探索、去总结。历史分析作为解释论之一种，注重的是对历史上存在的制度规则流变的考察，但其目的在于提升对现实问题的解释力和为将来的制度建构提供更合理的正当性论证。本书之研究必须置于各国的历史文化传统下展开。为明晰国家语言文字事业法律法规体系的演变，有必要对我国国家语言文字事业的形成和流变过程进行历史考察。同时，我们应该看到，国外语言文字事业法律法规体系比较完善的成功经验并非一蹴而就，而是存在一个历史发展过程。因此，只有将历史分析方法与比较研究方法相结合，才能更客观、全面地了解域外国家语言文字立法经验，从而为完善我国语言文字事业法律法规体系提供诸多有益的借鉴。

二 实践意义

语言立法和语言政策研究在引领世界从单语主义向多语主义发展、从消灭方言土语转向保护语言生态等方面发挥了十分积极的作用。[②] 世界上有专门语言法的国家不多，主要有法国、加拿大、俄罗斯、比利时、韩国、坦桑尼亚等国家。有的国家虽然没有专门的语言法律，但在宪法和人权法中也有关于语言方面的条款。在我国语言文字走向规范化、标准化的

[①] 王铭玉:《为"一带一路"建设铺好语言服务之路》，《人民日报》2017年4月17日。
[②] 戴曼纯:《国别语言政策研究的意义及制约因素》，《外语教学》2018年第3期。

进程中，亟须在比较法意义上，探寻各主要代表性国家语言文字政策与立法的经验，以比较法的视角去研究国外种种语言问题的解决方案，并去粗取精，结合我国具体的语言状况，选择对我国立法有用的成分，增强其服务国家建设的作用，为"一带一路"倡议的顺利实施做出应有的贡献，是本书的实践价值所在。

第四节　研究思路和主要内容

本书介绍代表性国家的语言文字政策、立法及法律法规体系概况，旨在对我国国家语言文字事业法律法规体系健全与完善提供比较和借鉴。

一　研究思路

本书写作遵循先分后总，即国别—比较—经验借鉴的研究思路。首先，语言文字立法带有浓厚的国别色彩。本书先分区域和国别，在概括各代表性国家语言状况的基础上，分析其语言政策和语言立法的现状、特点、主要影响因素以及实施效果。具体而言，主要从语言地位、语言本体、教育语言和语言能力四个方面展开相关语言文字立法的研究。其中，语言地位立法即国家关于人们对语言使用和选择的政策与规划。它决定某种语言在社会交际中的地位，一般要借助政治、立法、行政的力量来进行。它涉及的是语言的社会属性或社会层面，在形式上表现为选择、确定标准语、共同语或者官方方言的决策过程，包括问题的确认和规范的分配。语言本体立法是语言结构本身的规划，即语言的规范化和标准化，它涉及的是语言的自身属性或语言层面。教育语言立法是指语言学习、语言普及方面的规划以及在教育体系中对语言（包括本族语、官方语言和外语）的具体规划和安排，它涉及的是语言的学习层面。语言能力立法涉及的是国家语言服务能力的提升和语言的国家形象层面，具体指通过语言的传播和推广来提高国家和国家语言在国际上的声望，它是一个国家增强"软实力"的重要途径。[①]

其次，比较各国语言政策和语言立法的异同和优劣。多语共存是世界上大多数国家共同面临的文化现象。多语共存现象在导致文化、个体和族

---

① 张蔚磊：《国外语言政策与规划理论研究述评》，《外国语》2017年第5期。

群丰富多彩的同时，也带来重大的语言矛盾和语言冲突。各国语言立法的基本目标，大多是通过从法律上确定某种语言的地位、规定其使用范围，从而在某种程度上解决因语言接触、语言冲突和语言不平等而产生的语言问题，并通过法律对语言义务和语言权利加以规定，优先保护或推行一种或几种指定的语言。国外语言文字立法在国家和社会层面产生的效果也是千差万别，有的起到了促进语言平等和民族团结、提升公民文化和身份认同的作用；有的则造成了语言多样性的丧失，导致族群分裂和民族失和。因此，从国外语言文字立法实施效果的角度进行比较，有利于分析其得失，甄别其优劣。

最后，学习、参考、借鉴他国的成功经验或失败教训，是语言文字立法比较研究的一大特色。所谓"他山之石，可以攻玉"，国外语言立法上的努力与经验，值得我们进一步了解和学习借鉴。国外语言文字立法维护官方语言地位的同时，提倡保护和发展包括原住民在内的各种少数民族语言，力争维护语言平等和语言多样性的努力与成功经验值得参酌借鉴；而有些国家的语言文字立法没有平衡好语言通用性和语言多样性的关系，造成个人、族群甚至国家层面语言冲突的失败教训，同样值得我们警醒和规避。

二 主要内容

本书的主要内容包括：（1）英语作为官方语言国家的语言文字立法；（2）欧盟主要成员国的语言文字立法；（3）独联体国家的语言文字立法；（4）东亚国家的语言文字立法；（5）非洲与拉美国家的语言文字立法；（6）国外语言文字立法之比较法研究。

第二章

英语作为官方语言国家的语言文字立法

第一节　全球推广：英国语言文字政策与立法

欧洲民族国家形成时期，普遍强调"一个民族国家，一种语言"。英国是欧洲最早形成的民族国家，其成为民族国家的时间约在16世纪至17世纪之间。13世纪时，英语、法语及拉丁语都在英国被广泛使用。① 在此后两个世纪中，英语逐渐为大多数人使用并占据优势地位。1362年，英国议会决定以英语为工作语言，并且通过立法规定所有的诉讼案件应以英语进行。1385年，英国所有学校开始以英语为教育语言。② 1610年，新版英语圣经开始大量印刷发行，这促进了不同区域英语的统一，再加上政府的扶持，英语在英国社会各个领域占据的优势地位得到了进一步的巩固。③ 18世纪，英国强化了对爱尔兰的英语推广政策。16世纪，爱尔兰语还是爱尔兰人的主要交流语言，到1850年，仅有45%的爱尔兰人继续使用爱尔兰语。而到了1891年，这一比例仅为19.2%。④ 19世纪，由于英国成为全球最重要的海外投资国和最大的进出口国，英语逐渐演变成贸

---

① Peter, Thorlac Turville., *England and the Nation: Language, Literature and National Identity*, Oxford: Clarendon Press, 1996, pp.1290-1340.

② Benjamins, John, "Language and Nation: The Concept of Linguistic Identity in History of English", *English World Wide*, No.18, 1997.

③ McGrath, Alister, *The Story of King James Bible, and How It Change a Nation, a Language and a culture*, London: Hodder Stoughton, 2001.

④ Riagian, Padraig O., *Language Policy and Social Reproduction: Ireland 1893-1993*, New York: Oxford University Press, 1997.

易通用语。①

一 英语能力与英语推广

17世纪初,英语还是一个小语种。随着英国在17世纪到19世纪中叶的殖民扩张过程,大不列颠帝国不断倾销英语,在领地竭力推行英语同化政策,英语的使用面不断拓展。第二次世界大战以后,虽然旧的殖民体系被打破,但英国继而改以"文化交流""援助"等更为柔和、间接和隐蔽的方式来推广英语。"借硬实力推广英语,借英语增强软实力"②,成为英国语言政策的既定方针。

国家语言能力,是指一个国家掌握利用语言资源、提供语言服务、处理语言问题等方面的能力的总和。③ 在国家发展过程中,语言既是国家治理的重要工具,同时也是国家治理的重要内容之一。④ 在国家治理的各个核心层面都会涉及语言问题。诸如,语言政策与语言规划的制定,尤其是国语、官方语言或通用语言的确定,教育语言的选择,各种语言关系的协调;国家语言能力建设;日常社会语言生活管理与语言服务;文化认同与国家认同,文化功能的发挥;在法制层面,语言治理主要表现为立法、司法语言的选择与使用。⑤ 其中,公民语言能力,是提升自身就业能力和保障经济持续发展的条件。⑥ 英国在强化语言能力建设方面可谓不遗余力。

英国文化协会现在是世界上最大的语言传播机构。协会的宗旨于1993年被确定为:"促进海外国家对联合王国和英语的了解,增进联合王国与其他国家在文化、科学、技术和教育领域的合作。本协会提供文化合作及提供资助来达到这些目标。"为推进英语的教育与普及,英格兰、苏格兰、威尔士和北爱尔兰4个地区的教育行政部门均颁布了各自的《英语教学大纲》。英格兰的《英语教学大纲》规定从5岁到16岁的学生在不同年龄段的英语学习要求,并将中小学生的英语能力区分为8个等级。英格兰的中小学生应当在7岁、11岁和16岁时分别参加英

---

① [英]苏·赖特:《语言政策与语言规划——从民族主义到全球化》,陈新仁译,商务印书馆2012年版,第134页。
② 赵世举:《语言与国家》,商务印书馆2015年版,第16页。
③ 赵世举:《语言与国家》,商务印书馆2015年版,第18页。
④ 赵世举:《语言与国家》,商务印书馆2015年版,第19页。
⑤ 赵世举:《语言与国家》,商务印书馆2015年版,第19页。
⑥ 赵世举:《语言与国家》,商务印书馆2015年版,第21页。

语能力测试，测试结果作为对学校进行教学评估和考核的依据（约有60%的学生能够达到8级水平）。此外，英国16岁以下的学生都必须参加全国统一的GCSE（普通中等教育证书，相当于我国初中毕业证书，是英国中等义务教育的强制性课程）英语测试，该课程评分从A到G划分为不同的得分水平。在比GCSE更高一级的A-Level课程（相当于我国高中程度，是英国大学入学考试课程）中，设有英语文学和英语语言学等课程。

为推进英语的国际推广，英国设立了专门的民间文化机构——英国文化委员会（British Council）。该机构与世界各国的大学都有紧密的联系，为其他国家培训英语教学师资，推动海外英语教学的改革，并在海外推行"剑桥英语证书""雅思英语"等英语能力认证系统。该机构年度预算达到7亿英镑，在全球有80多个语言学校。在英国国内，由英国文化委员会授权认证的500多所语言学校来承担在英外国人的英语教学任务。苏格兰政府还为有需要的外国人提供英语课程（ESOL），这些外国人主要是近期到达英国的移民工及其家属（主要来自欧盟国家）、在英国出生或定居5年以上的人及其家属、避难者和寻求庇护者。ESOL课程为学习者提供了获得技能、知识和理解社会的机会，并改善他们的就业选择使他们获得入职资格。

在英语的规范化、标准化建设方面，英国没有设立专门的机构，也没有颁布专门的政策或法令，但词典和媒体在这方面扮演了重要角色。如，《牛津词典》通过定期更新和改版承担了整理、收录外来语和新生词汇的读音的任务。关于英语在世界不同国家和地区的变体（如美式英语），英国相关机构及专家学者们持宽容的态度，即使是负责英语国际推广的英国文化委员会，也没有将全世界的英语统一为英国英语的计划。

二 英国少数民族语言立法和方言立法

在1967年的《威尔士语言法案》中，虽然规定了威尔士语可以在法庭中得到使用，但缺乏相应的具体保障措施。[①] 1993年，新的《威尔士语言法案》获得通过，以促进威尔士语在经贸及司法行政中的使用。经过12年的推行，至2005年，威尔士语在法庭中的使用得到明显的提升。根

[①] Huws, Catrin Fflur, "The Welsh Language Act 1993: A Measure of Success?", *Language Policy*, No.5, 2006.

据新的《威尔士语言法案》，组建了威尔士语言委员会，旨在"推广和促进威尔士语的使用，指导公共机构制订项目计划，确保在威尔士的公共事业和司法管理中体现英语和威尔士语同等对待的原则，进一步制定关于威尔士语的条例……"目前，威尔士语已经实现了制度化使用，尤其是在教育界和媒体领域。①

英格兰没有少数民族语言和方言，但存在母语非英语者（如移民、留学生等）的母语保持问题。因为存在客观的技术困难，英格兰的国民课程体系中不为非本族裔学生提供母语教学，其母语除了家庭，主要在社区内的业余学校（如专门进行汉语教学的校外教育机构）中进行。英格兰政府也没有推行关于非本族裔学生母语保持的任何强制措施，但鼓励初中学生参与自己国家的语言能力考试。

盖尔语是苏格兰最古老的语言，一度成为苏格兰大多数人使用的语言，在爱尔兰、威尔士也曾有很多人使用。19世纪以来，盖尔语逐渐被排斥出苏格兰学校教育和公众生活领域。目前，苏格兰已不足7000人说盖尔语。2005年，苏格兰议会通过了《盖尔语法案》以保护盖尔语，并成立了机构推广盖尔语的使用，该法案使此机构有权要求一些公共机构制定使用盖尔语的计划。对于濒危语言盖尔语而言，苏格兰的专家认为，在盖尔语中寻找合适的科技术语的相关对应词汇，是应对外来词冲击的有效解决方式。目前，网络上有几个盖尔语社区通过讨论新概念和新技术，来寻找盖尔语中对应的翻译。苏格兰议会和地方政府也在发展它们的网络盖尔语词典。

三 外语教育

在英格兰，尽管有"英国文化委员会"这样的机构专门负责宣传外来的语言和文化并推进一些外语教学项目（如汉语教学），但由于是英语的故乡，相比欧洲其他国家，学习外语的人数非常少。2004年，实行了"非强制性学习外语"的政策，即不要求中小学生必须学习外语，外语学习的人数更是锐减了50%。此外，中小学课程改革使教学更具灵活性，学生有自主选择课程的权利，也使外语的学习受到一定的冲击。

与英格兰类似，苏格兰年轻人学习外语的动力不足，但政府对外语教

---

① ［英］丹尼斯·埃杰：《语言规划与语言政策的驱动过程》，吴志杰译，外语教学与研究出版社2012年版，第35页。

育和学习则重视得多。根据苏格兰政府政策，苏格兰的年轻人应该学习其他语言以增强国际竞争力。政策规定年轻人除了母语以外需学习其他两门外语，被称为"1（母语，主要是英语）+2（外语）"的语言教育政策。苏格兰的教育行政部门还在进一步研究将学习第一门外语的年龄提前的可行性，目前的政策规定绝大多数的学生10岁左右开始学习第一门外语。根据对不同语种外语学习人数的统计，法语、德语、西班牙语是苏格兰学生学习的主要语种，汉语（包括广东话和普通话）的学习人数近年来增长很快。

在当今世界，大多数国家使用英语的动力是自发的，推动着英语传播的力量是社会经济，而不需要依靠外在的鼓励或者正式的语言推广政策。① 英语的传播不是睿智的或者专门的语言管理的直接结果。英语作为一种全球性语言已经成为任何民族国家在制定语言政策时都需要考虑到的一个因素。②

四 北爱尔兰语言政策与语言立法

语言不仅是一种沟通交流的工具，公民的语言能力决定着接近教育、媒体以及政府资源等"公共财"的渠道和可能性；此外，语言往往是一个族群负载文化、表达认同的基础，因此，语言的选择和使用更是一种基本的权利。③ 问题是，不管是从资源分配还是文化认同来看，语言的使用都不仅取决于政治权力的多寡，还会反哺和巩固支配性语言使用者的权力。因此，族群间的竞争和冲突往往围绕语言的选择展开。

当语言被用来区隔为"自己人"和"他者"之际，只要某种语言占有优势，就会有其他语言居于相对劣势，语言冲突便在所难免，④ 也因

---

① ［以］博纳德·斯波斯基：《语言政策——社会语言学中的重要论题》，张治国译，商务印书馆2011年版，第100页。

② ［以］博纳德·斯波斯基：《语言政策——社会语言学中的重要论题》，张治国译，商务印书馆2011年版，第104页。

③ Annamali 将语言的使用分为公领域（政府、法院、学校）以及私领域（家庭、市场、娱乐）；就功能而言，他称前者为实质的功能、后者为象征性的功能。Annamalai, E., "Language Policy for Multilingualism", Paper presented at the World Congress on Language Policies, Barcelona, 2002, pp.18-20, http://www.linguapax.org/congres/plenaries/annamali.html.

④ Packer John, "Towards Peace, Dignity and Enrichment: Language Policies in the 21st Century", Speech delivered at the World Congress on Language Policies, Barcelona, 2002, pp.18-20, http://www.linguapax.org/congres/packer.html.

此，语言的多元不免被视为社会冲突的根源，或者至少是政治斗争的工具。北爱尔兰在 20 世纪 70 年代、90 年代先后进行两次和解，最大的差别在于前者着重权力的分配，后者则兼顾语言的公平性以及对于族群认同的尊重。自从北爱尔兰、英国以及爱尔兰三方在 1998 年签署《北爱尔兰和平协定》以来，除了设立相关的语言复兴机构外，北爱尔兰人权委员会在《北爱尔兰人权法案的提议》中明确提出了语言权条款。

　　语言政策的目标可以根据其对某种语言产生的实际效果，分为灭绝、容忍以及推动。灭绝性的语言政策就是以处罚的方式禁止某语言在公开场合甚至私下使用，用意是让使用者觉得该语言是一种负债，转而采取被认可的语言，最后达到语言转移（language shift）也即同化的地步。[①] 顾名思义，容忍性的语言政策就是保持现状，并未刻意去扶助弱势族群的语言，也不想去扭转跟随语言而来的结构性不平等，甚至就是令其自生自灭。推动性的语言政策就是想办法避免任何语言的消失，包括鼓励私下使用或是确保公开使用而不被歧视。

　　北爱尔兰政府一向持文化认同论，虽然赞成语言有负载认同、传承文化的价值，却反对把语言当作政治运动的工具。在过去，关心爱尔兰语复兴的工作者也同意将爱尔兰语的政治色彩降到最低程度。

　　目前，爱尔兰语复兴推动者坚持语言权利论，将语言当作最基本的人权，也就是认为讲爱尔兰语是天主教徒表达自由的形式之一。随着北爱尔兰的和解脚步在 1990 年代加速，英国与爱尔兰政府在 1995 年签署《新框架协定》，双方同意合作的四个原则，包括自决、被统治者的同意；民主及和平的途径；尊重以及保障两个族群的权利及认同；以及促成"平等的尊重与待遇"。双方在 1998 年签订的《北爱尔兰和平协定》中同意将这些精神进一步法制化，根据平等的原则，也就是伙伴关系、机会平等、不受歧视以及相互尊重的认同下，签署者承认"尊重、了解以及容忍语言多元的重要性，而爱尔兰语、北爱尔兰苏格兰语以及各种族群的语言，都是整个爱尔兰岛上的文化财产"。

　　《北爱尔兰和平协定》中语言条款的终极目标是化解两个族群间的龃龉，因此，对于未来的语言政策作了相当详细的规范。目前，英国政府允

[①] Annamalai E., "Language Policy for Multilingualism", Paper presented at the World Congress on Language Policies, Barcelona, 2002, pp.18-20, http：//www.linguapax.org/congres/plenaries/annamali.html.

许"在适当的情况下以及公民的要求下",采取积极行动来推广爱尔兰语,鼓励爱尔兰语在公私场合的说写,解除对于爱尔兰语发展的限制,提供使用爱尔兰语族群与官方的联系,指示教育部鼓励以爱尔兰语为教学语言,探寻英国及爱尔兰广播机构的合作,资助爱尔兰语电影及电视剧的制作。英国在2001年签署了《欧洲区域或少数民族语言宪章》,并基于宪章承认了爱尔兰语的语言地位,也就是具有广泛的实质效力,特别是对于教育、司法、行政及公共服务、媒体、文化活动、经济和社会生活以及跨国交往中的地位。相对地,北爱尔兰的苏格兰语只获得宪章的象征性地位,也就是原则性承认、尊重、推广、鼓励、维护、发展、教学、研究以及国际交往的地位。

第二节 独尊英语:美国语言文字立法

美国是一个多语种的移民大国。根据2009—2013年《美国社区调查》收集的数据,美国人口普查局于2015年11月3日公布的报告指出,美国拥有广泛的语言多样性,美国人在家使用的语言至少有350种,范围之广令人惊讶,其中包括宾夕法尼亚州人的高地德语、乌克兰语、土耳其语、罗马尼亚语,以及150种北美原住民语言等。[①] 英语是全国通用语,也是使用人口最多的语言,非西班牙裔白种人和黑人也都说英语。其次是西班牙语。近3750万美国人在家说西班牙语,西班牙语是除英语之外,在美国家庭中使用最广泛的语言。另外,约290万人说中文,包括普通话、广东话、客家话、闽南语等。说菲律宾语、越南语和法语的人数依次居后。[②] 因此,在美国,如何调谐英语与其他语言的矛盾与冲突问题是美国语言政策和语言立法的重心。

一 美国的语言状况

(一)原住民的语言状况

欧洲人发现北美新大陆以前,北美洲的语言及文化是相当多元的。美洲原住民语言(有时也被称为美洲印第安语)并不是一种语言,甚至也

---

① 参见http://mt.sohu.com/20151104/n425298095.shtml。
② 英语82.1%,西班牙语10.7%,其他印度—欧洲语言3.8%,亚洲和太平洋岛屿语言2.7%,其他0.7%。参见http://mt.sohu.com/20151104/n425298095.shtml。

不属于一种语系，而是美洲所有原住民的各种语言的总称。随着1492哥伦布发现了北美新大陆，西方殖民主义者纷纷涌向西半球，以印第安人为主的美洲原住民数量在几百年的时间里锐减，再加上推行文化同化政策，美洲原住民的大部分语言已经灭绝，目前，即使会说美洲土著语言的大部分人也是使用双语的人群。2009—2013年《美国社区调查》的数据显示，只有35万美国人说150种美洲原住民语言，如，纳瓦霍（Navajo）、阿帕奇（Apache）、达科他（Dakota）、乔克托（Choctaw）和切诺基（Cherokee）。

（二）移民的语言状况

美国是一个移民国家，除了原住民以外都是移民。有一类是主动性移民，从其他国家陆陆续续自愿移民来美国。1820年以前，主要是英国移民；1820年以后，北欧国家、爱尔兰、德国的移民大量增加；19世纪末，南欧及东欧移民增加。另外一类是被动性移民，主要是被掳来做奴隶的非洲裔美国人，抑或是美国侵略的国家，比如波多黎各，或是得克萨斯州、亚利桑那州、新墨西哥州及加利福尼亚州的西班牙语人口，路易斯安那州的法语人口以及夏威夷讲南岛语的人口。

在"大熔炉论"语言政策的指导下，美国化语言教育成了移民们必须通过的一道关口，以此来熔化移民"低级粗俗的"母语，引导他们学会使用"出色的"美国英语，丢弃自己民族的文化和价值观念，成为"百分之百的美国人"。① 虽然有程度和速度上的差别，整体上看，各种移民总会经历语言失落及语言转移，其母语走向衰落，并逐渐转习英语。"事实是，典型的美国移民到第三代就失落了母语"②，美国的新移民被称为"国家土地上的异乡人"。除了英语语族的主流移民以外，其他所有的移民语言，包括欧洲所有的强势语言，在美国，都成为"异乡人"。

二 影响美国语言政策和语言立法的主要因素

语言政策与语言立法，作为文化制度建设的重要组成部分，具有十分明显的政治文化意图和国家政策导向。诚如有论者指出，发轫于清教徒的

---

① 周玉忠、李文军：《"大熔炉，尚可；巴别塔，不可。"——美国建国初期的语言政策》，《宁夏社会科学》2006年第6期。

② Crawford, *At War with Diversity*: *US Language Policy in an Age of Anxiety*, Clevedon, England: Multilingual Matters Ltd., 2001.

宗教信仰，根植于美国特殊的地理环境，形成于美利坚民族的特殊性，以盎格鲁—撒克逊的文明趋同主义为核心的美国文化，直接支配了美国政府对语言的基本立场和观点。① 因此，探究一国语言政策和语言立法的本质，必须以研究它们的语言实践和语言信仰为抓手。考虑到美国的特殊国情，则要探究影响美国语言政策和语言立法的四个主要因素，即社会语言环境、国家语言意识形态或曰语言信仰、英语作为通用语言的地位和语言权利。②

（一）社会语言环境

殖民时代初期，美国的语言模式在语言实践中就以多样性为特点。北美殖民化过程本身就是一个语言多样化的发展过程，1513年美国开始使用西班牙语，1623年纽约发展了荷兰语，1683年费城有了德语使用者。然而，美国语言实践中的"语言多样性"并没有促使美国毅然决然地接受多语制。殖民统治集团对美国的土著语言，特别是印第安语所表现的容忍度是有限的。在大多数情况下，美国土著人被迫使用欧洲语言。随着美国对其他欧洲殖民统治集团的征服，这些殖民统治集团的语言也就逐个地被日益强势的英语所淹没。西班牙语在1848年就失去了在美国的霸主地位，德语和法语在美国的地位也日渐式微。由于以前法语在路易斯安那州和西班牙语在新墨西哥州的地位，所以，法语和西班牙语分别在这两个州还有些市场。但是，这并不能保证它们能在这些地方长期维持下去。

19世纪，美国社会的特点是移民激增，这些移民主要来自欧洲。移民登陆美国的同时也带来了不同的语言和民族。虽然有些移民试图构建自己的语言生活圈，但是，大多数移民还是设法适应以英语为主导的文化。从世界各地带到美国的语言产生了美国复杂的语言马赛克现象。对于语言转用现象和维护母语共存现象，费什曼总结说："这两个现象是指：一方面是去民族化和美国化的过程；另一方面是移民对母语和文化的自我维持过程。在整个美国的发展历史中，这两种现象同样无处不在。"③

从19世纪80年代开始，随着大量的移民涌入美国，美国对语言多样

---

① 巨静、周玉忠：《当代美国语言立法探析》，《宁夏社会科学》2009年第4期。

② ［以］博纳德·斯波斯基：《语言政策——社会语言学中的重要论题》，张治国译，商务印书馆2011年版，第125页。

③ Fishman, Joshua A., "Language loyalty in the United States: the Maintenance and Perpetuation of Non-English Mother Tongues by American Ethnic and Religious Groups", *The Hague*: *Mouton*, No. 15, 1966.

性的容忍度开始变小。从 19 世纪 90 年代开始，美国政府通过各种努力，尤其是通过英语教学，来加快对这些移民的语言同化过程，然而，结果往往事与愿违。19 世纪后半叶到 20 世纪初期是美国同化教育的鼎盛时期。这个时期的最显著标志是对印第安儿童实施的寄宿学校教育。从 19 世纪 80 年代起，印第安事务委员会先后颁布了一系列法律条文，规定无论是政府学校，还是教会学校，在教学的时候不得使用印第安语，一律用英语教学，如有违反，即刻停止政府对其的拨款支持。第一次世界大战期间，美国的仇外情绪日益高涨，战争引发了民族主义，美国民族主义不仅体现在英语学习上，而且还体现在对美国的忠诚上。各个图书馆的德语书籍被下架，德语剧院被关闭，德语音乐被禁止，学校的德语教育被叫停。美国有 30 个州通过了有关强迫不懂英语的外国移民参加夜校的法律，有 34 个州规定英语是公立学校的唯一教学语言。① 到第一次世界大战末期，人们以前对双语制或多语制的积极态度已被语言意识形态上的单语制所取代。然而，单语制的浪潮并没有妨碍移民对他们母语的忠诚：他们继续把母语作为家庭语言和社区语言来使用，并带着维持双语教学的思想进入 20 世纪。

（二）国家语言意识形态

语言意识形态是指包括人们对语言的认识、态度、观点在内的语言观念。谢夫曼称之为"语言文化"。他指出，特定社会的语言文化是该社会意识形态的重要组成部分，是影响该社会处理语言关系的规划与政策的重要因素，因此也是语言格局和语言关系形成和发展的关键。② 美国的语言意识形态体系，大致经历了以下三个发展阶段：最初，美国处在公民和社会都是多语的阶段；从 19 世纪末到第二次世界大战结束，美国处在反移民的孤立主义单语阶段；现在，美国处在相当复杂的阶段——一方面，美国要培养多语公民和构建多语社会；另一方面，美国要阻止向西班牙语转用的单语现象。③ 由于美国宪法没有确立英语的官方语言地位，虽然部分州将英语定为官方语言，但就整个联邦而言，并没有统一的官方语言。由

---

① ［以］博纳德·斯波斯基：《语言政策——社会语言学中的重要论题》，张治国译，商务印书馆 2011 年版，第 108 页。

② Schiffman H., *Linguistic Culture and Language Policy*, London: Routledge, 1996, p.221.

③ ［以］博纳德·斯波斯基：《语言政策——社会语言学中的重要论题》，张治国译，商务印书馆 2011 年版，第 125 页。

于多年来英语为官方语言的运动，美国 50 个州中已有 31 个州通过立法规定英语为官方语言，也有其他一些州提出相关议案，不过，面临的阻力也相当大。有 3 个州承认其他语言与英语有平行地位，即路易斯安那州的法语，夏威夷州的夏威夷语和新墨西哥州的西班牙语。

1. 多语制

赫尔南德斯·查韦斯认为，美国选择英语来书写宪法就表明了其强调英语和压制其他语言的政策的开始，后来加入美国联邦的各州如新墨西哥和路易斯安那州，[①] 均要求在本州民众的语言库中添加英语。根据美国宪法确立的联邦权力列举，剩余权力由各州保留的联邦制原则，美国的教育由各州自行决定，因此，美国各州都有权制定本州的语言政策。20 世纪 20 年代，美国出现的排外潮也许代表了整个国家语言意识形态的取向，但是，美国任何语言政策的实施（例如，禁止双语教育的计划）都是在州或地方层面进行的。只有某些非政府组织、私立团体或专业机构才会为制定全国范围内的外语教学政策而努力。其移民语言的共同命运是要么变成双语制，要么发生语言转用（即转用英语），而美国的多语制是靠新移民源源不断的到来得以保持的。

早期，政府为土著人设立了双语教育项目，美国部分地方的德语教学一直持续到 19 世纪，同时建立了法语学校，为斯堪的纳维亚人、荷兰人、立陶宛人、波兰人和斯洛伐克人开设了双语学校，这些学校都把他们各自的本族语言作为教学语言，而把英语作为第二语言。19 世纪，美国对多语制是容忍的，加利福尼亚州和路易斯安那州正式承认了双语制，在宾夕法尼亚州和俄亥俄州的语言运动要求政府承认德语是这两个州的官方语言。此外，在美国的教育实践中，人们也接受了语言多样性。1868 年美国通过了宪法第 14 条修正案，该修正案重申了平等保护原则，语言权利平等保护是其题中应有之义。

2. 单语制

美国开国元勋约翰·杰伊在《联邦党人文集》中把美国描绘成"源自同一个祖先，说同一种语言的民族"[②]。西奥多·罗斯福总统认为："让美国各个民族各说各的话，绝对是让美国解体或毁灭的最佳途径"；因

---

① 这两个州以前分别盛行西班牙语和法语。
② ［美］汉密尔顿、杰伊、麦迪逊：《联邦党人文集》，程逢如、在汉、舒逊译，商务印书馆 1986 年版，第 6 页。

此,"我们只有一面国旗,只能学一种语言,那就是英语","美国只有容纳一种语言(英语)的空间"。美国犹太裔著名作家索尔·贝娄断言:美国只能是一个大熔炉,不能是一座巴别塔。单语是人类应该追求的尽善尽美的"伊甸园",双语或多语是糟糕的"失乐园",这是欧洲语言文化观的两个核心概念,同时也是美国语言文化观的基础和源头。

美国历史上曾发生多次"唯英语运动",是指排斥其他语言,独尊英语的运动,主要特征是通过立法确定英语为唯一的官方语言。20世纪末,美国出现了新一轮"唯英语运动",这场运动从20世纪80年代初一直延续至世纪末,历时近20年,发端于加利福尼亚州,影响几乎遍及全美,并且于1981年和1996年两度将英语确定为官方语言这一问题提到国会进行听证甚至表决的程度,这在美国是史无前例的。"唯英语运动",旗帜鲜明,目标明确,即努力维护以英语为美国官方语言的语言一致性。该运动的基本观点有五个:(1)英语历来是我们的"社会黏合剂",是我们最重要的"共同纽带",英语帮助来自不同背景的美利坚人互相理解、消除隔阂;(2)当今的移民与昨日的移民不同,他们拒绝学习英语,政府支持双语教育,纵容和助长了他们这种态度;(3)学习英语的最好方法是强迫学习,在残酷的迫切需要面前,无路可走,非学好英语不可;(4)少数民族领袖倡导双语主义,怀有不可告人的自私目的,倡导双语教育可以为他们的选民提供工作,阻止他们学好英语可以保持他们对领袖的依赖性;(5)语言多样化必然导致语言冲突、种族仇恨,最后导致像魁北克那样的政治分裂。他们的行动目标和纲领也有五个方面:(1)促使美国政府批准修改宪法,增补英语为美国官方语言的条款;(2)废除投票选举用双语的要求;(3)废除双语教育;(4)实行有英语和民事服务要求的入籍法;(5)扩大英语学习的机会。[①]

(三) 英语作为通用语言的地位

在语言方面,以多元文化自傲的美国却是世界上主要的单一强势语言国家。美国是由英属十三州殖民地拓展而来,英语成为来自各殖民地的共同语言,逐渐产生了共同的文化,在此基础上,美利坚民族的民族意识逐渐觉醒。据2016年美国社区调查,美国人口调查局核准,在美国本土有约2.3亿人使用英语。美式英语是最通用的交流语言,掌握一定程度的英

---

① 蔡永良:《美国二十世纪末的"惟英语运动"》,《读书》2002年第1期。

语也是移民归化的要件之一。美国虽然在建国之初强调其自由开放的立国精神,在宪法中也没有明定官方语言,不过因为美国宪法等重要法律文件都是用英语写的,因此英语实际上是国家机关使用的官方语言。截至2014年10月美国的50个州中,有31个州已将英语作为官方语言。

美国的语言政策和语言立法是对社会语言环境中出现的各种变化做出的应激反应。美国语言立法的原则是:每个人都应该学习英语(一个都不能少),同时,每个人也都有权学习和使用他们选择的任何其他语言。美国依然没有联邦层级的统一的语言管理,但是涉及民权法案的项目例外,因为它要确保所有人都有机会接受教育和获得联邦政府提供的服务。①

(四)语言权利

正如美国在政治经济等领域奉行自由主义原则一样,美国在语言政策与立法方面同样秉承自由主义传统,正如马歇尔在《官方语言问题:语言权和〈英语语言修正案〉》一文中所言:"我们国家的缔造者不愿意宣布一种官方语言,正是因为他们觉得语言是个人的选择问题。"② 美国宪法中没有任何与语言有关的条款,这可以从两个方面进行解读:一是美国不愿对多语制做任何承诺;二是美国容忍多语制。在当今世界,大多数国家使用英语的动力是自发的,推动着英语传播的内驱力是社会经济力量,而不需要依靠外在的鼓励或者正式的语言推广政策。③

三 官方语言立法

美国语言立法主要是通过两个层面上的立法呈现的:一个是联邦政府层面的语言政策修正案,另一个则是形形色色的州法令和地方条例。立法的程序主要是通过以美国英语协会为首的"独尊英语"运动的相关组织和人员首先通过基层征集请愿签名,然后进行院外政治活动,要求议员向国会提案或要求公民投票,最终促成联邦政府或州政府制定法律,确立英

---

① [以]博纳德·斯波斯基:《语言政策——社会语言学中的重要论题》,张治国译,商务印书馆2011年版,第125页。

② Marshall, David F., "The Question of an Official Language: Language Rights and the English Language Amendment", *International Journal of the Sociology of Language*, No.60, 1986, p.11.

③ [以]博纳德·斯波斯基:《语言政策——社会语言学中的重要论题》,张治国译,商务印书馆2011年版,第100页。

语为官方语言的法律地位。① 因此，观察和审视美国的语言立法，仅从联邦政府层面是不够的，州政府所制定的关于语言问题的法律法规更能客观真实地代表和反映美国语言政策的本质与语言立法的倾向。

（一）为何美国没有官方语言

美国并无明文规定英语为官方语言或国语。虽然美国联邦政府无明文制订官方语言，但人们普遍认为英语是其官方语言。谢夫曼的分析可谓切中肯綮："美国语言政策的力量并不是法律制定抑或是正式写出来，而是微妙的处理，我叫作隐形及模糊的语言政策……美国这个隐形的语言政策并非中性的，根本不需要宪章抑或宪法修正案抑或普通法律来维持这个隐形的政策——它的力量在于美国社会对语言的基本假设。"② 这个对语言的基本假设可称作"美国语言文化"，其构成了美国隐性的语言政策的中心点。蔡永良指出，美国联邦层面语言政策的力量并不在于政府明文规定的法律、法令以及规定，而是在于基层的、迂回的、隐性的政策。③ 虽然美国联邦层次没有规定官方语言，但始自 1981 年一直有议员提案要求规定英语做官方语言，并形成独尊英语运动。

不论是美国独立宣言还是联邦宪法，尽管它们均用英语写就，但均未明确规定英语是官方语言。究其缘由，马歇尔归纳出三个原因：④

1. 作为母国的英国无官方语言

自 1066 年诺曼征服后，英国法院被迫使用法语陈情、辩护。到 15 世纪末，英语才在英国法庭上普遍使用；1650 年英语才作为正式法庭语言；1731 年英语才成为法庭上的唯一语言。1650 年新大陆已经有英国殖民，新大陆第一代移民主要是英国人，母国含糊的语言政策自然就移植到殖民地。1500 年以来，英国一直无官方语言，美国历史很短，更无理由规定官方语言。

2. 语言是个人自由的标志

美国开国元勋曾正式辩论过是否将英语确立为官方语言。托马斯·杰斐逊和约翰·马歇尔曾倾向于把英语确立为官方语言，认为英语有象征意

---

① 周玉忠主编：《美国语言政策研究》，外语教学与研究出版社 2011 年版，第 13 页。
② Schiffman H, *Linguistic Culture and Language Policy*, London: Routledge, 1996, p.221.
③ 蔡永良：《论美国的语言政策》，《江苏社会科学》2002 年第 5 期。
④ Marshall, David F., "The Question of an Official Language: Language rights and the English Language Amendment", *International Journal of the Sociology of Language*, No.60, 1986, p.11.

义，但后来逐渐达成共识，认为语言的选择是个人自由的标志，不确立官方语言才符合当时新生共和国的民主精神。

3. 新国家需要新移民

美国建国初期，吸引移民是一个重要的目标。新移民不一定讲英语，明确规定英语为官方语言，会引起移民的反感和抵触。因此，直到 19 世纪中叶，除英语外，某些州还有其他语言作为官方语言，比如 1805—1850 年宾西法利亚州的德语、1804—1867 年路易斯安那州的法语。夏威夷州是美国现今唯一拥有两种官方语言的州，1978 年，夏威夷语与英语一起被定为夏威夷州的官方语言。很明显，这样做是为了树立欢迎新移民的国家形象，而无论其母语是否英语，也不论其来自何种文化背景。

(二) 联邦政府官方英语立法

进入 21 世纪后，英语官方语言立法有了长足的发展。2005 年，佐格比国际调查机构的民意调查显示，79% 的美国人支持将英语确立为美国的官方语言。2006 年 4 月 28 日，美国总统小布什在白宫新闻发布会上明确表态，希望成为美国公民的人应该学习用英语唱国歌。2006 年 5 月 2 日，美国国会参议院通过了一个不具约束力的决议，宣告英语是美国国歌的唯一语言。同年 5 月 18 日，来自俄克拉荷马州的共和党参议员詹姆士·因霍夫提交的一项名为《英语语言一致法案》的移民法修正案，得到了来自 39 个州的 152 名众议院议员的支持，成为美国第 109 届国会上获得最广泛支持的提案之一，首次以立法的形式确定英语为国家的官方语言，因此该法案成为历史上美国官方语言立法进程中的重要里程碑。在第 110 届国会上涉及英语官方立法的 5 项提案中，由参议员詹姆士·因霍夫提交的旨在减少外语语言服务授权的《2007 国家语言修正法案》再次以绝对优势在参议院获得通过。

需要说明的是，美国联邦政府层面的英语官方语言立法，旨在凸显联邦政府的权威性，要求联邦政府的各级官员在政策法规、公开出版物、执行公务时必须使用英语。但在实际政府公务的操作运行中，在紧迫的公共利益的客观要求之下，联邦政府并不限制其他语言的合理使用。这些公共利益包括保障国家安全与国防、促进国际贸易和外交、保护公共健康和安全、保障法律面前人人平等、发展规划语言教育以及开展刑事诉讼活动之需，等等。由此，美国官方英语立法范围具相对性和有限性，并不等同于英语绝对垄断一切领域。

(三) 各州官方语言立法

美国的语言立法先后经历了离散状态、地方分权、联邦集权三个阶段，由于现行美国政府的联邦制是一种双重政府结构，因而，美国现有的语言立法体制具有统一与分权并重、平衡与制约结合、严格与灵活共存的多元化特点。联邦和州两级政府分享政府各种权力和义务，互相限制，同时又互为补充。在法律和政策方面，联邦政府和州政府均享有相当独立的立法权限。在维护全国宪法的前提下，联邦政府与州政府均可制定法律、颁布政令，并且贯彻执行。美国联邦层面的语言政策是隐性的，美国地方层面的语言政策则是显性的，语言管理切切实实地体现在各州政府所制定的关于语言立法的法律法规方面。[①]

国会与州议会的语言教育立法也是平行的，二者更多体现为一种合作关系，而不是命令与服从的关系。更有甚者，即便州政府颁布的法律和政策违背了联邦宪法，只要执行过程中没有人将其告至联邦最高法院，联邦政府是无权干预的。因此，观察和审视美国的语言立法，仅从联邦政府这一层面是不够的，州政府的法律法规是考察美国语言立法的不可或缺的部分。实际上，州政府所制定的关于语言立法的法律法规能更加真实地代表和反映美国语言政策的本质与语言立法的倾向，而且美国官方语言立法的主要成果也体现在州一级的政府当中。州宪法修定案和法令大多数是在全民公决的基础上通过的，它们至少要得到半数以上议员的同意方能通过，这不能不说是代表了相当数量美国人的想法。州政府独尊英语法律的制定最早可追溯至1807年，当时作为法国殖民地的路易斯安那州首度将英语拟定为官方语言，并将其作为并入美利坚合众国的先决条件。在经历了长达一个多世纪的沉寂之后，到了20世纪初期，虽然州官方英语立法没有大的进展，只有内布拉斯加州在1920年成功修订其州宪法，在宪法第1章第27节中将英语列为该州的官方语言。至此，州官方英语立法呈现"退潮"之势，这期间只有伊利诺伊州（1969年）、马萨诸塞州（1975年）和夏威夷州（1978年）先后对此进行立法。

加利福尼亚州参议员早川一会（SamuelI.Hayakawa）向美国国会递交了一份题为《英语语言修正案》的宪法修正案，建议美国联邦政府以宪法的名义确定英语为官方语言的地位。其理由为：（1）一个共通语会统

[①] 张绪忠、战菊：《语言管理与美国的语言管理实践》，《东北师大学报》（哲学社会科学版）2012年第5期。

一社会，无共通语则会分裂社会；（2）学习英语是每一个移民融入美国社会的必修课；（3）一个移民只有通过学习英语才会参与美国民主政治。该提案没有被列入国会审议名单，于是他改变策略，把目标移到地方，通过州政府议会的院外政治活动来实现英语官方立法的目的。[①] 总体而言，英语官方化运动在联邦政府层面没有实现其目的，但是在州政府层面收获颇丰。运动首先在加利福尼亚、亚利桑那、佛罗里达、科罗拉多等州取得突破，相继确立英语官方语言法，形成了一股强化英语官方地位的潮流，并向其他地方蔓延扩展。

  1980年之后，受到独尊英语运动的推动，英语官方语言立法又重新浮出水面，并以迅雷不及掩耳之势迅猛发展。到目前为止，美国已有31个州将英语确定为官方语言（这些州大部分集中在美国的南部和平原地区，其他零散分布于东北部和西部），其中有25个州是在1980年后直接受到英语官方化运动的影响而制定的。这31个州中，只有内布拉斯加州、夏威夷州、加利福尼亚州、科罗拉多州、佛罗里达州、亚拉巴马州以及亚利桑那州7个州是在全民公决的基础上通过宪法修正案确立官方英语地位的，其余24个州都是通过颁布法律或出台法令来确立的。其中，亚拉巴马州、阿拉斯加州、亚利桑那州、加利福尼亚州、南达科他州这5个州中的官方英语语言立法中还包含个人诉讼权利。所谓语言立法中的个人诉讼权利是指当州政府未能成功履行和执行官方英语相关的法律和法令时，个人有权对该州提请控诉或诉讼。

  另外，1990年，新泽西州卑尔根县通过立法规定商铺的门牌必须用70%的英语进行标示。1996年芝加哥的四个市郊，包括长青公园，借助公民投票将英语纳为镇官方语言。1999年在亚特兰大市郊区，一位西班牙籍店主因未用英语标志店面违反了当地的法律而被罚以重金。这三个典型案例说明："将英语定为官方语言"已经成为美国政治中的显著特色和大趋势，美国官方英语立法也不仅仅局限在联邦政府和州政府的层面，而且以更细化的形势延伸到地方政府（市、镇）的层面。迄今为止，美国已有40多个地方政府拥有确立英语官方语言地位的法令。除此之外，自1993年起，美属波多黎各岛就把英语和西班牙语并称为该领土的官方语言；美属萨摩亚群岛一直将英语和萨摩语并称为其官方语言；美国关岛和

[①] 蔡永良、王克非：《从美国英语官方化运动看语言的统一和同化功能》，《外语教学与研究》2013年第6期。

北马里亚纳群岛则一直将查莫罗语和英语作为并行的官方语言。

在其他未通过官方英语立法的 19 个州中，新墨西哥州、俄勒冈州、罗得岛州和华盛顿州这 4 个州分别于 1989 年、1989 年、1992 年和 2007 年通过了"英语加 X"（English Plus）的法律，即英语为官方语言，也允许使用其他语言。① 其余诸州在过去的十年间一直对"是否将英语纳为州官方语言"这一议题争论不休，在州议会立法会议中提交的相关的立法议案，或悬而未决，或屡战屡败。

四 美国语言教育立法

（一）双语教育实则"独尊英语"

美国的双语教育历史久远，可以追溯到 1568—1815 年的起始阶段，1816—1957 年的限制阶段，1958—1967 年的恢复阶段，1968—2002 年的发展阶段。美国的双语教育分为沉浸型双语教育、英语作为第二语言型双语教育、过渡性双语教育、保留型或发展型双语教育、双向型双语教育等类型，但过渡性双语教育在美国成为最为普遍的双语教学模式，联邦政府的大部分资金也是流向过渡模式，而真正保护和发展少数族群学生语言的双向型和保留型双语教育模式由于资金扶持力度有限，无法得到充分的发展。②

1968 年颁布的《双语教育法》具有里程碑意义，该法案纳入《中小学教育法》中，旨在解决"英语水平欠缺者的教育问题"。该法案是《民权法案》第 6 款的直接延续，是为了使不懂英语的学生免遭语言歧视。《双语教育法》的出台，使双语教育正式成为联邦教育政策的重要组成部分，从而将为少数族裔学生争取平等受教育权的运动转化为国家强制执行的教育政策。从 1974 年到 1999 年，美国对《双语教育法》进行了六次大的修改和重审，从双语教育惠及对象、范围、规模、经费分配、目的、性质、责任等方面进行了不同程度的修订。但每次修订万变不离其宗，没有摆脱"同化"的主题和目的，相反，以英语为核心的这一语言意识形态在每次修改中都得到了强化和重申。1978 年国会修正了 1968 年《双语教育法》，强调以提高英语语言能力为目标，限制对过渡性双语教育计划的

---

① Tatalovich, Raymondand Daynes, Brown W., *Moral Controversies in American Politics*: *Cases in Social Regulatory Policy*, Armonk, NY: MESharpe.Inx., 1998, p.197.

② 周玉忠主编：《美国语言政策研究》，外语教学与研究出版社 2011 年版，第 12 页。

支持。1984 年国会为《双语教育法》设立了几个新目标：(1) "发展双语计划"，使学生有机会在学会英语后能继续使用母语；(2) "语言优秀计划"，推广双语教育中的成功办法；(3) "家庭英语读写能力计划"，该计划面向英语水平低下的父母。美国联邦政府、州政府通过各类双语教学资助项目，为使用 60 种以上不同语言的人群提供帮助。究其实质，美国双语教育的目的还是最终实现"独尊英语运动"，其双语教学的对象是美国土著和移民，目的是让他们从母语转换到英语上来。

美国国内对双语教育的利弊得失纷争由来已久。支持者认为，移民保持原有的语言有利于发展多元文化和自主意识；反对者认为，保持原有的语言对移民来说是有害的，会使他们与主流社会与文化区隔开来，失去熟练掌握英语的信心。[①]

美国的《双语教育法》实际上并未促进母语或多语主义的发展，其本质就是同化，让移民的子女更多、更好、更快地学会英语，用英语学习文化课程，通过教育的方式同化移民，使其早日融入英语主流文化，最终达到"飘一面旗帜，唱一首国歌，讲一种语言"的目的。因此，它基本上是一个有悖于双语主义的法律。[②] 2002 年 1 月 8 日，小布什政府颁布了《英语习得法》，获得两党支持，实行了 34 年的《双语教育法》被废弃。这项由政府立法资助的、一度风行全美的双语教育事业也随之归于沉寂。

(二)《不让一个孩子掉队法》

美国于 2002 年颁布的《不让一个孩子掉队法》，即《英语习得法》(The English Language Acquisition Act)，正式确定为美国联邦政府的公共法律。[③] 这一法律终结了《双语教育法》。该法要求各州和地方教育机构，为语言少数族裔学生，包括社会、经济地位处于不利境地的学生的语言习得以及学业成就承担责任；明确了英语学习者习得英语、提高学业成绩的目标；确立了英语熟练标准和年度测试成绩三级目标的评价体系；改变了以往《双语教育法》规定的多元教学模式；弥补了以往语言学习和学业成绩评价体系的缺憾。然而，人们对英语迅速习得及学业标准是否过高、学业成绩评价体系是否公正，一直持怀疑态度。为满足英语学习者的特殊

---

① 潘海英、张凌坤:《全球化语境下美国语言政策对我国语言教育的启示》，《东北师范大学》(哲学社会科学版) 2010 年第 4 期。
② 周玉忠主编:《美国语言政策研究》，外语教学与研究出版社 2011 年版，第 12 页。
③ 蔡永良:《美国的语言教育与语言政策》，上海三联书店 2007 年版，第 278 页。

教育需求，美国联邦政府对该法案进行了及时的修正。

虽然人们对《不让一个孩子掉队法》颇多质疑，但毕竟它取代了1968年的《双语教育法》，引发了美国所有学校对语言习得和学业成绩评价等进行根本性的改革，甚至引发了美国学校文化的改变，值得语言与教育专家及决策者的重视。

（三）《每一个学生成功法》

2015年12月10日，美国总统奥巴马签署了新基础教育法案《每一个学生成功法》，该法案是对《不让一个孩子掉队法》的继承和纠偏，为各州和学区提供资源来支持英语学习者，并要求各州根据英语熟练程度将英语学习者重新分类，以确保对原住民学生学习英语提供资助。

（四）《国防教育法》

语言具有安全性和战略价值，语言已成为美国大国博弈的重要工具，美苏争霸世界时，美国开始提高对影响国家安全的一些外语——"关键语言"教育的重视程度。[①] 美国语言政策的根本性原则是实现国家利益的最大化，出于对国家安全的考虑，美国社会把外语教育提升到了历史的最高地位。[②] 随着第二次世界大战的爆发，不同的国防和政府机构意识到外语教育的重要性，意识到语言是一种"国家防御资源"。1958年8月26日，美国国会通过了针对非西方语言及区域语言的《国防教育法》。这部法案提出了加强自然科学、数学和外语等八个关键领域的教育规划，其中第6条专门规定了外语教育问题，首次把现代外语教学与科学技术教学放在了同等重要的地位，也是首次把外语教学与国家安全联系在一起。[③]

五 从语言灭绝到语言保护——对原住民的语言政策

美国原住民的语言曾被美国政府设定为语言灭绝的目标。1878年，印第安事务委员会提出报告，认为印第安人子女离开父母及部落，建立宿舍，教育儿童是同化印第安人最有效的方法。1968年以后，根据联邦《双语教育法》资助印第安双语计划，开始出版母语教科书。1984年，北印第安部落事务委员会宣布印第安语是北印第安部落的官方语言；纳瓦霍

[①] 刘美兰：《美国关键语言战略研究》，复旦大学出版社2016年版，第15页。

[②] 潘海英、张凌坤：《美国语言政策的国家利益观透视》，《东北师大学报》（哲学社会科学版）2011年第5期。

[③] 李英姿：《美国语言政策研究》，南开大学出版社2013年版，第100—103页。

人部落委员会宣布纳瓦霍人语是纳瓦霍族生活、文化认同的最基本成分。这两个部落均要求学校教母语。

1990 年，布什总统签署《原住民语言法案》，承认美国印第安人、阿拉斯加原住民、夏威夷原住民及美国托管的太平洋群岛原住民的语言权利。该法案第 2 章第 1 条规定：美国原住民的语言及文化的状况是独特的，美国有责任与原住民共同行动，来确保其独特的语言、文化的存活。第 4 章第 1 条规定：美国的政策是保存、保护及推广美国原住民使用、实施以及发展。该法案"承认印第安部落和其他管理机构的权利。他们有权在美国政府成立的学校中使用本族语言作为教学语言"。该法案还宣称："在任何公共活动和教育项目中都不能限制使用印第安语。"

为了具体实施上述法案，两年以后美国政府又推出了美国土著语言生存与繁衍保护拨款方案。方案规定了拨款的对象、方式、期限以及申请条件等，明确表示政府将拨款资助美国土著语言的保护工作，用于建立和支持美国土著语新老传承的社区项目、人员培训、出版发行等。这两个文件的出台标志着美国印第安语言显性政策的一个转折，是美国政府自 20 世纪 70 年代起推行印第安民族自治政策的延续。尽管法案鼓励部落政府机关使用印第安语，但其使用的范围是十分有限的，印第安语的实际地位不可能很高。[1]

六 结语

美国宪法虽然没有明定英语是国家官方语言，不过隐性的语言政策始终将英语的地位维持为大家认同的共通语。美国最高法院一直利用"第一修正案"的言论自由条款来否决"英语修正案"，使得美国既有"英语是官方语言"之实，又有维护言论自由和语言权之名。另外，许多州政府一直在酝酿通过英语作为地方官方语言的法案。可见，美国虽然无官方语言，英语却确确实实具有官方地位。

美国独尊英语运动的实质是害怕移民不能同化，支持者并不仅是一部分民族激进主义分子，而且有相当数量的美国人支持这一想法。很多人认为，语言的多样化会使英语的地位受到挑战，导致语言冲突，种族仇恨，最后导致族群和社会分裂。因此，美国政府要通过独尊英语运动来树立

---

[1] 蔡永良：《美国土著语言法案》，《读书》2002 年第 10 期。

"一个国家，一种语言"的信念。英语作为共通语可以成为美国社会的"黏合剂"，是重要的共同纽带，英语可以帮助来自不同背景的美利坚人互相理解，消除隔阂。① 语言是文化的生机、民族的命脉，语言的灭亡意味着文化和民族的灭亡。我们看到语言社会统一之功效的同时，也要留意语言同化对于多民族共存和多元文化发展的负面作用。② 独尊英语运动的意图并不在于真正解决少数民族面广量大的学生英语障碍问题，而是要通过语言的统一和唯英语教育体现和张扬以盎格鲁—撒克逊民族优越论为基础的美利坚民族主义，保持美国文化的纯洁和一致。③ 美国社会一如既往地无形地塑造着"共和国公民"，同时也在继续边缘化着大多数族裔的非英语语言实践。④

有学者提出，美国不管是在语言实践、语言信仰还是在语言管理上都没有统一的语言政策，甚至在美国被认为是接受多语制和多元文化最好的时期也没有统一的语言政策。⑤ 这个命题只能在显性层面成立。在隐性层面，英语作为"美国的官方语言和通用语言"的语言政策则是不争的事实。这一事实所引发的语言问题、教育问题和族群问题，不会在短时间内消弭。植根于盎格鲁—撒克逊主流文明，以浓重的宗教信仰色彩为特征，以种族优越感和使命感为特质的美国文化，构成了强大的具有吞噬其他语言的语言环境和氛围，有效地维护了英语的绝对权威，这一点不仅体现在以"语言一致性"为核心的隐性语言政策当中，而且落实在各州"英语为唯一官方语言"的语言立法价值取向当中。

第三节　英法双语：加拿大语言文字立法

截至 2019 年年末，加拿大总人口约为 3800 万人，主要为英、法和其他欧洲国家后裔，土著居民（印第安人、米提人和因纽特人）约占 3%，

---

① 潘海英、张凌坤：《全球化语境下美国语言政策对我国语言教育的启示》，《东北师大学报》（哲学社会科学版）2010 年第 4 期。
② 蔡永良、王克非：《从美国英语官方化运动看语言的统一和同化功能》，《外语教学与研究》2013 年第 6 期。
③ 蔡永良：《谁不需要双语教育》，《读书》2003 年第 11 期。
④ 妥洪岩等：《社会学视域下的美国语言治理解读》，《武汉理工大学学报》（社会科学版）2015 年第 6 期。
⑤ ［以］博纳德·斯波斯基：《语言政策——社会语言学中的重要论题》，张治国译，商务印书馆 2011 年版，第 115 页。

其余为亚洲、拉美、非洲裔等。加拿大社会的多元文化环境为加拿大政府和人民引以为豪，它不但是区别于其他移民输入大国的显著标志，而且是吸引移民的主要原因之一。在多元的社会文化背景下，加拿大的官方语言有英语（加拿大使用的最广泛的语言）和法语（主要分布在魁北克省）两种，是典型的双语国家。

加拿大是一个多民族、多文化和多语言的国家，语言资源异常丰富，英法两种官方语言通用，土著民族语言与世界各地移居加拿大的不同民族语言并存，在语言资源管理与立法政策上有较多经验可循。因为英语、法语同为官方语言，享有同等的法律地位，加拿大可以概括为"两种官方语言和多种非官方语言"的国家。①

一 加拿大的语言状况

加拿大的语言资源异常丰富多元，既有原住民语言，又有380多年来从世界各地移居加拿大的移民语言，其中主要是欧洲各民族语言，也有亚洲语言和非洲语言，可以说是世界语言的大熔炉。目前，英语和法语同为官方语言，其中英语是加拿大使用最广泛的语言，法语使用者主要分布在魁北克省。据2011年的统计数据，只有近680万加拿大人的母语不是英语或法语，其他主要语言有汉语（1072555人）、法语（853745人）、意大利语（407490人）、德语（409200人）、旁遮普语（430705人）。② 也就是说，将近1/5的人，既使用官方语言，又讲非官方的语言。从这一数据可以看出，加拿大是一个多民族多语言国家。虽然官方语言是英语和法语，但该国有非常大的一部分人群在使用其他民族的语言，语言文字种类较为丰富。这使得社会交往、政令畅通、国家团结等问题变得更为复杂。因此，语言规划就显得尤为重要。

以加拿大最大的城市多伦多为例，据2011年加拿大人口统计资料，在多伦多使用的语言多达140多种，可谓五颜六色的"语言马赛克"，集世界上几乎所有主要语言于一地，形成了语言世界的大都会。③ 不管是耳

---

① 阮西湖：《官方双语与多元文化主义：加拿大语言政策研究》，载中国社科院民族所课题组等编《国家、民族与语言：语言政策国别研究》，语文出版社2003年版，第157页。
② 《加拿大国家概况》，中华人民共和国外交部：http://www.fmprc.gov.cn/web/gjhdq_676201/gj_676203/bmz_679954/1206_680426/1206x0_680428/t9527.shtml，2020年5月10日最后访问。
③ 《多伦多人的骄傲：当之无愧的语言之都》，http://edu.163.com/16/0111/06/BD1EN6D-I00294III.html，2020年5月12日最后访问。

熟能详的著名语言，还是名不见经传的小语种，在多伦多几乎都能找到。从语言系属上来说，多伦多不乏大家熟悉的属于印欧语系的语言：英语、法语、德语、荷兰语、西班牙语、葡萄牙语、希腊语、丹麦语、瑞典语、俄语、乌克兰语、白俄罗斯语、波兰语、捷克语、塞尔维亚语、阿尔巴尼亚语、罗马尼亚语、亚美尼亚语、克罗地亚语、塞尔维亚语、爱尔兰语、旁遮普语（印度、巴基斯坦）、乌尔都语（巴基斯坦）、波斯语（伊朗、阿富汗）；也有属于乌拉尔语系的匈牙利语、芬兰语、爱沙尼亚语。属于阿尔泰语系的土耳其语、日语、朝鲜语、维吾尔语、蒙古语；属于汉藏语系的汉语、藏语、缅甸语、不丹语、泰语；属于闪含语系的阿拉伯语、希伯来语、斯瓦希里语（非洲）、豪萨语（非洲）；还有属于达罗毗荼语系的泰米尔语（主要分布在印度和斯里兰卡）；属于南岛语系的他加禄语（主要分布在菲律宾）；属于南亚语系的越南语、柬埔寨语；另外，来自非洲的移民也带来众多非洲的语言。

　　加拿大居民使用不同的语言，拥有多元的文化，不论是土著居民，还是新老移民，在这个多语言多文化的社会里，既要维护各民族的语言权利，又要使不同社会成员能够相互交流沟通，这就需要有统一的官方语言，使社会有效运转，同时又尊重各民族的语言权利，这就需要制定出国家的语言政策和语言立法来加以规范与调整。①

二　加拿大语言文字的立法实践与主要内容

　　基于移民国家和多元文化的现实需求，加拿大实施、推行语言政策与语言立法的历史悠久，其语言政策与立法的实践较为丰富与发达。根据《加拿大权利与自由宪章》第 16 条以及联邦官方语言法案，加拿大的官方语言为英语和法语，而它的官方双语政策由官方语言委员会执行。英语和法语在联邦法院、国会以及任何联邦机构中都享有同等地位。如果该区域有足够需求，在该区域的公民有权要求任何联邦机构以英语或法语提供服务。而在各省份和地区都一定有使用官方少数族群语言教学的学校以服务于使用官方少数族群语言的加拿大公民。1977 年，在魁北克省通过的《法语宪章》确立法语在魁北克为官方语言的地位。有一些省份并没有明确的官方语言，但是在那些省份的教育机构、法庭及其他政府机构主要会

---

① 阮西湖：《官方双语与多元文化主义：加拿大语言政策研究》，载中国社科院民族所课题组等编《国家、民族与语言——语言政策国别研究》，语文出版社 2003 年版，第 158 页。

使用英语和法语。

（一）《官方语言法》

1867 年加拿大建国时，在联邦政府出台的《不列颠北美法》中开始涉及在教育及议会机构中双语使用的问题：顺应多民族多语言共存的现状，在语言政策上，加拿大推行"双语政策"，英语和法语均为加拿大官方语言。

1969 年加拿大通过《官方语言法》，这是联邦议会通过的第一部真正意义上的语言立法，标志着在加拿大正式确立了英语和法语平等的官方语言地位。该法宣布，英语和法语是加拿大的两种官方语言，"共同享有同等的地位和平等的权利"，这一规定被写入了 1982 年《加拿大宪法》中。根据该法案，议会、联邦法院的政府部门的法令、记录、期刊都用英法两种文字出版，在执行任务、会议发言、接待来访和对外联络时，均有权使用英语和法语；联邦政府部门职位优先考虑英法双语人才，公务员必须掌握英法两种官方语言；人们可以选用任何一种官方语言对其子女进行教育，同时也可以用任何一种官方语言进行交流和接受服务。

1988 年，加拿大联邦政府对《官方语言法》进行了修订，规定英语和法语在议会及法庭上享有完全相同的地位，进一步巩固了英语和法语在联邦内部的平等地位。同时规定加拿大公民在首都地区的所有行业中，有权要求政府用双语服务，这在一定程度上缓和了族群矛盾。2005 年，加拿大议会再次对《官方语言法》进行了修订，重点强调英语和法语的推广。

（二）《法语宪章》

法语在加拿大的语言地位可谓一波三折，1840 年，法语曾被取消作为政府正式语言的地位。1912 年，安大略省也基本剥夺了法语教育的权利。1969 年，魁北克省议会和联邦政府分别颁布了《鼓励使用法语的法案》和《官方语言法》，两法相辅相成，均巩固了法语在加拿大的地位，它们分别从地区层面和国家层面对语言文字的使用进行了法律约束。

1974 年，魁北克法裔的要求得到了政府的回应。魁北克省议会通过的第 22 号法案即《魁北克官方语言法案》第 1 条明确规定：法语是魁北克的官方语言。第一章规定了法语在行政领域的运用：官方文件应该由法语写成；魁省行政机关与加拿大其他省政府，以及与省内法人之间交流，应该使用官方语言；行政机构内使用官方语言；司法部应该保证由英文下达的判决有相应的法语翻译。第二章规定了法语在公共领域企业和工作领域的运用。例如：公共领域企业和行业公会，应该用官方语言向公众提供服务；在劳动法允许的范围内，法语应该作为劳动关系中的使用语言。第三章规定了法语在商事领域的运用，主要包括：名称不是使用法语的公司，不能被赋予法人资格；公共告示应该用法语写成，或同时由法语和另一种语言写成。第四章规定了法语在教学领域的运用。只有对教学语言有足够的认识的学生才能接受运用该语言进行的教育，而对任何语言都尚未形成足够认识的学生，一律接受法语教育。

1977 年，魁北克政府颁布了《101 法案》，即《法语宪章》。该法案规定法语为魁北克的唯一官方语言，要求司法、学校、行政、商务法语化，是西方世界第一部地方性语言大法。《法语宪章》通过 40 多年来，虽然由于 1982 年加拿大修宪权的收回，以及最高法院及联邦上诉法院法官对宪法解释权的扩大，使得其中多项条文在违宪审查中被废止，其后又在 2009 年的第 104 号法案和 2010 年的第 115 号法案中分别被修订，但它捍卫了法语在加拿大的地位，在保护作为加拿大文化重要组成部分的法语文化方面发挥着重大作用。

1990 年联邦政府召集全国省长会议，为了国家统一与和谐，最终通过了《查洛顿协议》，并由议会通过修正宪法所谓的《特殊社会条款》，承认魁北克"特区"的地位，特区有权立法保护自己的文化与语言。即便以法律的形式进行特殊保护，与英语相比，法语在加拿大的语言地位仍非常脆弱，除魁北克省和个别省外，讲法语的人在全加拿大整体呈现明显的下降趋势，而英语却呈显著的上升趋势，这种趋势在可见的未来还将继续，这使得魁北克人产生强烈的语言不安全感，害怕等负面情绪油然而生，并最终成为脱离加拿大的一种"离心力"，虽然魁北克最终还是留在了加拿大，[①] 但倘若不能从根源上消除魁北克人滋生的语言不安全感等情绪的种种原因，脱离加拿大的想法会一直有市场。

（三）《多元文化法》

随着英裔与法裔的矛盾不断升级，1960 年，法裔聚居的魁北克省发

[①] 1997 年 8 月 20 日，加拿大最高法院裁决魁北克没有单方面宣布脱离加拿大联邦的权利，认为这属于如何达成宪法的政治判断，需要联邦各方通过政治途径来达成一致看法。这实际上从宪法上堵住了魁北克的独立之路。具体论证可参照耿焰《少数人自决权的宪法解释——评加拿大最高法院就魁北克分离事件的宪法裁决方法》，载陈金钊、谢晖主编《法律方法》（第 11 卷），山东人民出版社 2011 年版，第 230 页。

生了"魁北克独立运动",联邦政府为了竭力平息魁北克的民族主义,于1963年成立了"皇家双语与双元文化委员会"。1971年,加拿大开始奉行多元文化政策。多元文化主义政策明确规定:"提高传统语言的地位","必须鼓励和保护所有加拿大的传统语言,承认多语言的文化和经济利益",规定在资源许可的情况下,政府对少数民族进行帮助;政府帮助所有文化族群克服文化障碍;在国家团结的前提下,促进加拿大各文化族群之间的接触和交流;帮助移民学习加拿大一种官方语言以便全面融入加拿大社会。提高传统语言的地位;为贯彻多元文化主义政策实行了诸如多元文化主义教育等一系列措施,鼓励和保护所有加拿大的传统语言,承认多语言的文化和经济利益。多元文化政策是加拿大在公共政策上的一大进步。

1982年,通过《加拿大权利与自由宪章》这一宪法修正案的形式,将多元文化主义政策正式写入加拿大宪法,加强了该政策在加拿大的地位。1987年加拿大出台了多元文化主义政策8项原则,其中,提出了多元文化在双语范围内的作用(第二项),保护加拿大所有的"遗产"语言,提高世界各地移民带到加拿大的非英、非法语言和加拿大土著语言的地位(第七项)。加拿大多元文化局起草的新多元文化主义政策还规定,在确保加拿大官方语言地位和使用的同时,保护和提高英语、法语以外其他语言的使用(第九条)。这些规定和政策在1988年加拿大政府正式通过的《多元文化法》中得到了充分的反映。

(四)语言权利与《加拿大权利与自由宪章》

20世纪60年代,当官方语言立法的构想被提出时,非英、法语系的族群(包括加拿大原住民和移民)也争取他们的语言被承认,但并未成功。《加拿大权利与自由宪章》的颁行,确立了在加拿大使用少数民族语言接受教育的权利。由此,加拿大语言文字立法的着眼点不限于英语和法语之争,而是将目光投放在整个少数民族的语言之中。

1. 原住民语言权利

原住民所提出的主要观点大致如下。第一,加拿大原住民的语言对加拿大是独特的,但它们已濒临灭绝,必须要有政府的支持才能复活。第二,原住民语言的复活才能消减原住民在社会上的不平等地位。第三,语言灭绝,文化就会灭绝,文化灭绝,原住民就无自尊,没有自尊,原住民的生活会更困苦,加拿大原住民的传统更会加速灭绝。而这种情况的产生是加拿大政府多年来有系统的阻碍所造成的，不是原住民的选择。①

基于上述理由，原住民族群大会向政府所提出了具体的语言权利诉求：

（1）赋予原住民的语言和英、法语平等的地位、权利、和特权。

（2）有关原住民的立法或其他文件以几种原住民的语言发行和广播。

（3）在有足够原住民人口的地区，政府以一种原住民的语言提供各种服务。

（4）政府在聘用和升任雇员时，对有能力使用原住民语言的人给予如英、法双语政策的特殊考量。②

在《加拿大权利与自由宪章》出台后，有人基于法语使用人口只有加拿大总人口5%的事实，向法院起诉要求提高原住民语言地位。两年后《西北属地官方语言法案》修法将奇佩威语、克里语、多格里布语、哥威奇语、因纽特语和斯拉维语六种原住民语言的地位提升至与英语、法语同等的地位。③ 魁北克省的《法语宪章》也允许克里语、因纽特语和纳斯卡皮语三种原住民语言在保留区内使用。在教育方面，克里语和因纽特语被列为教学语言，法语则列为教学课程。④ 安大略省政府也规定只要有15位以上的学生要求，原住民语言就应被列为中、小学的教学课程。至于政府的服务，因为使用原住民语言的人口太少而无法提供。但在努纳伏特地区，原住民将政府的服务地方化，也就是由原住民自治政府来处理，在法院提供原住民语言的通译和使用原住民语言的各种健康和社会服务，并支持原住民语言的广播节目。

2. 移民语言权利

加拿大是移民国家，移民带来不少的语言和文化，但是移民无法要求像原住民语言一样的"本土地位"。因此在考量移民的语言权时必须用一套不同的标准。一般来说，有三个标准。

---

① MacMillan, C.Michael, *The Practice of Language Rights in Canada*, Toronto: U.of Toronto press, 1998.

② Carol Karakwas Stacey–Diablo, "Aboriginal Language Rights in the 1990's", in Ryszard I. Cholesinski ed., *Human Rights in Canada: Into the 1990's and Beyond*, Ottawa: Human Rights Research and Education Centre, U.of Ottawa, 1990, pp.139–164.

③ Donald M.Taylor and Stephen C.Wright, "Language Attitudes in a Multilingual Northern Community", *Canadian Journal of Native Studies*, Vol.9, No.1, 1989, pp.85–119.

④ Government of Quebec, Charter of the French Language, Rev., Statutes of Quebec, c.11 secs. 87–89 and 95–97.

第一，人口数量。人口数量在考量政府的语言服务时特别重要，在一般的讨论上以 10% 为标准。人口数量当然要顾及绝对和相对的，也就是要看地区的分布。

第二，语言对该族群生活的重要性。族群成员在他们的生活中，在家庭、学校、工作中使用该语言的程度，成员对保存该语言的态度是很重要的考量因素。

第三，语言存续的可能性。许多移民语言随着时间和同化而减弱，而该族群也越来越放弃维持该语言的决心。①

目前没有一种移民语言符合官方承认的标准，因此无法享有英、法两种语言所享有的"提倡的权利"，但享有"容忍的权利"。在过去 30 多年来，各级政府都致力于移民语言的教育。1971 年，亚伯达省率先将非英、法两种语言列为公立学校的教学课程。在曼尼托巴省、萨斯喀彻温省、亚伯达省等地开展乌克兰语/英语、中文/英语、德语/英语之类的双语教学。1988 年起，在安大略省，只要有 25 位以上学生家长的要求即可使用移民语言教学。东部省份在这方面的努力较差。总括而言，各级政府对移民语言已转向温和的"提倡的权利"。②

3.《加拿大权利与自由宪章》

原住民和移民的语言诉求直接挑战了加拿大的英、法双语政策，为了再次实现力量的平衡，1982 年 4 月，加拿大颁布了《加拿大权利与自由宪章》，该宪章加强了在联邦法院和魁北克、曼尼托巴法院中关于语言使用方面的宪法原则，重申在联邦行政部门必须用双语提供服务，并且确认新不伦瑞克省是唯一的双语省。据此，印第安人子女可以要求用印第安语进行教育。

（五）加拿大语言服务与《翻译局法案》

加拿大的语言或翻译协会发展较早、较为完善，在加拿大全国语言服务产业发展过程中产生了重要作用。许多行业规则、规范是由语言或翻译协会起草并推行的。在最新版的《翻译局法案》中，在介绍到翻译局的职责和功能时，该法案明文规定："翻译局应与国会法案设立或由总督任命的各部门、议会、机构和委员会合作，并与国会两院在所有

---

① MacMillan, C.Michael, *The Practice of Language Rights in Canada*, Toronto：U. of Toronto Press，1998，p.197.

② Cummins, Jim and Marcel Danesi, *Heritage Languages*，Toronto：Garamond, 1990, p.26.

关于制定和修订文件语言翻译的事项上合作,包括信件、报告、程序、辩论、法案和法令,以及口译、手语翻译和术语管理。"该条例除了规定翻译局进行翻译的内容之外,还涵括了翻译的形式:口笔译与手语翻译。

(六) 相关司法解释

20世纪70年代,联邦最高法院对语言权的解释倾向于语言权是个人认同、公民权和社区感不可或缺的要件,因此可就其内涵进行解释。换言之,最高法院对语言权采取积极介入和扩大解释的态度。① 但《加拿大权利与自由宪章》订立后,最高法院的态度趋向保守,刻意将"语言权"和"法律权"区分,认为前者是政治妥协的产物,后者则是原初的、绝对的权利。这种区分应用在解释上偏向狭义,尊重各省的立法,不利于语言上少数族群的利益。例如在麦克唐纳诉蒙特利尔市一案中,最高法院认为1867年宪法第133条固然允许两种官方语言之任何一种在法院中使用,但它并未规定两种都必须使用,因此政府可任意选择其中之一使用。②

对于少数族群的语言教育权上,最高法院的态度就比对语言权的要求更积极。例如,它认为魁北克省的《法语宪章》将英语的教育权限于其父母或亲属曾受英语教育的子女,违反了《加拿大权利与自由宪章》第23条保障居住在英语是少数族群地区的任何加拿大人都有受英语教育的权利。③

三 加拿大语言文字立法的特点与启示

加拿大作为以英、法双语为主,多语言并存的国家,在语言文字立法实践开展得较早,立法体系相对完善,能够为我国的语言文字立法提供较多参考借鉴。

(一) 加拿大语言文字立法的特点

第一,有法可依是加拿大语言文字管理的一个显著特点。1969年通

---

① MacMillan, C.Michael, *The Practice of Language Rights in Canada*, Toronto: U. of Toronto press, 1998, p.90.
② MacDonald v.City of Montreal et al., Supreme Court Report, 1986, p.460.
③ Kenneth McRoberts, *Misconceiving Canada: The Struggle for National Unity*, Toronto: Oxford U.Press, 1997.

过的《官方语言法》是联邦议会通过的第一个真正意义上的语言立法，正式确立了英语和法语平等的官方语言地位，规定了公民在参与议会、联邦政府、联邦机构事务中的语言权利，以及这些机构在为公民提供服务时保障其语言权利的义务。

第二，通过双语框架内的多元文化主义协调族群的语言冲突。有学者认为："从加拿大政府的财政投入和采取的措施来看，其政策的重点一直是'双语框架'，而不是'多元文化主义'。"① 如果从权宜角度分析加拿大联邦文化政策的动机，多元文化政策既可以控制长期以来英裔和法裔群体之间的紧张关系，也有利于满足其他族裔语言群体分享加拿大文化财富的感情要求。② 总之，《多元文化法》的颁行和多元文化主义政策不同于历史上的同化政策，它承认各民族平等，尊重各民族为加拿大做出的贡献，提高少数族裔的地位，同时又鼓励少数族裔融入主流社会，以便创造各民族对加拿大的国家认同感。《多元文化法》及其多元文化主义政策在促进加拿大不同民族间的团结、社会的安定和文化的繁荣方面，发挥了积极的作用，受到广大人民的欢迎和支持。当然，这种政策仍需要不断完善，加拿大政府还需要做出进一步的努力来彻底消除少数族裔融入主流社会的语言障碍，才能创造全新的加拿大文化。

第三，注重原住民和移民等少数民族语言权利保障。随着《加拿大权利与自由宪章》的颁布和相关司法解释的出台，加强了对原住民和移民等少数族群语言权利的保护，扩大了少数民族语言适用的立法领域，加强了濒危语言的存续保护。立法保障语言权利的意义，不仅在于以法律的形式直接赋予权利与义务，还在于通过立法与政策的强调，引起人们对语言权利和语言背后的文化的重视。③

第四，以法治化的形式来具体保护和实施语言教育政策。自 1971 年至今，多部法案以法律形式对语言教育政策进行了详细规定，为整个教育活动的开展奠定了合法性保障。凭借具体的政策法令和完善的投入，加拿

---

① ［加］斯蒂芬·布鲁克斯：《加拿大公共政策：概论》（第 2 版），麦克莱兰与斯图尔特公司，1993 年，第 240—241 页。
② 高鉴国：《加拿大多元文化政策评析》，《世界民族》2016 年第 4 期。
③ 王梦妍：《试析加拿大魁北克省的语言立法及其意义》，《重庆科技学院学报》（社会科学版）2012 年第 19 期。

大各个族群的语言、文化得到了及时有效的保护和传承。①

第五,加强语言服务行业规范的拟定。加拿大政府制定和完善了语言服务行业相关法律法规;修订和完善了翻译机构管理、语言服务争端仲裁等相关立法,规范了语言服务市场;拓展了语言服务的内涵,加强了对于新兴语言服务业态如手语等的研究,制定了相应的手语立法政策。

(二)加拿大语言文字立法的启示

对于现代多民族国家而言,语言问题是一个复杂而敏感问题,能否妥善解决语言问题影响着民族团结、社会稳定和国家安全。加拿大的语言现况与我国的语言国情有相似之处,均为多民族国家,语言使用情况较为复杂,因此,中国完全可以在一定程度上借鉴加拿大在语言文字立法方面的经验。

第一,深入了解我国的语言现况,在广泛调研的基础上加强语言政策规划和语言立法评估。加拿大的语言管理实践对我国具有积极的启示作用,比如,在充分尊重移民国家和多元文化共存现实的基础上,通过语言立法及宣传推广来提升母语意识,加强各部门的横向合作,建立有效的评价和监督机制等。②

第二,进一步推广普通话和规范汉字。加拿大联邦政府推行的英法双语框架下的多元文化政策,通过官方语言教育计划、文化保存计划等,在确保英语和法语官方语言地位的前提下,鼓励少数民族语言的保护和发展。中华人民共和国成立以来,在语言文字的规范化、标准化、统一化和普及化方面取得了较好的成效,基于加拿大的语言文字立法经验,我国应当继续推广普通话和规范汉字,确保其通用语言文字的法律地位,并在此基础上加强少数民族语言文字和汉语方言的保护。

第三,加强濒危语言的立法保护。以加拿大为例,在各方努力下,因纽特语保护取得了成效,有成熟规范的文字,母语教育范围不断扩大,教育规划逐步完善;再如被同化十分严重的克里语保护,克里人召开语言文化大会,制定语言文化保护细则,并在加拿大各级政府相关政策、法律法规的支持下,实施保存、复兴克里语文化的各类项目。加拿

---

① 唐兴萍:《加拿大多元文化语言教育政策及启示》,《北方民族大学学报》(哲学社会科学版)2019 年第 5 期。

② 付慧敏、张绪忠:《加拿大语言管理探析》,《东北师范大学学报》(哲学社会科学版)2013 年第 6 期。

大政府对于原住民语言和移民语言的存续保护,值得我国参酌借鉴。我国发布的《国家人权行动计划(2009—2010年)》中提到,要"依法保障少数民族学习使用和发展本民族语言文字的权利。推进少数民族语言文字的规范化、标准化和信息处理。建设中国少数民族濒危语言数据库"。这标志着我国对少数民族语言保护从消极保护向积极保护迈出了关键一步,可以借鉴加拿大对于少数族群的语言权利保障,制定一部具有权威性的非通用语言文字法,强化对于濒危语言文字和少数民族语言权的保障。

第四,适时调整语言政策和修改完善语言立法。加拿大语言政策的变迁是政策动态调整的过程,其在政策实施过程中,针对民众的反馈以及执行中出现的问题,不断进行评估和修正,确保了政策的延续性、针对性和创新性。研究加拿大语言政策和语言立法的历程,有助于启示我国如何根据语言现状适时适度调整语言政策,修订语言立法,从而更好地实现国家统一、社会和谐和各民族共同繁荣。

第四节 从同化到多元文化:澳大利亚语言文字政策与立法

根据澳大利亚政府2016年的调查,在澳大利亚居住的人在家中最普遍使用的语言,根据人数多少排序,依次是英语(72.7%)、普通话(2.5%)、阿拉伯语(1.4%)、广东话(1.2%)、越南语(1.2%)以及意大利语(1.2%)。英语从第一代英国移民到来后,就是澳大利亚最通用语言。原住民则部分保留使用母语。而第一第二代移民通常都是双语人士。

在澳大利亚,采取文化多元主义意味着放弃严格的单一语言同化主义政策,转而承认当地土著以及语言背景多样化的移民的语言权利。① 公共政策的这一变化,是由于体会到亚洲语言作为国际贸易工具的重要性,认识到承认各个语言群体的认同要求、促进国内文化和语言的多样化,这二者乃是社会整合的基础。但是,从20世纪80年代中期起人们便已经观察到,既然作为澳大利亚国语的英语仍然是主要的交际工具,那么,"以族群为依归的另类方案",即单纯地提倡少数群体的认同,便不可避免地存

---

① [德]马蒂亚斯·柯尼格:《文化多样性和语言政策》,冯世则译,《国际社会科学杂志》2000年第3期。

在加剧经济和政治领域中现存的权力分化趋势的危险。因此，澳大利亚的公共政策已经发生变化，采取更加复杂的文化多元主义语言政策模型，既提倡使用少数群体的语言，同时也推广和提高人们对使用较广的另一种语言的运用能力。①

一　澳大利亚的语言政策与语言立法状况

澳大利亚语言政策的制定和语言规划的实践，为世界上其他国家解决各种语言问题提供了参考和借鉴。正如威廉所说："澳大利亚的语言政策树立了典范，值得具有类似文化和历史背景的国家认真研究。"②澳大利亚的《语言问题国家政策》是根据下列原则制定的。第一，澳大利亚英语是澳大利亚的国家语言，这种独特的澳大利亚式的英语，能和其他的英语相提并论。第二，澳大利亚境内不同口音的英语，可以辨别出说话者的社会阶层。一定要使所有澳大利亚人学到标准的澳大利亚英语，这样才能使某些人避免处于不利的处境。第三，国家机构必须使用简单明了的英语，禁止性别歧视和种族歧视的文字；地名要继续使用土著语言名称，以保持澳大利亚的环境特点。第四，土著和托瑞士岛屿的语言，包括"克里奥尔"和"洋泾浜"等方言都是合法的沟通方式。政府计划和服务的资料应提供这些语言的翻译。第五，凡与土著有关的决策应先征求土著的意见，并让他们参与决策的过程。第六，英语以外的社区语言，满足了大部分人的交际需要，这些非英语背景的人有权要求政府提供他们所说的语言服务，并让他们有更多的机会学习母语。③

简言之，澳大利亚的《语言问题国家政策》的主要内容就是：确保英语的支配地位；保护其他语言的稳定发展；提供除英语外的其他语言的服务工作；提供学习第二语言的机会。在工作重点方面，澳大利亚语言立法非常注重确立并巩固澳大利亚标准英语的支配地位。1987年的《语言问题国家政策》明确宣布英语为澳大利亚的国语和官方语言，并申明，澳大利亚语言政策保护澳大利亚英语的种种社会变体的独特用法，并同时

---

① [德] 马蒂亚斯·柯尼格：《文化多样性和语言政策》，冯世则译，《国际社会科学杂志》2000年第3期。

② Eggington, William, "Language Policy and Planning in Australia", *Annual Review of Applied Linguistics*, No.14, 1994, p.137.

③ 楼必安可：《澳大利亚的国家语言政策》，《语文建设》1988年第5期。

要求其公民在正式、公开的场合，尤其是教育界，使用标准英语；广告、教育、公共事业则严格要求使用英语的"最高标准的正确形式"；澳大利亚英语作为世界各地英语的一种国家英语变体，在国内、国际上使用标准澳大利亚英语时应该"充满自信"。①

同时，澳大利亚语言立法还注重加强英语外其他语言的教学。澳大利亚在1987年制定了本国史上第一部较为完整、系统、符合澳大利亚国情，有利于种族融合和社会及经济发展的国家语言政策。1987年的《语言问题国家政策》明确表示，希望所有澳大利亚学生除英语外至少学习一门其他语言，全面实施"全体居民都学习一门除英语之外的其他语言"的政策。此项政策主要是针对那些母语为英语的澳大利亚人的，要求全体澳大利亚学生至少学会一门社区语言或在地理政治或经济发展方面有重要意义的其他语言，并贯穿于义务教育全过程。

另外，澳大利亚联邦政府在外语语种的选择上采取了多语言、多文化的措施，并根据需要适时进行调整。如1987年澳大利亚《语言问题国家政策》中强调了加强阿拉伯语、汉语、法语、德语、印尼语、日语等9种语言的学习。1991年提出了《澳大利亚语言和语言权利政策》报告，该报告实际上推行以英语为国语的政策，同时法律上承认学习和使用其他语言。澳大利亚语言政策的制定和语言规划的实践，也为世界上其他国家解决语言问题提供了蓝本，澳大利亚被公认为世界上语言规划最成功的国家之一。②1991年发布的白皮书根据变化了的形势确定了包括前面9种语言在内的共14种优先语言。白皮书还建议每个省均应根据本省的具体情况，从白皮书所列的14种优先语言中选出8种作为本省的优先语言。为了鼓励学生学习各种优先语言，联邦政府对学生每选一门优先语言提供300澳元的特殊津贴。这种多语言、多文化的政策可以有效避免外语语种单一化问题的出现。

整体来看，澳大利亚语言政策经历了放任、同化、文化多元和优先化等阶段，其特点表现为：凸显多元文化精神，强调语言的经济功能，逐渐明确和具体，但仍面临不确定性。③澳大利亚《语言问题国家政策》的合

---

① 刘福根：《澳大利亚语言规划简述》，《语文建设》1999年第5期。
② 邹长虹：《澳大利亚语言政策简述》，《海外英语》2011年第8期。
③ 王中奎、宁波：《澳大利亚"亚洲优先"战略及其在语言政策方面的体现》，《外国中小学教育》2018年第8期。

理性在于强调母语教育与外语教育并重，这样才能有效地处理好母语和外语的相互关系。①

二 语言多样性、语言平等与少数族群语言权利保护

（一）土著和托雷斯海峡岛民语言

在欧洲人大规模移民澳大利亚之前，据估计，当时原住民有250多种不同语言，方言则更多。欧洲人对原住民一开始就采取灭绝性屠杀政策，并在法律上宣称澳大利亚是"无主地"。后来原住民被限制在"传教区"或"保留区"内。由于欧洲移民长期的灭绝和同化政策，传统的原住民语言和文化已经面目全非，有些语言消失了。2014年，澳大利亚原住民与特雷斯海峡岛民研究所发表的有关澳大利亚原住民语言的一份调查报告——《社区、认同与福祉：第二次全国原住民语言调查报告》提到，2005年第一次对澳大利亚原住民语言进行全国调查时，澳大利亚的250种原住民语言中，有145种还在使用。九年之后，即到2014年进行全国第二次原住民语言调查时，只有120种还在使用。②

20世纪80年代，澳大利亚制定了以多语教育和多元文化为特点的国家语言政策，成为英语国家中第一个有这种政策的国家，政府采取了多种措施来保护和发展澳大利亚原住民的语言和文化。③ 1987年的"国家原住民语言项目"为土著和托雷斯海峡岛民语言提供项目资助，其主要目标是保护、维持、抢救、评价和欣赏土著和托雷斯海峡岛民语言。1989年的"原住民教育项目"使各州相应地获得了资金支持，但这些资助的目的是让土著和托雷斯海峡岛民获得更好的教育服务，而不单是为了发展土著和托雷斯海峡岛民的语言和文化。根据《澳大利亚语言及识字政策白皮书》，在土著和托雷斯海峡岛民委员会的管理下，一项定期拨款方案出台了，即土著和托雷斯海峡岛民语言行动计划。该计划为每个州/领地的地区语言中心提供部分资金，方便它们开展适当的语言活动，同时为地方群体和教育项目提供资金，这些拨款虽然远不足以解决土著和托雷斯海峡

---

① 金志茹：《澳大利亚国家语言立法考察与借鉴》，《社会科学战线》2009年第3期。
② Doug Marmion, Kazuko Obata and Jakelin Troy, *Community, Identity, Wellbeing: the Report of the Second National Indigenous Languages Survey*, Australian Institute of Aboriginal and Torres Strait Islander Studies Canberra, 2014, p.xii.
③ ［澳］洪历建：《权利与语言：澳大利亚原住民语言保护政策》，《华东师范大学学报》（哲学社会科学版）2019年第6期。

岛民语言面临的艰巨的语言学意义上的挽救和发展任务,但是原住民可以借此控制其语言的命运,并以社区为单位,开展许多有益的工作。澳大利亚原住民的语言政策走过了从"自由放任"到"同化"再到"复兴"三个阶段。各阶段的语言政策并非凭空出现的,而与政治经济社会等因素息息相关。①

(二) 社区语言

第二次世界大战以后,澳大利亚实行吸引大规模移民的政策,以此为工业发展及大规模基础设施项目(如雪山水电工程和灌溉工程)提供充足的劳动力。当时,"新移民很快就会发现来澳大利亚来对了,并使用英语……而实际上20世纪50年代,大量非英语背景的移民很显然仍然保持其自身的文化和语言"。移民社区语言是澳大利亚语言政策中不可或缺的一部分。在放任政策时期,移民语言没有受到政治上的干预,较好地保持了语言的多样性。从20世纪初开始,"白澳政策"抬头,社区语言遭到排斥。20世纪70年代,澳大利亚终于认识到自己是个多元文化社会,遂于70年代、90年代制定了相应的语言政策。1987年《语言问题国家政策》的颁行,对社区语言采取支持的态度,社区语言迎来了发展机遇期。②

澳大利亚并没有一个英语以外的大语种(比如美国有西班牙语作为英语以外的大语种),反而有很多较小的英语以外的语言,每一种语言都有一定数量的人口使用。在家使用时间较长的、地位较稳固的语言(如意大利语、希腊语、德语、马耳他语和荷兰语)的使用人数在下降,有一些已经被挤出二十强,如荷兰语、马耳他语和法语,而阿拉伯语、亚洲语言(汉语的粤语、汉语普通话、越南话、他加禄语)使用人数上升,马其顿语和他加禄语首次闯入十二强。如果这个趋势不变,阿拉伯语、汉语方言粤语和越南语将取代意大利语和希腊语,汉语普通话和西班牙语将取代德语,成为最常用的移民社区语言。

(三) 优先语言

"优先语言"这个词和澳大利亚联邦对学校语言教学的资助模式有关,而且,这个词语的内涵是变化发展的,现已不再使用,在联邦拨款方

---

① 姚春林:《澳大利亚原住民语言政策的历史与现状》,《中央民族大学学报》(哲学社会科学版) 2018 年第 5 期。

② 王辉:《澳大利亚语言政策研究》,中国社会科学出版社 2010 年版,第 142—143 页。

案中,被"英语以外的语言元素"所取代。起初,优先语言指的是 1987 年《语言问题国家政策》所列举的 9 种语言和 1991 年《澳大利亚语言及识字政策白皮书》所列举的 14 种语言。然而近年来,这个词则指学校开设的较大的传统欧洲语言,如法语、德语、意大利语和现代希腊语。现在又增加了一些社区语言,如越南语、西班牙语和阿拉伯语,但不包含较小的主要是课外开设的社区语言,也不包含亚洲语言。①

(四) 亚洲语言

1994 年,联邦政府拨出大笔资金支持"澳大利亚亚洲语文教育基金"所列出的语言,即汉语、印尼语、日语和韩语,资金用于:(1) 提高教师的专业水平;(2) 提高教师、学生结业时的水平;(3) 编写课程材料。此前,澳大利亚学校的亚洲语言教学不强,这次拨款旨在使亚洲语言在师资培训和教材编写等方面赶上欧洲传统语言。学习亚洲语言的一个重要和直接作用就是服务澳大利亚"亚洲优先"战略的实行。1994 年澳大利亚颁布了更为明确的官方语言政策——《澳大利亚国家学校亚洲语言与研究战略》,将学习亚洲语言提到澳大利亚经济发展的战略高度。该战略旨在澳大利亚学校全面实施亚洲语言和文化项目,以帮助政府学校与非政府学校促进 4 种主要亚洲语言(汉语、日语、印尼语和韩语)的学习,支持通过课程来研究亚洲,提高澳大利亚普通民众和主要亚洲国家民众进行交流的能力。②

三 澳大利亚语言服务政策与立法

1984 年,澳大利亚联邦政府教育部发布了一份政策文件——《国家语言政策》,该文件明确规定语言政策的 4 条纲领,其中第 4 条是提供各种语言(包括英语以外的语言)服务,如口译、笔译、电视、电台和图书馆翻译服务。

(一) 媒体中的英语

澳大利亚多语言媒体遍布全国,规模相对较大,蓬勃发展。以澳大利亚的国土面积来论,国民对杂志的消费量是很大的。只要有需求

---

① 范盛保:《澳洲的语言政策——从同化到多元文化》,载施正锋编《各国语言政策:多元文化与族群平等》,台湾前卫出版社 2002 年版,第 69 页。

② 王中奎、宁波:《澳大利亚"亚洲优先"战略及其在语言政策方面的体现》,《外国中小学教育》2018 年第 8 期。

（都在大城市），报纸和其他非英语的材料（如录像）随处可得。电视和电台节目使用多种多样的语言。图书馆针对不同的社区，藏有各种社区语言的图书和音像资料，许多大学图书馆有大量的英语以外的读物和研究资料。总的说来，这些材料为那些懂得英语以外的语言的人提供信息，也为特定语言提供教学和研究资料，为社区语言提供强有力的基础支持。政府之所以支持这些项目规划，源于1987年《语言问题国家政策》确定的社会公平和丰富文化的政策。然而，21世纪以后联邦政府的态度从非常支持转向更加放任自由，对语言问题的责任意识也从公共概念转向个体概念，结果是语言和社区项目得到的直接援助减少了。

（二）笔译和口译

第二次世界大战结束以后，澳大利亚政府开始向母语非英语移民提供英语教育，经费由联邦政府提供，语言服务项目由地方政府具体操办，服务对象众多。[①] 第二次世界大战结束时，大规模移民迫使澳大利亚制定了一个独特的有关社区语言口译的语言政策，由于当时很多移民家庭不讲英语，不久政府就发现一些重要机构（如医药、法庭、移民中心、房产机构）需要口译。没有口译服务，有些社区的顾客根本无法接待，而从社区内部寻找通晓多种语言的人充当口译最经济划算。这些能够做口译的人身价倍增，他们的语言才能可以使其从事体面的白领工作，这些人后来成了为政府口译服务的人才基础。

1973年，澳大利亚逐渐向多元文化重新定位，开设"紧急电话口译服务"，以应对紧急情况（如急救、报警），使用者只需支付市话费用。刚开始，在悉尼和墨尔本用8种语言提供紧急电话口译服务，不久，该项服务迅速扩大，服务中心、语种和紧急服务的种类都大大增加。1974年，紧急电话口译服务更名为"电话口译服务"，发展为全国范围的服务项目，提供口译、分诊和问询服务。该项服务涵盖的约90种语言，主要由移民与多元文化事务部提供，因为既提供口译和咨询服务，也提供移民所需的笔译服务，所以是独一无二的。信息和公告（如选举、社会保障、法律问题、法律权利、教育制度、图书馆设施）一般有20种文本。开始时毫无计划可言的语言规划行为最终成为1987年《语言问题国家政策》

---

① ［美］罗伯特·卡普兰、［澳］小理查德·巴尔道夫：《太平洋地区的语言规划和语言教育规划》，梁道华译，外语教学与研究出版社2014年版，第184—186页。

四大关键领域之一（语言服务）的基石。

四　澳大利亚语言教育与语言能力政策与立法

（一）语言教育

语言教学是地方事务，学生应该学习多少种语言，州和州之间差异很大。有些州只要求学习英语以外的语言累计约2年即可，而其他州可能要求整个12年都要学习一门英语以外的语言。也有少部分采取"沉浸式"教学，如在维多利亚州和昆士兰州。虽然很难一概而论，但原住民语言和社区语言没有被排除在外，即不直接通过学校，主要是通过替代机构授权。"优先语言"和"亚洲语言"通过学校传授，但是有些语言如汉语和现代希腊语也通过社区语言项目广泛开设。许多校内意大利语班通过插班开设，但是这些班级得到了意大利政府的支持，并由意大利政府负担费用。海外政府及其相关语言推广机构的帮助至关重要，资助形式有提供资金、免费的教学材料、语言顾问以及资助大学讲师席位等。许多语言项目依赖此类资助而生存。

（二）原住民语言教育

1973年，联邦政府开始在北领地实行双语教育制度。虽然许多教育专家和原住民将这个项目视为"双料"教育——既教原住民语言和英语，也教相关风俗文化，但也有学者认为这只是过渡性政策，其终极目标是提高英语熟练程度。通过这个项目，原住民语言教师得到训练，通过参加教学，获得了社会地位，并将该语言和文化择要教给学生。然而，1998—1999年北领地逐渐停止了对此项目的拨款，转而资助英语作为第二语言的学校项目。

澳大利亚政府非常重视公民的语言能力建设。《就业服务法》规定英语的能力是参与澳大利亚社会的基础。在各族群的社区里英语的重要性是没有争议的。英语熟练程度的重要性随着英语成为商业和网络语言而提高。因此，"委员会议"彻底支持和强烈建议，继续为成年人移民施以英语课程训练。2009年，陆克文政府启动《国家学校亚洲语言与研究计划》，两年内斥资6240万澳元，主要用于在高中设立更多亚洲语言课程；其目标是：到2020年，至少12%的12年级毕业生能够流利使用四门亚洲语言（汉语、日语、印尼语和韩语）中的一种，能够胜任与亚洲的商贸工作或达到大学的语言要求。

五　澳大利亚语言政策与立法发展的未来方向

1948 年的《世界人权宣言》、1990 年的《世界人类集体权利宣言》、1992 年的《在国家、民族、宗教、语言上属于少数之权利宣言》、1996 年的《世界语言权利宣言》都一再强调语言是一种基本权利，语言政策必须尊重以人为主体，并且配合文化多样性与语言复杂性制定而成。澳大利亚的语言政策属于提倡多元语言主义政策，该语言政策源于处理大量移民来到澳大利亚所产生的问题的需要。

澳大利亚的语言政策主要针对英语、原住民语言和社区语言这三类语言的地位或教育。英语总是被放在政策优先考虑的地位，即使是在文化多元政策中，确保英语地位也是政策的前提。随着澳大利亚社会的发展变化，原住民语言和移民语言逐步受到认可和尊重。①

语言规划和语言政策在澳大利亚起到了很大作用，但是，进入 21 世纪后，在全球化的压力下，语言政策的总体方向发生了转移。澳大利亚政府加强了英语教育在国内外的作用。除了继续支持原住民语言教育之外，政府也希望提高原住民的英语能力。在语言政策和具体措施方面，从兼顾社会文化目标和经济目标，转向经济理性主义，不再强调语言和文化多样性。国家语言政策的这种微妙改变，实际上使原住民被迫放弃本族语言转向英语，结果导致原住民的语言流失不断加剧。② 所以，虽然澳大利亚的语言和文化项目依然得到社区乃至国际社会的大力支持，如果没有具体的政策目标指引和政府援助，这些语言文化项目将举步维艰。

第五节　少数族群语言权利保护：新西兰语言文字立法

一　新西兰的语言状况

新西兰是个位于太平洋西南部的岛国，2006 年人口普查数据显示，新西兰约有 67.6% 的人口属于欧洲裔，约 14.6% 属于毛利族，其他主要族

---

① 王辉：《澳大利亚语言政策研究》，中国社会科学出版社 2010 年版，第 143 页。
② ［澳］洪历建：《权利与语言：澳大利亚原住民语言保护政策》，《华东师范大学学报》（哲学社会科学版）2019 年第 6 期。

群还包括亚裔（9.2%）和其他太平洋岛屿居民（6.9%）。英语为全国通用语，英语和毛利语是新西兰的两种官方语言。从1840年英国宣布对新西兰行使主权到1974年，英语一直是新西兰唯一的官方语言。在此期间，政府对毛利人实施了合并政策，不允许毛利人居住在白人定居范围以外，在语言政策上则采取同化政策，殖民当局于1881年通过的关于土著人学校的立法中规定，英语为教学用语，毛利学生的所有校内活动均按白人模式进行。绝大多数毛利人反对政府的同化政策，为毛利语的复兴做了不懈的努力，得到社会多方支持。直到1961年政府才正式宣布放弃同化政策，采取一体化政策，该政策旨在结合而不是融合毛利人，毛利文化得以保持自己的特性。1974年正式确认毛利语为新西兰官方语言，享有与英语同等的法律效力。

英语成为新西兰各民族共同使用的普通话，各教育机构、通行的标牌、正式表格、说明书、广告、报纸、广播、电视等，均广泛使用英语，不掌握英语，将寸步难行。为了适应社会，大多数毛利人均可使用英语和毛利语进行交际，这对毛利人使自己的民族文化立于不败之地十分有利。

二 新西兰毛利语政策与《毛利语言法》

毛利人是第一批抵达新西兰的人类，据现代历史考古生物研究，毛利人的祖先来自东波利尼西亚，与萨摩亚、夏威夷和塔希提的居民是近亲。新西兰是多元族群的社会，毛利人口仅次于欧裔白人，占主要人口的第二位。在欧洲人对新西兰殖民之前，全新西兰通用毛利语。毛利语是东波利尼西亚语的一支，在毛利人和欧洲人接触前是一种口头语言，没有书写系统。

1987年议会通过《毛利语言法》，正式确立毛利语为新西兰官方语言，享有与英语同等的法律效力，很多学校将毛利语作为第二语言进行教授，使毛利语成为一种活的语言。[①] 2004年，新西兰成立毛利语电视台，由国家拨款运营，全天候使用毛利语进行播音。

（一）毛利语言政策的演变

新西兰已从早期的独尊英语过渡到提升毛利语地位和增加毛利语使用的阶段。鲁伊斯提出影响语言规划的三种取向：（1）把语言当作问题；

---

① 李桂南：《新西兰语言政策研究》，《外国语》2001年第5期。

(2)把语言当作权利;(3)把语言当作资源。就此而言,新西兰的语言规划可以说经过三个发展阶段:初期将毛利语当作社会问题根源刻意消灭,然后过渡到消极应付形式主义,最后才进展到把毛利语当作新西兰的国家资源,承认原住民的语言权。整体而言,新西兰的语言政策,已经朝向语言平等的阶段,在政策上指定毛利语为法定的官方语言,并设立毛利语言委员会负责推广毛利语。[①]

(二)毛利人争取语言权利的历程与成效

毛利人的语言运动主要是为了复兴濒临死亡的毛利语。随着英语势力的扩张,毛利语逐渐衰微,毛利人的社会运动也因此走上法制化的道路。瓦塔奇条约是毛利人争取语言权利社会运动抗争法制化的主要依据。瓦塔奇条约第2条规定毛利人有完全控制他们的土地、部落以及所有的文化权利。毛利人以毛利语为毛利人重要的文化为由,引用这个规定,要求政府履行条约,保障毛利语的生存。

在追求官方地位的过程中,1975年成立的瓦塔奇特别法庭扮演了相当重要的角色。这个特别法庭受理由毛利个人或团体提出的对政府的指控案,1985年,政府赋予此法庭正式的听诉权。瓦塔奇特别法庭于是成为争取毛利语语言权的重要论坛。许多给瓦塔奇特别法庭的意见书表示,毛利语是毛利人的"宝藏",因而受到瓦塔奇条约的保护。1974年毛利事务法修正案通过:"官方承认新西兰毛利语及其各地方言为新西兰毛利人后代的祖传语言。"但1978—1979年的法院判例明白地表示,这个条款只是事实的认定,并没有约束政府推行毛利语使用的法律效力。

除了争取官方地位,追求语言权的承认之外,还必须确保语言权得以实施。法庭诉讼的毛利语使用权,是毛利语言权争取的重点之一。在1987年毛利语法案通过之前,除了毛利语版的瓦塔奇条约之外,毛利语没有任何法律地位。毛利语的法律地位主要由法院判决加以厘清。1974年毛利事务修正法案的第51项经法院裁定,认为并未赋予毛利语任何实际的法律地位。1975年瓦塔奇条约有英语和毛利语两种版本,这两种版本具有相同的法律地位。1987年毛利语法案通过之后,法院的判决明显支持毛利语的法律地位,20世纪90年代许多法院判决明确了毛利语受瓦塔奇条约保护。

---

① Corson D., *Language Policy Across the Curriculum*, Clevedon: Multilingual Matters, 1990, pp.145-146.

毛利语法案赋予毛利语官方语言的地位，虽然给予毛利语某种程度的制度性支持，但是官方语言的含义语焉不详，毛利语法案并没有详细地规定毛利语使用的场合和提供的服务，又不具强制效力。可以说，毛利语是法律上的和象征性的官方语言；而英语则是工作的官方语言。毛利语在公开场合使用主要是仪式性的。英语仍然是实际政府行事使用的官方语言，虽然其不是法定的官方语言。

此后新西兰政府开始在公共服务部门使用毛利语。1999年毛利发展部的《毛利语言政策和计划：协助公共服务部门的指导方针》（以下简称《指导方针》）就是要帮助公共服务机关参与政府的毛利语言策略，经由强化毛利语的使用，对毛利语的复兴作出贡献。《指导方针》是新西兰政府毛利语言策略的目标之一。毛利语言策略的五大关键面向为：

（1）发展、推行毛利语言教育计划；

（2）促成毛利语言广播电视台的成立；

（3）毛利语言指导方针协助公共服务部门发展自己的毛利语言政策和毛利语言计划；

（4）发展、推行毛利语文本运动；

（5）以协调的方式发展并推行监控和评价毛利语言活动的适当机制。

新西兰政府对毛利语的重视使人们学习毛利语的兴趣倍增，同时也使毛利人更热爱自己的母语。甚至在新西兰定居的欧洲人进行追悼仪式时，悼词的开头与结尾都用毛利语。新西兰先后成立了许多毛利语广播电台、电视台。

（三）毛利语再衰落

从2004年开始，接受毛利语教育的一年级新生数量出现下滑。在经历了80年代和90年代前期的高速成长后，毛利语教育似乎已经遇到了一个巨大的瓶颈。毛利语流失的原因有以下几点：（1）会说毛利语的人数减少；（2）都市化造成毛利语共同的地理、文化根基瓦解；（3）毛利语的社会地位低落，英语成为社会地位晋升的语言；（4）缺乏制度的支持，社会制度独尊英语，毛利语使用的机会很少。

所有的语言诉求本质上都是政治诉求。毛利语的兴衰十分精准地反映了这一事实。尽管表面上看毛利语贵为新西兰官方语言，在各种严肃场合，甚至如议会、法庭上都有使用，但这改变不了该语言变成一种仪式化语言的趋势。语言不是问题或负担，而是资源与权利，弱势语言就像珍稀动植物一样需要细心呵护才有赓续存活的机会。语言权的争取并非主要依靠外在的力量,寻求制定法令和由政府施加"由上而下"的压力。更重要的,是"自下而上"的草根性运动,强调自我掌控私人语言的使用,以自我赋权的方式维持母语。毕竟,母语的家庭世代语言传承是弱势语言保存的关键,政府政策或法律无法确保弱势语言的可持续发展。

(四)毛利人语言巢运动

面对母语灭种的威胁,毛利人除了争取官方语言地位作为因应之外,还积极推动草根的母语建设,来保存族群的语言及文化,1982 年建立的语言巢是最好的例子。语言巢运动是毛利人率先发起的全国性教育改革,其基本原理是:毛利儿童从一出生开始就要沉浸在毛利语及其价值观中。在语言巢的官方网站的引用文,最能说明这个理念:"婴儿呱呱坠地后,把他抱在胸前,并且从那一刻开始用毛利语和小孩说话"。语言巢官方网站说明语言巢的目的如下:

(1) 通过完全沉浸其中,孩童得以学习毛利语言、文化和精神;

(2) 语言巢的所有成员将促进并支持语言和文化的学习;

(3) 在家族的环境下,语言巢的成员将学习各式各样能支持其理念的技能;

(4) 通过家族的发展促进语言巢的行政和运作的团体责任感;

(5) 所有参与者能有被接纳和归属的感觉;

(6) 学习的内容、情境和控制都是毛利人自主。

建立语言巢可以提供学前儿童母语沉浸式学习的环境。有许多弱势语族建立了语言巢来推展幼儿母语教育。① 毛利语语言巢教学课程,可分为三大类:(1) 毛利语教学计划:教导毛利歌曲、毛利问候语以及简单的毛利语,毛利语并非单独的科目;(2) 毛利语课:将毛利语列为单独学科,学生自由选修;(3) 以毛利语为教学媒介语的教育:教学时,又分为兼用英语和毛利语的双语教学以及完全使用毛利语的沉浸式教学。②

---

① 张学谦:《回归家庭、社区的母语世代传承:论学校教育的限制及其超越》,载《90年度原住民族教育学术论文发表暨研讨会论文集》,中国台湾地区新竹师范学院,2001 年 10 月 6 日,第 170—187 页。

② 黄丽容:《新西兰毛利语教育之研究:以小学"完全浸渗式"毛利语教学为例》,硕士学位论文,台湾师范大学教育学系,1999 年。

母语教育是各族群语言生存的重要支援系统，如果欠缺母语教育常会造成母语流失。本土语言教育的功能如下：（1）能让学生对自己的族群语言文化产生荣誉感，提升族群语言的声望；（2）能让学生发展族群的语言能力，让母语成为现代社会的有效沟通工具；（3）能让居住在少数语族的其他族群人士有机会学习当地语言，如此可以避免少数语言的流失。①

虽然，学校母语教育对母语保存有所助益，但是单靠学校的母语教育并不能挽救语言的流失，还需要注意家庭和社区的母语传承。学校的母语教育有三个限制需要特别注意：（1）它不是语言保存的最关键因素；（2）学校的母语教育太晚也太少；（3）无法达成沟通外的功能。② 因此，不可因为学校提供母语教育就放弃在家庭与社区推行母语。毕竟，家庭与社区才是最基本、最重要的母语复兴基地。就母语教学而言，学校必须尽力将学校、家庭和社区的母语教育统合在一起。③

（五）新西兰毛利语政策与立法的启示

第一，将母语定为官方语言。新西兰政府通过立法将毛利语提升到官方语言的地位，有助于毛利语的存续。在适当的政治经济社会环境之下，弱势语言的地位提升有其必要性。弱势族群的语言复兴运动必须超越"双语现象"④ 的限制。双言现象对少数族群来说，只会更强化少数族群的弱势地位。又由于语言的学习深受语言活力的影响，结果强者愈强，弱者愈弱，活力较差的语言，也就每况愈下，终致母语成为濒危语言。因此，对语言活力低的族群，积极的做法应该是尽可能地扩充母语在各种领域的使用，不必故步自封，这样才能确保母语在社区的活力。

---

① Walker Alastair, "Applied sociology of language: Vernacular languages and education", In Peter Trudgill ed., *Applied sociolinguistics*, London: Academic Press INC, 1984, pp.119-158.

② 张学谦：《回归家庭、社区的母语世代传承：论学校教育的限制及其超越》，载《90年度原住民族教育学术论文发表暨研讨会论文集》，中国台湾地区新竹师范学院，2001年10月6日，第170—187页。

③ 张学谦：《结合社区与学校的母语统整教学》，载《第四届台湾语言及其教学国际学术研讨会》，中国台湾地区中山大学，2002年，第203—222页。

④ 双语现象（diglossia），是指语言在社会上的分工情形，高阶与低阶语言各使用在特定的领域。一般而言，高阶语言使用在正式、公开的场合（政府机构、学校等），而低阶语言则使用于私人、亲密的场合（家庭、亲友间的交谈等）。Fishman, "Bilingualism with and without Diglossia; Diglossia with and without Bilingualism", *Journal of Social Issues*, Vol.23, No.2, 1967, pp.39-48.

提升母语活力的主要路径是通过立法确立其官方语言地位。克里斯特尔在《语言死亡》提出语言复兴的六大条件，第二条就是："提高濒危语言的族群在支配族群眼里的法律地位，复兴濒危语言的运动才会有所进展。"① 新西兰毛利人争取毛利语的法定官方地位后，积极推广毛利语服务，并把毛利语用于各种公开场合。毛利人经由毛利语实践来提升族群意识，增强族语活力的做法值得学习。

第二，注重家庭、社区的语言传承功能。毛利人除了争取母语地位的提升，追求法律上的支持之外，还强调建立家庭、社区的母语环境，即往下扎根，防止母语在家庭、社区流失，确保母语的家庭、社区的交流功能。值得注意的是，母语运动不能把所有的希望都寄托在政府的法律保障上，而忘了母语在日常生活中的使用。语言无法仅靠唱几首歌或在印在邮票上而得救，甚至"官方地位"或是学校教育也无法拯救语言流失。语言只有通过"活学活用"才能得救，经由各行各业的使用，在各种场合，直到使用这种语言成为自然而然的事情。简而言之，语言复兴没有捷径可走，必须扎根家庭和社区，通过经年累月的努力与沉淀，方可使其活化。

第三，完全使用母语的"沉浸式"学校教育。除了家庭、社区的母语环境之外，学校教育也是母语复兴的重要机构。毛利人在学校方面值得学习的是设立完全使用毛利语的幼儿园（语言巢）、小学、中学。同时也需要争取到从小学到大学阶段的母语教育权，最好的方式是沉浸式的双语教育。

第四，设立国家族群语言委员会。毛利语法案除了将毛利语定为官方语言之外，又设立毛利语言委员会这一专职机构负责推动毛利语的语言规划。

三 新西兰手语立法

根据2006年《新西兰手语法》，新西兰手语成为官方语言。该法的目的是在整个法律体系中，确立使用新西兰手语的权利和义务，并确保聋哑人社区拥有平等的语言权利，像普通人一样获得政府信息和服务。根据2013年的人口普查，有超过20000新西兰人使用新西兰手语。

新西兰手语起源于英国手语，在技术上可被视为英国、澳大利亚和新

---

① ［英］大卫·克里斯特尔：《语言的死亡》，周蔚译，中国台湾地区猫头鹰出版社2001年版，第250页。

西兰手语的方言,像其他自然手语一样,它是由聋人设计并为聋人设计的,与口头或书面语言没有语言联系。新西兰手语使用与英国手语和澳大利亚手语相同的双手手册字母表。

第六节 多语共存:新加坡语言文字政策与立法

新加坡是东南亚的一个城市国家,位于亚洲、大洋洲两大洲和太平洋、印度洋交汇处,地理环境相对开放,外来文化不断涌入,异质文化竞相传播,在语言方面呈现出多元化的特点。新加坡是一个多语言的国家,其官方语言包括英语、华语、马来语和泰米尔语,影响新加坡语言发展的因素主要有三:第一,位于马六甲海峡航运要道上,又有天然良港的条件,成为水路交通的重要枢纽,邻近各地的人种往来频繁,使其形成多种族、多语言的社群。第二,在地理上与马来半岛连成一体,二者之间密不可分,举凡政治、文化、语言、生活、历史发展等方面,均深受其影响。第三,新加坡政治权力与英语关系密切,统治阶级的语言、立法司法等以英语为主,也奠定了英语不可动摇的社会地位。加之英语是国际贸易和现代科技的主要用语,英语为新加坡成为国际商业中心、地区金融中心等角色提供了相当大的助力,因此渐渐成为主要的工作语言。

一 新加坡的语言状况

新加坡流通的语言众多。依据新加坡宪法,新加坡的四种官方语言为英语、华语、马来语和泰米尔语。其中马来语被定为"国语",全国的通用语则为英语。这些官方语言,连同多种其他语言,只不过在表面上反映出新加坡多元种族、多元文化以及多语言的性质,但在实质上,新加坡仍是单语社会。

新加坡前期,岛上的通用语是巴刹马来语,为马来语和汉语的混合语,也是马来群岛的贸易语言。在新加坡,英语先是峇峇人①的语言,由于英国统治新加坡的缘故,英语成为通用语,并在新加坡独立后成为主导语言。鼓励新加坡华人讲华语是因为新加坡政府想消灭族群文化并搞同化政策,非官话之汉语变体,例如福建话、潮州话、客家话、海南话和广东

---

① 峇峇人,是指在英国海峡殖民地,主要是东南亚出生的华人及其后裔的俗称,正式的称法为海峡华人。

话被归类为"方言",政府倡导华语和打压方言的语言政策,导致这些语言的使用者数量锐减。身为新加坡四种官方语言之一,泰米尔语是印度语言中的主要语言。

在新加坡的马来人、华人和泰米尔人三大族群中,没有一种语言有近半数的他族人懂得,选择任一族语言作为主要语言,均会引起他族的不满。英语虽本为殖民地的语言,但有过半数的各族人懂得,较易为各族人所接受。第二次世界大战结束以后,新加坡的社会语言日渐发生变化。70年代以后,变化尤大。国语与母语之间的关系从对立演变至共存,第一外国语(英语)教育开始延伸至小学阶段。促使变化的因素,主要是政治和经济。变化的方向主要有两个:一是英语的地位日渐提高,母语的地位日渐降低;二是华语的地位日渐提高,方言的地位日渐式微。

(一) 英语

英语被视为新加坡的主要语言,在新加坡教育制度里,英语是所有的科目(除母语课外)的教学媒介语。英语还是新加坡的行政语言,以及国际商业的重要语言之一,新加坡目前是全亚洲最精通英语的国家。新加坡是亚洲少数以英语为第一语言的国家,一直推行多语并存、英语独尊的语言政策。[①] 英语被尊为国王的语言,其实就是岛国各族群间主要的沟通工具,也是吸收外来文化、科技、对外商贸所不可或缺的主要语言。作为一个多民族、多种族国家,新加坡政府势必选择一个共通语,作为彼此沟通的桥梁,英语则是全球化环境中最佳的选择。

(二) 华语

新加坡的华语,相当于中国大陆的普通话,但并不完全相同。华语是相对方言而言的。大多数成年华人的母语属于中国南方的方言,其中以使用闽粤方言的人最多,在这些方言中,有些可以通话,有些则难以沟通交流。华语大致上是新加坡华人社会的通用语,1979年,政府开展讲华语运动,大力推广华语。由于中国的经济崛起以及大量中国人移民新加坡,华语在新加坡的地位日渐上升。今日,总体而言,华语仍然被看作中华文化的载体。

---

① 张艳丰:《新加坡双语教育政策及其对中国的启示》,《教育理论与实践》2013年第15期。

（三）马来语

身为马来人，必然信奉伊斯兰教与学习马来语，马来语被认为是马来人的本质特征。虽然英语在经济上和政治上占有优势，但在普通人中间，马来语享有很高的地位。① 新加坡宪法赫然规定：马来语为新加坡的国语，以拉丁字母书写。为反映新加坡马来文化，新加坡国歌、荣誉制度和军事口令都使用马来语。

（四）泰米尔语

讲泰米尔语，而又通晓英语的南印度人，扮演橡胶园劳工与英国官吏之间的通译与中介人的角色。② 泰米尔语由于使用人口少，政治及经济效益低，在新加坡一直未受到政府的重视。

二　新加坡语言地位政策

正如前述，新加坡既然是一个多种族的社会，其语言改革的准据，是采取多语言政策，企图通过多种语言的平等使用来调和族群矛盾。因此，新加坡政府一直采取"双语政策"，即鼓励境内各民族保有母语。马来语为法定国语，但列为官方的第一语言是英语，华语、马来语、泰米尔语同被并列为官方语言。不过，宪法规定的官方语言和国语仅具有宣示性，各个语言实际上的地位并不平等。马来语只是名义上的国语，英语才是事实上的标准语，不但为各族人民的第一共通语言，而且几乎是唯一的教学媒介语言。

新加坡的语言政策从某种意义上说是一种典型的实用主义的多语言政策，无论是官方语言的确定还是语言教育政策的实施，既考虑国家的历史渊源和地理位置，又考虑国家的现实状况和未来经济发展的实际需求，既考虑国内复杂的族群关系和利益平衡，又着眼于全民族的团结和统一，使新加坡社会各界及各种族的人们能普遍接受。这既有效地避免了任何形式的语言沙文主义，又有助于各种族文化及其语言的传承和发展。③

---

① ［美］罗伯特·卡普兰、［澳］小理查德·巴尔道夫：《太平洋地区的语言规划和语言教育规划》，梁道华译，外语教学与研究出版社2014年版，第146页。

② Sandhu, K.S. and Paul Wheatley eds., *The Management of Success*: *The Moulding of Modern Singapore*, Singapore: Institute of Southeast Asian Studies, 1989, p.123.

③ 刘汝山、鲁艳芳：《新加坡语言状况及语言政策研究》，《中国海洋大学学报》（社会科学版）2004年第3期。

三 新加坡双语政策①的意涵

新加坡实行的多语制并不是要求每个公民必须会讲四种官方语言，而是首先必须会讲英语；其次是会讲母语，即华人会讲华语，马来人会讲马来语，印度人会讲泰米尔语。因此，对于个人而言，新加坡实行的又是双语制。新加坡的个人双语制有其独特之处：根据新加坡的官方语言政策，双语制并不是界定为通晓任何两种语言，而是通晓英语和其他三种官方语言之一。因此，英语成为法定的人人必须会讲的官方语言，成为双语教育不可或缺的主要成分。②

新加坡采用渐进式策略推行双语政策，以"极力突出英语、适度保留母语"为主轴，极力突出英语，有利于各种族相互沟通，有助于新加坡在国际竞争中保持优势，"适度保留母语"在协助稳定政治局面、快速发展经济以及和睦邻国关系方面都是非常成功的。③ 新加坡政府落实双语政策，使得种族和谐共处，社会安定与综合国力（特别是经济、国家安全与外交方面）增长，种族之间的冲突与摩擦降低。

在语言教育领域，独立之后的新加坡着力提倡双语教育，双语教育成为新加坡教育体制的基础。新加坡的双语教育主要体现为对英语及各种族母语的地位界定，以及由此产生的教育分流制度。新加坡的英语教学和母语教学规划是其双语教育体制的重要引擎。④ 为了落实双语政策，就读政府学校的学生都以第一语言学习英语。经过 50 多年的推动后，英语已成为本地强势主导工作语言、跨族群语言和国家语言。新加坡的语言教学担负着两大特殊使命：一是凝聚社会共识，促进多种族社会各种族间的国家意识；二是为新加坡在国内外敏感的种族环境中创造有利条件，建设一个现代化的具有竞争力的国家。⑤

---

① 新加坡的双语政策，是一种特殊形态的多元语言下的双语政策，虽然英语、华语、马来语和泰米尔语均为正式的官方语言，但在实际语言使用中，盛行的是"英语+"模式，英语成为多元语言之间的媒介语言。
② 刘满堂：《新加坡的语言政策：多语制和双语制》，《陕西教育学院学报》2000 年第 4 期。
③ 黄明：《浅析新加坡英汉双语教育政策》，《中国教育学刊》2007 年第 4 期。
④ 张艳丰：《新加坡双语教育政策及其对中国的启示》，《教育理论与实践》2013 年第 15 期。
⑤ 阮岳湘：《论新加坡语言政策规划的政治考量》，《学术论坛》2004 年第 5 期。

新加坡现行的双语政策是多语国家语言规划之典范，是多语国家立国的需要，在一定程度上体现了国内各种族及其语言的平等，有利于国际交流，并通过统一的语言消除语言分歧与种族隔离，实现了种族和谐和政治局势稳定。① 但实际上，英语和"母语"的地位并不均等，英语是实际的官方工作语言，享有各族群通用语的地位，而"母语"则是各族群内部的通用语，其在地位上虽然高于各族群方言，却无法与英语平起平坐。新加坡的例子显示，语言地位平等只具法理意义，无法体现在语言使用中，其双语政策实质上还是独尊英语。

四　结论

新加坡是一个多种族、多语言、多文化的国家，新加坡政府的语言政策有两个主轴：一是基于语言多元论和族群团结，给予弱势语言官方地位，并且赋予各族群维系其母语的权利。二是为了语言的国际化、现代化，必须选择英语作为各族群的通用语。因此，在语言管理方面，新加坡政府主要贯彻英语双语政策，将华语、马来语和泰米尔语定为仅具象征意义的国语，然后将英语定为实际的官方工作语言及全国的共通语，同时赋予族群语言官方地位，除了作为族群本身的共通语，还赋予族群认同和文化传承的功能。②

新加坡语言政策和语言立法受政治、族群、经济、文化等因素影响深远。综合分析，今日新加坡的语言政策，系以下列几点为主轴：（1）华语、英语、马来语及泰米尔语四种官方语言并存；（2）坚持双语政策，英语为各民族学生必须学习的共同语言；（3）英语为工作语言，并具有国语的实际地位；（4）各族学生均需学习母语，作为赓续传统文化的媒介。新加坡的语言政策表面上标榜的是开明的"双语教育"政策，就是要求国民通晓英语和本族语言，实际上推行的却是标准英语和标准中文的"双语教育"政策。结果，以英语和华语为第一语言的人口比例急速提高，而占新加坡主要人口的自然语言包括汉语方言和马来语、泰米尔语都在快速消失之中。

---

① 邹长虹：《新加坡的语言政策及其对我国外语教育政策的启示》，《社会科学家》2014年第2期。

② 洪镰德：《新加坡的语言政策》，载施正锋编《各国语言政策——多元文化与族群平等》，"行政院客家委员会"2002年版，第543—584页。

鉴于中国改革开放和经济强势崛起的势头，加之海外华人心系中华文化，华语的前途仍被普遍看好。尤其是随着中国"一带一路"倡议的推进，新加坡已掀起中文学习的热潮。新加坡推广华语，固然与政府的语言政策有关，但大环境的变化才是关键。如今，华语成为新加坡华人通用的语言，已是不争的事实。

第三章

欧盟主要成员国的语言文字立法

第一节 专门立法的典范：法国语言文字立法

法国是传统的单语制国家，法语是法国唯一的官方语言和民族共同语，但是许多居民也使用不同的方言。① 因为许多外国人移居法国，所以许多外来语言也在法国境内使用。法语在法国成为普及语言，比英语在英国普及的时间晚将近两个世纪。1790 年，法国政府指派阿贝亨利·格雷戈勒负责调查法语在法国的推广情况。1794 年，阿贝亨利·格雷戈勒向国民大会提交了一份题为《关于消灭地方语言的必要性和方法，确保法语的广泛使用》的报告。根据这份报告，在当时法国 2500 万人当中，有 600 万人根本不懂法语，还有 600 万人法语能力非常有限。新当政的革命者认为，法语的这种现状妨碍了大革命的思想和原则在民众当中的推广。法语被赋予了传播民主思想的任务。因此，法国政府通过立法，限制少数民族语言，加大了对法语推广的力度。②

法国企图构建单一语言、单一文化、单一民族的大一统国家，强力推行法语作为王国统治的行政司法语言，地区方言受到严重打压。法国政府系统性地在全球推动法语学习，通过语言来传播文化，通过文化来强化其政治影响力，语言就是软实力的最佳后盾。法国是语言保护意识和语言管理均表现强烈的典型国家。在过去相当长一段时间内，法国语言政策的主要关注点是法语的净化与推广工作，但是近几十年来，随着英语和美式文

---

① 栾婷、傅荣：《法国地方语言现状及地方语言政策分析》，《法语学习》2017 年第 4 期。
② Machill, Marcel, "Background of French Language Policy and its Impact on the Media", *European Journal of Communication*, No.12, 1997, p.484.

化的冲击波及全球，法国语言政策的重心转向与英语的斗争。从"语言主体性"的角度来看，为应对美式文化的冲击，法国政府通过《巴斯——劳里奥尔法》《杜彭法案》等一系列语言立法，在国内规范语言的使用，努力捍卫法语作为官方语言的地位，同时在国外大力推广法语和法国文化。法国在本土以外地区的语言政策是语言推广政策中最成功的例子之一。而从"语言多样性"角度来看，法国政府对方言的保护意识和行动则远远不足。几个世纪以来，法语的独尊地位使得法国的方言地位低下，生存艰难。①

一 法国的语言状况

法语属于印欧语系罗曼语西支，是当今世界使用者最多的罗曼语言之一，是由拉丁语逐步演变发展而来的。根据法语国家组织②2014年的官方统计数据，有2.47亿人能够流利地说法语、写法文，这还不包括非洲大量能说法语但不会书写法文的人口，此外，以法语为外语进行学习的人口约有1亿。③法语是很多国际或地区组织的官方语言，如联合国、欧洲联盟、非洲统一组织、国际奥林匹克委员会等。在人类现有的近7000种语言中，法语属于有世界影响力的通用语种之一，明文以法语为全国通行官方语言的主权独立国家数量仅次于英语，在五大洲都有使用法语的国家和地区。另外，法语在世界上被公认为一门重要的"文化语言"，拥有独特的、悠远的文化内涵。虽然世界上讲法语的人数排在汉语、英语、印地语、西班牙语、阿拉伯语甚至日语和孟加拉语的后面，但这并不意味着法语的地位和影响力低于上述语言。有关法国语言政策的法律法规除《关于法语的使用法》（简称《杜彭法案》）外，1992年6月25日法国国会曾特别通过增列条文规定："共和国的语言是法语。"此一宪法条款清楚地表示，法语并非法国所独有，且重申法语为法国唯一的语言（国语）。

---

① 高原：《文化多样性视角下的法国语言政策研究》，硕士学位论文，南京大学，2015年。
② 法语是世界通用的两种语言之一。第二次世界大战后，法语的地位下降，影响日益缩小，法国对此深感忧虑。20世纪60年代，法国总统戴高乐提出了建立"法语共同体"的设想。法语国家组织（Organisation Internationale de la Francophonie）成立于1970年，来源于21个法语国家在尼日尔首都尼亚美签署了成立文化技术合作局宪章，其主要目的是维护法语在世界上的地位。截至2021年，法语国家组织有54个成员国或地区、7个准会员国或地区、27个观察员国或地区，共88个国家和政府成员，超过联合国成员数的1/3，覆盖了五大洲超过9亿人口。
③ https://www.francophonie.org/，2017年4月28日访问。

而就书写及教学的语言而言，法语皆次于英语，排名世界第二。同时也是国际上广泛使用排名第二的语言。① 另外，在法国国内，全国共有七种主要"地区语言"：奥克语、加泰隆语、科西嘉语、阿尔萨斯语、佛拉芒语、布列塔尼语、巴斯克语。它们分属三个不同的语系，只有前五种与法语同属罗曼语系。

法语曾经在世界上占有极其重要的地位，即使在今天，虽然法语的地位已远不如前，但法语仍然具有不可忽视的重要作用。为了强化法国人民对于法国国家的一致认同，对于法国来说，语言从中世纪以来即国家管制的对象，法国对于语言政策的规范体现在两个主要方面，即语言本身和语言的使用场域。

第二次世界大战之后，法国的殖民地国家纷纷独立，法国失去了对这些国家的控制，不少国家以本民族的语言替代法语为官方语言，使世界上说法语的人数大为减少。另外，随着美国科技的发展和文化的扩张，法语日益受到英语的威胁，即使在法国本土也不例外。科学家们不得不以英语发表文章，进行学术讨论，这不仅仅是因为法语当中缺少相关的科技术语，还因为英美的科学技术更加发达，英语的科技报刊占据了领导地位。在文化方面，美国的文化扩张政策给法国人民带来了大量的电影、电视、小说，各种英语词汇进入法国人的日常生活中，法语的地位进一步受到威胁。在欧盟内部，法语的使用也越来越少。②

1970 年建立的法语国家组织使法国与这些国家继续保持了相当密切的联系。该组织建立时机正值法国的国际地位下滑之际。由于法国意识到它的帝国和强国时代已经过去，而英语又对法语的地位造成严重的威胁，为了应对危机，法国发起建立了法语国家组织，成立了各部委的术语委员会，表现了"人们对自己国家的语言无法满足社会交际的需求所表现出的担忧"③。法兰西学院也意识到了这一危机，坚持用法语进行科学出版，并坚持将英语文章翻译成法语。这项法语运动为法国以及法语国家和地区带来了极大的支持和保护，保障在这些国家法语使用者的地位不受威胁。

---

① De Saint Robert, *La politique de la langue française*（法语的政策），Paris：PUF QSJ，2000.
② 吴永利：《法语的历史演变、地位及现状》，《中国电力教育》2010 年第 4 期。
③ [以] 博纳德·斯波斯基：《语言政策——社会语言学中的重要论题》，张治译，商务印书馆 2011 年版，第 84 页。

二 法国的语言政策与语言立法：内涵与实践

法国政府干预语言问题的痕迹至为明显，且堪称世界范例之一。法国政府强力介入语言的政策，并且轻易施行单语政策，民众的支持是一个重要且关键的因素。语言干预主义是法国语言政策的一大特点，1992年法国宪法明文规定法语为"共和国的语言"，统一的民族语言始终是法国语言多样性政策的大前提。①

自1789年法国大革命以来，法语便成为国家统一、民族团结、社会革新的标志与工具。② 狄德罗在《百科全书》的《引言》中写道："我们的语言已经在欧洲传播开来，我们认为，现在是法语代替拉丁语的时候了；自从文艺复兴以来，法语就已经是学者们使用的语言。"③ 在标榜自由、平等、博爱的法国大革命中，使用哪种语言本应成为人们的自由。但在雅各宾派上台之后，他们坚信平等比自由有更高的价值。④ 只有统一的国家才能提供平等的机会，而共同的语言才可能支持全国各地的人们之间的交流。因此教育就显得至关重要，成为这个国家的最重要的责任之一。经过黎塞留和法兰西学院的努力，以及路易十四的大力支持，法语已经成为法国精英阶层的通用语言，也是实现平等教育的的唯一选择。因此，在1794年法国大革命期间，法国颁布了一系列进一步强化法语力量的法令。⑤ 这些法令要求把法国的教会学校转变为公立学校，而公立学校必须使用法语教学，并禁止在阿尔萨斯地区的公立学校使用德语和阿尔萨斯语教学，也禁止在全国各地的公立学校使用其他地方语言作为教学媒介。同时，法令还要求各地在宣读法庭判决时都要使用法语。由于缺乏足够的师资，这一政策最终难以生效。

---

① 曾晓阳：《从"先生"的语言到公民的语言——试析近代法国统一民族语言的政治因素》，《史学集刊》2013年第6期。
② 戴冬梅：《法国语言政策与其"文化多样性"主张的悖论》，《北华大学学报》（社会科学版）2012年第6期。
③ 转引自梁启炎《法语与法国文化》，湖南教育出版社1999年版，第136—137页。
④ ［以］博纳德·斯波斯基：《语言政策——社会语言学中的重要论题》，张治国译，商务印书馆2011年版，第75页。
⑤ ［以］博纳德·斯波斯基：《语言政策——社会语言学中的重要论题》，张治国译，商务印书馆2011年版，第76页。

但法国人始终没有放弃。在 1881 年第三共和国时期通过了《费里法案》。① 法国教育部部长费里下令，实施免费的义务教育。这一法案的实施源自对于法国大革命时期雅各宾派平等理念的延续：提倡共和国内人人平等，通过统一的大纲让学生接触同一种语言、同一种文化，以期消灭多元化，提高民族身份的认同感。费里法要求所有法国学龄儿童必须接受小学阶段的义务教育，教学语言只能是法语，要使所有儿童都能通过法语获得知识得到发展，法语既是教学语言也是教学目标，法国各地公立教育的职责之一是在短时间内让国民学会法语。② 教育部和老师的职责就是确保少数民族语言和方言被逐出学校。从此以后，法国各地的方言和其他语言遭到了前所未有的削弱，义务教育法令和推行的殖民政策大大促进了法语在国内外的使用和传播。

从 1970 年开始，法国各部委成立了术语委员会，从事语言本体规划，负责政府各部门和社会各行业所使用的专业词汇。该委员会由法国和法语国家的专业人士构成，包括记者、语言学家、行业专家等。在得到了中央机构如法语国家委员会、法语和法国方言总署的协调后，这些术语委员会的实力得到了增强。在 1986 年的法国法令中，这些机构重申了它们的使命：解决法国各部委领域中法语词汇的空缺问题，建议合适的法语词汇，并从 1993 年起普及规范的专业术语。③

1975 年 12 月 31 日，法国通过了一项《法语使用法》，规定人们在商业、公共场所、媒体以及公共服务行业都必须使用法语，该法旨在保护法语的"纯洁性"。1992 年 6 月通过的宪法修正案规定"法语是共和国的语言"。为了不违背欧盟法，法国于 1994 年不得不修改该项法律，并以 1994 年 8 月 4 日出台的《杜彭法案》取而代之。该法第 1 条规定："法语是教育、工作、交流以及政府部门运行所使用的语言"，修改了 1975 年的法律并敦促政府各部门制定了实施细则。在法国的消费市场、职场、教育、音像、通信、学术会议和各种大会上，法语是必备的语言。公务员必须使用规范的法语词汇。按照规定，在法国出售的所有产品都必须标注法

---

① 戴曼纯、贺战茹：《法国的语言政策和语言规划实践——由紧到松的政策变迁》，《西安外国语大学学报》2010 年第 1 期。

② 戴曼纯、贺战茹：《法国的语言政策和语言规划实践——由紧到松的政策变迁》，《西安外国语大学学报》2010 年第 1 期。

③ ［以］博纳德·斯波斯基：《语言政策——社会语言学中的重要论题》，张治国译，商务印书馆 2011 年版，第 77 页。

语说明，所有的法国政府企业都必须使用法语，所有被国家雇佣的人员都必须按照法国宪法的规定来使用法语，包括他们使用的所有术语都必须是他们所在部门"术语委员会"所批准的术语。《杜彭法案》的实施纠正了法国的某些违反语言法的现象。2006年美国通用电气医疗系统公司的赔偿案是首例法国司法机关根据《杜彭法案》做出的裁决。该公司未能提供相关文档的法文版本，导致医生在操作放射治疗仪时超过了正常的剂量，有450名癌症患者受到过量放射性侵害，其中7人死亡。

法语和法国方言总署的职责是监管法国政府部门贯彻、实施语言政策的情况，监督各项语言立法在各部门的执行情况，负责在全球推广法语。总署的具体社会工作主要有：关注法语使用法的实施情况，保证法国公民用法语获取信息的权利，在一些重要的学术会议及讲座期间，提供法语翻译服务；积极开展活动，提高全社会对语言问题的关注程度，全体国民都应关注法语的使用情况和法语未来发展走向问题；使所有国民掌握法语，加强法语在促进社会安定团结方面的作用，参与设立初级法语证书考试，帮助移民更快融入法国社会；在丰富法语、促进法语现代化方面起着监督作用，向公众推广新词；提升法国语言文化多元性，维护世界语言多元化，鼓励当代作家、剧作家、词作家等用方言创作一些文学作品、戏剧、歌曲、书籍等，并用多种途径传播；收集并拥有大量有关法语、法语国家、法国的语言等方面的信息资源（语言学、法语历史及立法、辞书字典、专业词汇、法语在世界的地位等）。[①]

1995年3月和1996年3月分别发布的《杜彭法案》的两个实施条例，明文规定了违反法语使用的规定将受到的法律制裁。没有规定处罚办法是1975年法律实施不力的主要原因，两个涉及处罚制裁的条例的出台正是《杜彭法案》成功的秘诀所在。除了处罚措施，国家对某些活动（研讨会的组织和教学科研成果的出版等）的拨款也与活动中法语的使用挂钩。法国政府加强语言管理的手段，主要是制定法令、法规等。

三 《杜彭法案》（Loi Toubon）

《杜彭法案》总共有24条条文，大致内容规定商业活动、公共场所信息、研讨会或相关论文出版、雇佣契约和内部规范、视听媒体等领域的

---

① 戴曼纯、贺战茹：《法国的语言政策和语言规划实践——由紧到松的政策变迁》，《西安外国语大学学报》2010年第1期。

语言使用,可谓现行法国关于语言规范最重要之法律。然而,本法律自其于国会讨论时即争议不断,经两院三读通过后,反对该法案之国民议会议员经由联署,向法国宪法委员会提出合宪审查之申请,法国宪法委员会受理并宣告部分条文违宪。①

"公共服务"作为国家行使公权力的基本遵循,为凝聚社会和共同体的元素,防止国家陷入脱序状态。法国第五共和宪法自 1992 年起于第 2 条规定法语为共和国的语言,承认法语为法国的官方语言,揭示法语为法兰西共和国的构成元素,亦是团结的象征,成为辨别法兰西民族的符号。就法国行政法的公共服务理论而言,"其以国家作为出发点,国家被树立为集体连带责任和公共自由的保证人"②。

此外,法国宪法委员会认为《杜彭法案》部分规定未区分公活动和私活动,使得私人领域的活动亦负担强制使用法语之义务,认定侵犯 1789 年《法国人权宣言》第 11 条所保障的言论自由。《法国人权宣言》第 11 条规定:"自由传达思想与意见乃是人类最为宝贵的权利之一。因此,每一个公民都有言论、信仰、著作和出版自由,但在法律所规定的情况下,仍应就此项自由的滥用负担责任。"法国宪法委员会未进一步分析为何若强制要求私人于私领域的活动使用法语义务系侵犯言论自由,但将"公民使用语言的自由"认定为言论自由的保护范围与我国目前对于言论自由保护的范围并不相同。

《杜彭法案》争议案件影响较大的有涉及商品标签语言的 ADC 和关于学校网页语言服务提供的 ALF 两案,其诉讼皆是在巴黎轻罪法院进行。上述两案具相当程度的重要性,而 ALF 更是第一起涉及《杜彭法案》是否适用于网络语言争议的案件,③ 有进一步探究的价值。

1. ADC v.La Societe The Disney Store

1995 年,ADC(理解权利协会)控告迪士尼位于香榭大道分店的某些玩具未使用法语标签违反《杜彭法案》第 2 条规定。迪士尼的回应是,因为这些未使用法语标签的玩具皆从欧盟会员国之一的英国进口而来,并

---

① 转引自黄怡祯《从文化多样性论语言权之保障——以国家角色作为探讨核心》,硕士学位论文,台湾政治大学,2013 年。

② 王必芳:《"公共服务"或"普及服务"?——以法国学说的反思和法制的演进为中心》,载李建良编《行政管制与行政争讼》,"中研院"中山人文社会科学研究所 2012 年版,第 167 页。

③ Bruno Giussani, "Georgia Tech Is Sued For Non-Frech Web Site", *The New York Times*, Dec. 31, 1996.

引用 PVP 案判决结果,并进一步主张系争法律要求货物必须使用法语标签的规定不合理,导致货物自由流通的阻碍,况且本案中已采取其他使消费者容易理解该项产品信息的措施。最终,巴黎轻罪法院以当事人不适格驳回,但迪士尼也将那些未以法语为货品标签的商品撤架。

2. ALF et DLF v.Georgia Tech

ALF(法语未来联盟)和 DLF(捍卫法语协会)两个语言组织控告美国乔治亚理工学院位于法国洛林大区的首府梅斯分校的学习网站仅设置英文版,没有法文版网页的行为违反《杜彭法案》的规定。ALF 发言人声称他们之所以提起该诉讼,并非反对英语的使用,只是要求设立在法国境内的网站能遵循法律的规定以及尊重法国文化。本案主要争议在于《杜彭法案》是否适用于网络,也是第一次涉及此争点而提起的诉讼。

检察官主张,《杜彭法案》适用于乔治亚理工学院法国洛林分校的网页,因为洛林分校依据法国法律而设立并经营,该网页于法国境内的网络可取得。乔治亚理工学院反驳说,该分校主要招收对象为具有相当英语程度的学生,学校课程亦是以英语授课,因此该网页仅设置英语版。ALF 则认为根据《杜彭法案》第 2 条规定,在法国境内以营销产品和服务为目的的广告,均须使用法语。系争学校网页未提供远距教学材料或内容,纯粹只是宣传学校的招生广告。然而,乔治亚理工学院委任律师主张本案情形与《杜彭法案》要求使用法语义务的情形有别,网页等同于(虚拟住所),设置某网页等同于自愿性地进入某人住宅,此领域属于私人领域,公民应享有自由选择语言使用的权利,《杜彭法案》不适用于本案的情形。

本案的争点在于网络究竟属于私人领域或是公共领域,此领域的认定牵涉《杜彭法案》是否适用于网络语言。1997 年 7 月 9 日,巴黎轻罪法院判决原告当事人合格,基于程序的理由驳回此诉讼,本于相同理由,巴黎上诉法院维持巴黎轻罪法院的判决。尽管本案结果似乎有利于乔治亚理工学院,乔治亚理工学院最终仍在洛林分校的网页增设了法语版。

3. 通用电气医疗系统(法国)有限公司案

法国工人抗议本国的一些公司把英语作为公司语言,认为这违背了法国的《杜彭法案》。通用电气医疗系统(法国)有限公司因没有把公司的文件翻译成法语而被罚款 50 万欧元。惠普公司集体被告知,要么把计算机程序翻译成法语,要么面临每天 5000 欧元的罚款。

四　全球化与多元化的挑战

语言是其使用族群进行社会化的重要认同凭据，所以它是一份珍贵的"文化资产"。语言也是不同社会之间进行沟通、交易的重要媒介，所以它是一项不容轻估的"经济要素"。语言也是实现国家统一、凝聚社会及提升发展水平的要件，所以语言是一个重要的"政治领域"。任何语言政策的拟定与执行，本身皆深刻反映出政治角力与权力较劲。[①]

法国是执行单语政策的国家，甚至可以说法语成功地实现了法兰西的统一及民族的团结。法国正是通过法语向外彰显其文明并进行海外扩张，对内则压抑地区语言及其文化的传播及地方主义的抬头。在其历史发展的过程中，法国历届政府皆强烈主导语言政策，包括单语政策合法性的建构以及法语纯粹性的提升。碍于英语成为全球通用语的情势，法国政府只得改弦易辙，调整其语言政策，但仍维持干预主义作风，对外提出多语主义，对内逐步放宽地区语言的使用。

（一）语言政策的调整

法国地区语言一向受到独尊法语的严重排挤。在第三共和国时期（1870—1914年）因民族主义甚嚣尘上，地区语言的生机与活力几乎窒息，重要文化资源也相继流失。第二次世界大战后，社会党议员戴克索恩力排众议提案开放地区语言的传授，结果引来激烈争辩。之后，始得以"今日，民族统一已十分牢固，我们不必担忧法国会走上地方分治的道路"[②]而稍微平息众议。但最后仅获得每周一小时的选修课，且科西嘉语还不在此列。不过，该法案却让有心传授地区语言的老师（公职人员）"除罪化"，免于因教导桑梓子弟母语而官司缠身，但开放以来成效有限，许多地区语言资源早已流失殆尽；或因分支过多，彼此无法沟通，词汇也各自有别。加上激励不足，无法引起学童甚至社会青年的学习兴趣。

由于习惯于单语政策的环境，加以法语在国际上一向享有优势，法国人早已养成惰性，而不肯多学外语。总之，法国人的外语能力相对于许多国家而言，甚至落后地区的非洲国家人民（他们通常是三语：母语、阿

---

① 施正锋：《语言的政治关联性》，载施正锋编《语言政治与政策》，中国台湾地区前卫出版公司1996年版，第53—80页。

② 梁启炎：《18世纪法语在欧洲》，《法语研究》1999年第1期。

拉伯语和一种欧洲语言），皆逊色甚多。法国政府也是基于相同的惰性，在规划外语政策上非常消极且迟缓。此外，根据专家的调查，法国现有的外语师资（尤其是英语）素质参差不齐，所培养出来的学生，大多也是"半调子"的双语人才。①

法国语言政策的逻辑矛盾在于：一方面捍卫其母语（法语），并结合其他法语区国家（多半是双语区）及推广法语至全球各地（多半是三语以上）；另一面又想设法围堵英语的入侵。如此一来，不仅削弱了其国民的国际沟通能力，也违背了多元主义/多语主义的平等原则。

（二）《杜彭法案》的权宜特性

《杜彭法案》基本上只是延续 1975 年《巴斯—劳里奥尔法案》的内容，并加以补强而已。它所涉及的领域也只是消费、广告、学术研讨会、就业权益及公共服务的权益。并非一份关于法语的法律，而是关于如何使用的法律。它也没有明文规定禁止使用外来语，只是唤醒法国公民尊重法语的意识。② 立法者将违反《杜彭法案》的行为判定为违章行为，这类违章行为的罚金最高为 750 欧元；但在视听媒体方面，处罚方式可以是责令违反法律的节目或广告整改、暂停或停播。③ 该法条文中最引发争议的莫过于有关计算机信息业、国际学术合作及国际工作合同等，这些领域的语言使用似乎很容易构成违法。④

平心而论，《杜彭法案》并不符合当前多元化及全球化国际趋势。虽然立下罚款办法，但无刑责，且内容无法完全适应国际化背景下的文化与经济生活。此外，也明显违反基本人权原则，侵犯了个人的言论自由。事实上，根据法学家的分析，这项法律只有在涉及消费及保障工作权益时，政府的介入才有其正当性。欧盟法院 2000 年的判决指出，"基于物品自由流通原则，成员国的法律不得在食品上限定只能使用一种语言"。总之，

---

① 转引自黄怡祯《从文化多样性论语言权之保障——以国家角色作为探讨核心》，硕士学位论文，台湾政治大学，2013 年。
② 转引自黄怡祯《从文化多样性论语言权之保障——以国家角色作为探讨核心》，硕士学位论文，台湾政治大学，2013 年。
③ ［法］让·弗朗索瓦·巴尔迪：《关于法语使用的宪法与法律框架》，载李宇明主编《中法语言政策研究》，商务印书馆 2014 年版，第 42 页。
④ Molfessis, N., 1999, "La langue et le droit", dans Langue et droit, éd. Jayme, E., Bruxelles: Bruylant, pp.190-191

这项法律充满矛盾、不合时宜且不臻完善，法国政府亟须补救，甚至重新修订。①

五　法国单一语言政策和专门语言立法的启示

法国政府一直支持在公众事务中使用单一语言，其国家建构主要以此为目标，单一语言的使用有利于加强团结友爱，是社会繁荣的需要；同时，单一语言的使用能保证精英管理制度下的机会均等。② 法国的语言政策有两个基础：一方面，一系列法律法规为法语的使用提供了规范依据，并要求政府对其进行监督、监控和协调；另一方面，拥有"丰富法语"的规定，从而保证用法语能够满足表达当今世界各种现实需要。③

（一）单一语言政策导致政府对语言的过度干预

法语从地方方言成为民族语言，从古法语发展到近代法语，这个过程离不开单一语言政策的作用。法国语言政策表现出稳定性与连贯性，始终强调国家干预。④ 单语政策在 20 世纪以前给近代法国带来无比的建树与骄傲，法语曾经是国际上最通行的语言之一，还是众多国际机构的官方语言。但物换星移，21 世纪法国的语言优势已不复存在。当前法国政府语言政策的主轴主要有四：（1）认识到法语国际地位的式微；（2）设法阻挡英语的强势入侵；（3）团结世界各地法语国家；（4）强调法语这项人类文化资产的不可替代性，并以多元化、多样化、多语化的捍卫者自居。可见，社会环境发生变化，语言地位也随之变迁，随着英语地位的提升，法语转为防御，更为强调语言和文化的多样性。⑤

（二）单语政策与"文化多样性"背道而驰

面对多语共存的现状，政府部门应该做的是营造良好语言学习环境以及保存和开发语言文化资产。在规划语言政策和语言立法时，就必须考虑

---

① Molfessis, N., 1999, "La langue et le droit", dans *Langue et droit*, éd. Jayme, E., Bruxelles: Bruylant, pp.177-198.
② ［英］苏·赖特：《语言政策与语言规划——从民族主义到全球化》，陈新仁译，商务印书馆 2012 年版，第 32 页。
③ ［法］让·弗朗索瓦·巴尔迪：《关于法语使用的宪法与法律框架》，载李宇明主编《中法语言政策研究》，商务印书馆 2014 年版，第 37 页。
④ 吴瑶：《法国语言政策中民族性的体现：从高卢罗马时期到法国大革命》，《法国研究》2017 年第 3 期。
⑤ 刘巍、王淑艳：《法语的演变：从单一语言到语言多样性》，《法语学习》2017 年第 5 期。

内外部的语言供给与语言需求。换言之,学习语言(包括母语)也充分呈现一种博弈场。正如法国语言学者卡尔韦所持的观点:"语言的生与死是由它的使用者来决定的。"① 21世纪以来,法国的语言政策由独尊法语趋向宽松,地方语言得到了一定程度的认可,在立法、教育、媒体等多方面得到了政府的支持。2008年7月,法国再次修订宪法,第75-1条规定:"地方语言属于法国文化遗产。"然而,法国地方语言使用率不断下降,很多地方语言已经被联合国认定为濒危语言。② 方言受到排挤,充分说明法国大力宣扬的"文化多样性"并不适用于其语言政策。实际上,法国只在国际上,也就是对外文化政策中,才高调擎起"文化多样性"的大旗。法国对待外来语和方言的语言政策,与它宣扬的"语言多样性"理念背道而驰。③

(三) 全球推广法语和法国文化

为了保持法语的"大语种"地位,法国政府不遗余力在全球推广法语和法国文化。其重要举措是将语言推广纳入国家战略体系,成立了法国文化中心和法语联盟等一批专门的语言文化推广机构。法语的"文化语言"形象继续吸引着大批人群,学习法语的学生人数稳定增长;在重要的国际组织中,法语的工作语言地位也得到一致认可。但在全球化过程中,法语若想赶超英语的影响力,单打"文化牌"还远远不够。④

法国积极的语言保护政策值得我们学习与借鉴。在经济全球化的今天,学习外语是必要的,但应反对外语学习中语种的单一化和英语霸权现象。除了在教育方面积极推广汉语,还应该从其他方面加强对汉语的保护和推广,比如,在国际交流会议中争取汉语的话语权,提高汉语的使用率;在国家的相关法律法规中,对于汉语与外语的使用做进一步具体的解释和说明;在影视作品中加入规范的汉语字幕;出口产品的说明书用汉语进行说明;充分利用网络加强汉语的传播等,让汉语言文字走向世界。⑤

---

① Calvet, J.-L., *Les politiques linguistiques*, Paris: PUF QSJ, 1996, pp.35-36.
② 栾婷、傅荣:《法国地方语言现状及地方语言政策分析》,《法语学习》2017年第4期。
③ 戴冬梅:《法国语言政策与其"文化多样性"主张的悖论》,《北华大学学报》(社会科学版) 2012年第6期。
④ 栾婷:《法国在全球推广法语的政策与措施分析》,《首都经济贸易大学学报》2014年第5期。
⑤ 郭科研、金志茹:《法语保护政策对我国语言政策的启示》,《齐齐哈尔大学学报》(哲学社会科学版) 2009年第3期。

第二节　语言规范化与纯洁性：德国语言文字立法

德语是印欧语系西日耳曼语支的一门语言。以将其作为官方语言的国家数量计，是世界第六大语言。德语是世界大国语言之一，并且是欧盟内使用最广的母语，主要分布在德国、奥地利、瑞士东部、列支敦士登和卢森堡。德国的官方语言是德语，全国超过95%的人口第一语言是标准德语或其他德语方言。德国被承认的少数族群语言包括索布语、罗姆语、丹麦语和北弗里西亚语。语言对德意志民族而言，为界定其民族身份的重要标准。并且在击溃法国拿破仑占领军之后，基于使用相同语言及共同的民族文化而引发的德意志民族主义浪潮，对于以后德意志统一国家的形成具有极为关键的作用。由此，语言对于德意志民族而言，实已转化为带有浓厚政治意蕴的"民族语言"。①

一　德意志民族语言的形成

同英法两国类似，17世纪下半叶之后，大部分欧洲民族国家将语言作为国家认同的手段，以国家意志将主导民族的语言作为唯一官方语言在全国推广。1871年1月，普鲁士王国在"铁血宰相"俾斯麦统领下经过三次王朝战争，在德国取得了历史上首次统一，建立了以普鲁士王国为首的德意志帝国。1876年8月，德意志帝国通过了官方语言法案，规定德语为德意志帝国境内的唯一官方语言，并在帝国境内的波兰民族区域学校中推行德语教育以逐渐取代波兰语，这一举措成为激发波兰民族主义运动的一个重要原因。② 尤有甚者，费希特认定德意志民族保留自身语言之原貌，未受到其他语言的渗入及影响，德语优越于其他民族的语言。从语言学的角度观之，费希特的论点实属无稽之谈，然而它却展现出语言民族主

---

① 民族语言的功能在于凝聚民族意识及促进民族认同，但基本上这是人为建构的，是后来才被创造出的。民族语言的真正内涵在于从各种不同的通行语言之中，精练出一套标准化的对话方式，然后再把所有的通行语言降格为方言。在这种建构的过程中，最重要的问题是：应该选那一种方言作为民族标准语言的基础。从欧洲语言的发展史看来，每一支欧系语言都是奠基在这种地区性的基础上。（参见［英］埃里克·霍布斯鲍姆《民族与民族主义》，李金梅译，上海人民出版社2006年版，第72—73页。）

② Blanke, Richard. "Prussian Poland in the German Empire", *East European Monographs*, Vol. 24, No.137, 1982.

义的强大力量。①

从上述德意志思想家对德语价值的阐释,不难窥见,德语对于德国人所蕴含的崇高文化意义。此种心态也反映在德国人面对国内原生少数民族时的语言态度上。德国基本法中无任何针对德国境内少数民族语言权益保护的相关条款,德国境内少数民族相关权益的规定仅散见于各邦宪法之中。然而,具有明显双重标准的是,德国政府却殚精竭虑地为散居于德国本土之外,尤其是世居于中、东欧诸国的德意志民族争取其于所在国应享有的语言权利。

相对民族主义强烈的法国采取强化法语政策而在外语教育政策上相对保守的态度,德国在重视德语教学和德语推广的同时对于外语教育也非常重视。在德国,英语教育非常成功,受过教育的人多数能讲比较流利的英语。德国的母语政策和外语政策就像羽之两翼、车之两轮,共同为德国社会经济发展做出了贡献,提高了德国的软实力。②加入欧盟后,德国基于其多语种、多文化的社会现实,积极响应欧盟政策,其中最重要的体现就是它的多语教育政策。从国家和政府层面来讲,德国小学英语课程的基本任务是让学生对英语产生第一感觉,并发展基本的交际能力。③

二 德国正字法改革

德语的规范化和显性培育规划可谓历史悠久,其文字改革史可以追溯到 16 世纪以来关于歌德尖角体的形成,此后一直到 20 世纪,尖角体及其手写体两种字体被合称为德语文字,以区别于此前的圆体及其被称作拉丁文的印刷体。④ 近现代历史上的德语书面改革始自 1901 年的德国第二次正字法会议,德语正字法改革是对该门语言的正确书写进行了具有法律效力的改革。该会议通过了第一次正字法大会所提出的各项建议,并采用了被誉为日耳曼语言学之父格里木的建议,决定使用西欧各国普遍采用的拉丁字母进行拼写。会议公布的具有官方地位的拼写规则一直实施到 1998 年。德语正字法的统一,为语文教育提供了一个标准,但随之而来的烦琐

---

① Edwards, John, *Multilingualism*, London: Penguin Books, 1995, p.131.
② 李宗强:《德国语言规划与政策简论》,《湖北经济学院学报》(人文社会科学版) 2014 年第 5 期。
③ 黄崇岭:《多语社会下的德国语言教育政策研究》,《世界教育信息》2021 年第 5 期。
④ 赵守辉、尚国文:《德语正字法改革的历程及其历史经验——兼与〈通用规范汉字表〉比较》,《北华大学学报》(社会科学版) 2014 年第 1 期。

的拼写规则一直饱受非议。

1996年7月，两德合并后最后一次正字法改革国际会议在维也纳召开。协定的签署者是德国、奥地利、列支敦士登和瑞士这四个讲德语的国家的政府，其中瑞士是一个有四种语言的国家，但讲德语的人占多数。另一个有三种语言并且以德语为其官方语言之一的卢森堡则没有参加这份协定的签署。按卢森堡教育部发言人奥通·诺伊恩的说法，卢森堡"作为一个非德语国家，对于德语的拼写系统来说不会有举足轻重的贡献"。讲德语的三个主要国家（德国、奥地利和瑞士）以及其他拥有七个讲德语的少数民族的欧洲代表，在维也纳共同签署了一份被称作"维也纳宣言"的意向书，提议对德国的正字法进行原则性的修改，将纷繁复杂的规则和比规则更多的例外情况进行简化，同时决定成立一个永久性的跨国委员会，对正字法在德语国家的实施进行监督和协调。两年之后，1998年8月1日起，这些德语国家在学校和政府办公部门开始实施新的正字法，建议的使用对象为教育系统及国家机关，同时向印刷商、出版商和编辑推荐，并鼓励公众采用。新正字法曾受到多方的反对和挑战，争议不断。鉴于正字法的很多内容遭到不同程度的拒绝，德语正字法理事会于2004年年底受多方委托对此改革进行了评估和修订。2006年2月2日，最终定版的拼写法获得官方宣布，自2006年8月1日起正式生效，报纸和杂志被鼓励使用新拼写法。至此，新的正字法终于修成正果。

此次正字法改革强调尽量减小对普通公众语言生活的影响，新规则主要涉及的是发音与字母之间的协调，此外还涉及书面语编辑的连字符、标点符号与停顿及换行时连字符号的使用等，但地名和姓氏拼写法不在此次改革范围内。有学者认为，德语历次正字法改革，语音规律一直是作为最基本的原则。①

新正字法仅在学校中具强制性。按照德国联邦宪法法院1998年7月14日的裁决，在学校以外，仍可以按从前那样拼写，因为正字法是没有法律支持的。新正字法在德国推行，主要依靠了跨国委员会和联州文化部长联席会议所作的相关决议。1998年开始在教育部门推广新正字法，2004年一个国际德语正字法委员会开始运作，其任务是检查多年来对新写法的实际运用，将业已成熟的规则写进规则手册，该手册完成于2006

---

① 冯志伟：《英德法语的正字法与汉语拼音正字法》，载苏培成主编《语文现代化论丛》（第五辑），语文出版社2003年版，第166页。

年，成为教育机构与官方正确运用文字的依据。

新正字法从酝酿到实施一直争议不断，林林总总的争议反映在七个方面：理念层面、文化层面、文字学层面、规划层面、教育层面、经济层面和法律层面。以法律层面的争议为例，反对意见认为，语言是公民基本权利，改革应该通过联邦议会，争议诉诸宪法；因不熟悉新规则而对人格可能造成侮辱与损害。支持意见则提出，新正字法改革只涉及教育领域和国家机关，应该在各州教育联席会议议决，争议诉诸州行政法院。[①] 在新正字法颁行之初，发生了三次引人注目的抗议事件，即宪法诉讼、公民抗议和石—荷州的全民公决。宪法诉讼是指有公民曾两次就文字改革的相关立法是否侵犯公民基本权利而提起违宪审查。1996年和1998年的两次诉讼争议的核心基本相同，即正字法没有经过民主立法程序应判违宪，双方争议的焦点是正字法改革的内容是否对公民的表达自由权、语言自主权等基本权利，构成根本性的侵犯。与此同时，各州的地区行政法院也纷纷受理来自学龄儿童父母挑战改革的行政诉讼。

据《德国之声》报道，以捍卫德语文字纯洁性为己任的德国语言文学科学院始终反对新正字法，德国最有影响的大报之一《法兰克福汇报》则早就宣布不再试用新正字法。德国家长联合会也从一开始就称"此次文字改革完全就是歧路一条"。《焦点》杂志2004年6月20日公布的一份调查报告称，尽管推行多年，反对新正字法的德国人仍有60%。对新正字法持排斥态度的并不仅限于德国国内。2004年4月，瑞士最重要的文化刊物之一《瑞士月刊》也断然宣布，不再使用新正字法。其实更为重要的是来自民间无声的抵抗。自2006年正式实施以来，德国书面语的使用仍然处于一种混乱无序状态，即作为官方社会规划行为，改革虽然在政府部门和教育领域进入实施阶段，但诸多社会舆论调查显示，普通公民大多数漠不关心，还是按照自己的习惯和书写偏好，或者心理上抵触而故意避免使用新规则。有语言社会学家将这种现象称为"民间不合作"[②]。德国思想家哈贝马斯认为，新正字法改革实施过程中遭遇的广泛阻力具有

---

① 赵守辉、尚国文：《德语正字法改革的历程及其历史经验——兼与〈通用规范汉字表〉比较》，《北华大学学报》（社会科学版）2014年第1期。

② Bokhorst-Heng W.D., Wee L., "Language Planning in Singapore: On Pragmation, Communilarianism and Personal Names", *Current Issues in Language Planning*, No.3, 2007, pp.324-343.

法理危机和理性不足的典型特征。①

三 索布人语言权利保护

（一）德国的少数民族语言政策

虽然德国基本法没有明确规定德语为德国的官方语言，但是作为在德国使用最为广泛的语言以及众多法律文献的编写语言，德语就是德国事实层面的官方语言。1877年1月《法院宪法法案》规定德语是法庭语言。1973年《行政程序法》规定德语是官方语言。《税令》第87条第1款规定德语在税务管理流程里是官方语言。少数民族语言在相关州的少数民族聚居地是除德语以外的官方语言。在德国，少数民族语言政策是由各州制定并实施的。根据基本法第30条，德国是联邦制，各州有自治权，尤其在文化教育方面。保护少数民族语言的政策在州一级得到了全方位的贯彻执行。从计划、实施、财政支持再到监督，职能部门分工明确，各司其职。尽管州及各地方政府联合少数民族机构采取了许多保护少数民族语言的措施，但索布语和萨特弗里西语仍然面临逐渐消亡的命运。它们都属濒危语言，其母语人口逐年下降，普及程度令人担忧。这就需要各级政府从实际情况出发，因地制宜实施切实的挽救计划。②

德国基本法对于德国境内少数民族采取有意无意的忽视态度，这些少数民族应如何维护自身语言文化，颇值得作深入观察与思考。另外，在联邦制宪法架构下的语言政策对于攸关少数民族文化传承的语言维系及发展有何影响，也值得探讨。德国人的单语情结使得他们无法接受德国已经成为多语社会这一事实，从而忽略了少数民族语言和外来移民语言的存续和发展；德国国民会按照语言的经济价值产生主观的语言偏好来发展多语特质，从而忽视了那些没有市场价值的少数民族语言和外来移民语言。③

（二）关于德国的索布人语言政策④

索布人为今日德国东部的一支少数民族，据统计其人口总数仅存约6

---

① Johnson, S., *Spelling Trouble? Language, Ideology and the Reform of German Orthography*, Clevedon, Toronto: Multilinggual Matters, 2005, p.69.

② 李永村：《德国少数民族语言保护政策及其特点》，《教育教学论坛》2020年第44期。

③ 张晓玲：《多语德国社会中的单语情结与主观多语偏好——评析德国社会的多语现象》，《外语研究》2020年第3期。

④ 施正锋编：《各国语言政策：多元文化与族群平等》，中国台湾地区前卫出版社2002年版，第540页以下。

万人。索布语是德国索布民族的语言,隶属于西斯拉夫语系。第二次世界大战结束后,索布人面临与其斯拉夫兄弟民族的波兰或捷克合并或是留在东德境内的选择,但最后索布人决定留在前东德境内。东德政府为笼络索布人而赋予其政治、经济、社会、文化及语言等各方面的平等权利,并明文规定于东德宪法之中。然就实际层面而言,这些措施并未实质改善索布人在东德社会中的各项困境,索布人仍感受到身为少数民族遭到的若有若无的歧视。两德统一之后,索布人一度对自身民族文化与语言维系的前景抱持乐观的看法,随着德国国会于1994年否决了少数民族法案之后,似乎注定索布人仍难脱悲情的宿命,索布人仍将为自身所属文化及语言平等权利的存续而持续奋斗。①

两德统一后,对于索布民族的保护首见于1990年的"统一条约"第35条的第14号议定书摘要,而有关语言部分则见第3条"索布民族及其组织之成员得享有在公共领域各范围内的保护,并拥有保存索布语的自由",该条文就是针对劳席茨地区的双语政策。该双语政策表现为:

第一,国家语言。德国基本法中并未有任何针对国家语言的相关规定,由实际状况观之,德语为现行唯一的国家语言。在此种情形下,德国境内其他少数民族的语言当然不可能列入国家语言的层级。不过,在萨克森邦中,索布语在公共领域上的使用与德语具同等地位,例如选举公告、通知及结果,均以德语和索布语双语并行之形式出现。

第二,司法用语。德国法院组织法第184条明文规定:"法院用语为德语",但如前所述,统一条约中已然提到在索布人的分布区域,即在所谓的"家乡县市"的法庭可以索布语作为诉讼程序中的口头及书面用语。但是曾经发生的真实情况却是法官询问均为索布人之相关两造的原告与被告是否需以索布语开庭,两造都愿意以母语进行诉讼,但法官的回答是,必须再择日开庭,因法官本身不懂索布语,故需要找到一位能说流利索布语的法官才能使诉讼程序顺利进行。

第三,官方语言。德国行政程序法第23条第1款与社会法典第19条第1款及税务法第87条第1款均规定"官方语言为德语"。然而在行政程序法第23条第2—4款以及社会法典与税务法同一条文又规定,对以外语

---

① Kasper, Martin, "Zur gegenwärtigen staatsrechtlichen Situation der Sorben", *Lětopis* 1995, Sonderheft.S.41.

进行行政程序的申请、请愿或提案均可依例外原则处理。所以索布人在行政机关中，不论是口头或书面都可使用母语。但就书面语言而言，如果承办人员无法理解内容为何，则可要求申请人在一定期限内附上德语翻译。行政机关在进行公告、通知时以德语为主，可以但无强制义务地附上索布语之翻译。

第四，公共领域。劳席茨是全德唯一在少数民族居住的领域中实施双语的地区，包括交通标志、街道标示及方向指示、广场名称、桥梁名称、公共建筑物、邮局及火车站内的信息告示，如站名或通行劳席茨地区的火车时刻表都是德语及索布语双语并行。①

第五，大众传媒。劳席茨地区以索布语发行的报纸杂志有于20世纪50年代创刊的《索布新闻》、1990年创刊《新世纪》、儿童杂志《火焰》、天主教双周刊《天主使者》、基督教月刊《你好!》。萨克森邦的中德电视暨广播电台自1992年起每周播放19.5小时的索布语广播节目，内容包括地区新闻、文化新闻、儿童新闻及体育新闻等。然而，索布人希望除了电视台的《玩沙幼童》节目之外，在劳席茨地区能有一个完全使用索布语的电视节目。中德电视台主管表示此举有其技术层面上的困难，因为中德电视台频道的播送范围涉及萨克森邦、图林根邦与萨克森—安哈特邦三邦，他们无法将电视节目分开播送，他们无法只顾及索布观众的权益，遂使此议无疾而终。此事件背后的意义是划分文化的界限，以"不是—就是之模式"② 来看待文化，亦即前述的"同质化"观点：将不同文化及语言的民族或族群视为他者并排除在外。

第六，学校教育。中小学校教授索布语的课程分为以索布语为教学语言的A型班级及将索布语视为他种语言每周进行3小时课程的B型班级。但是索布人今日面临一个棘手的困境，由于经费短缺、出生率下降以及失业率过高而导致人口大量外移，使得劳席茨地区人口总数因而持续下降，致使劳席茨地区的许多学校被迫关闭，连带导致索布语的传承更加困难。

---

① Pastor, Thomas, *Die rechtliche Stellung der Sorben in Deutschland*, Bautzen: Domowina, 1997, pp.177-180.

② 相对的，如果以"不是—就是"模式来观察文化，那么我们将可看到文化的多样性，而所谓的差异反而提供的是另一种观察人类生活的角度，且在此模式的诠释之下，文化是生动的、在归属与区别之间持续地交替着。参见 Tschernokoshewa, Elka, *Das Reine und das Vermischte. Die deutschsprachige Presse über Andere und Anderssein am Beispiel der Sorben*, Münster: Waxmann, 2000, pp.115-122.

（三）结论

尽管索布人争取维系自身文化及语言权利的历程屡受打击，但他们愈挫愈奋，不断经由各种组织及活动以维系与促进他们语言及文化的发展："家园"是索布民族的总枢纽组织，下辖 13 个跨区域性组织，例如索布学校协会、索布艺术家联盟；另有家园出版社，专门出版与索布文化相关书籍及索布语语言教材。索布人积极推动发扬自身文化与语言的各类组织与活动的背后精神动力，无疑是对自身民族及所属文化与语言的强烈认同，因为他们无法接受自己的语言与文化遭到"德意志化"而消逝的命运。今日即使德国政府的语言政策对索布人语言持漠视态度，但索布人绝不坐以待毙，依凭一己之力维系索布民族的语言及文化。

第三节　语言区的划分：比利时语言文字立法

由于比利时处于欧洲日耳曼语族与拉丁语族的分界线上，因此比利时国内三种语言并存，并划分为四个语言区：法语区、荷兰语区、首都布鲁塞尔的双语区以及德语区。其中说荷兰语的主要集中于比利时北部的佛拉芒大区，约占全国总人口的 59%；说法语的则主要位于南部瓦隆大区和布鲁塞尔首都大区，约占全国总人口的 41%；另外，在瓦隆大区还有一小部分受官方承认的德语族群。比利时政府将这三种语言均设为官方语言。比利时人所使用的荷兰语和法语都含有本国地方方言，但这些方言与荷兰使用的荷兰语或法国使用的法语差别甚微，与这两国人交流没有障碍。

虽然比利时宪法规定了"语言自由"，但是实际上，政府机构例如法院等，都由使用法语的贵族阶层所把持，因此官方语言和教育语言多为法语。这种语言的区别对待使比利时北部的佛拉芒居民，以及阿尔隆附近的德语或卢森堡语居民相当不满。其中比较著名的例子是 1860 年两个佛拉芒劳工 Jan Coucke 和 Pieter Goethals 因为涉嫌谋杀一名寡妇而被法院判以死刑，而两人完全听不懂法庭上的任何一句话。在两人被判死刑后，法院才发现这其实是一宗冤假错案。

比利时的语言问题和语言立法不仅在欧洲而且在全世界都独具特色。一个多世纪以来受到语言问题的影响，国家出现过动荡，政府多次陷入政治危机。由于经常发生语言冲突，比利时的语言问题非常敏感、非常重要，国家不断采用法律手段解决这个问题。比利时制定的语言政策与语言法堪称世界之最,比利时的多元化语言政策和语言立法被誉为成功的典范。研究比利时语言政策和语言立法的制定及执行,对多民族多语言国家和地区具有一定的借鉴意义。

一 比利时的语言状况

比利时拥有诸多民族,其中佛拉芒人和瓦隆人是主体民族,还包括人数不到1%的德意志人。佛拉芒语实际上是一种荷兰语,因分布在不同的国家,所以习惯用不同的名称。佛拉芒语属印欧语系日耳曼语族西支,原是比利时北部佛兰德地区的方言。随着佛拉芒语在比利时地位的提高,以及本身规范化的要求,加上比利时、荷兰两国之间的频繁交往和传统联系,佛拉芒语和荷兰语的差异越来越小。

瓦隆人的先民是罗马化的别尔格人,后来融入法兰克人。瓦隆人主要使用法语,瓦隆法语属于印欧语系罗曼语族,系法国北部的一种法语。瓦隆人与法兰西人同源同宗、文化基本一致,长期受法兰西统治。瓦隆法语曾是比利时唯一的官方语言,主要分布在比利时南部四省和首都布鲁塞尔地区。比利时法语指官方语言,瓦隆语指瓦隆地区或民间使用的方言。

德语属印欧语系日耳曼语族,比利时的德语属低地德语,德语区成为比利时法定的四大语言区之一,重要的法律文件等都有德语译本,法律上保证了德语是该国德语区教学和行政用语。

二 "佛拉芒独立运动"与比利时语言立法历程

比利时在法律上是一个多语国家,语言法确保、维系和推动语言多元化,制定了一系列法律来保持语言差异,比利时曾要求各语言统一化,比利时内部又制定了新的联邦语言法,允许在联邦外也能使用其语言。使得"一个地区,一种语言"的状况得以改变,超越了联邦语言立法,表达了国家语言差异,确保多种语言共存。① 从此,比利时的四个语言区一方面享有自主地位,另一方面又由一种高度复杂的制度安排加以协调。②

比利时自从建国以来,因为地理环境与历史渊源的影响,境内一直存

---

① 王洁等主编:《法律·语言·语言的多样性:第九届国际法律与语言学术研讨会论文集》,法律出版社2006年版,第396页。

② [德]马蒂亚斯·柯尼格:《文化多样性和语言政策》,冯世则译,《国际社会科学杂志》2000年第3期。

在严重的两大语言族群对立与语言冲突。南方使用法语的瓦隆人,以及北方语言近似荷兰语的佛拉芒人,两者在语言与传统文化上均有相当大的差异,加之国家语言政策对法语的偏爱,致使比利时的南北两大语言群体,长期处于对立冲突的状态。人口较多的佛拉芒人,却因为国家政策上的独尊法语,佛拉芒语反而一直处于弱势地位。在此背景下,佛拉芒族群精英发动了民族语言运动("佛拉芒运动"),追求官方语言的承认与平等的语言地位,对于佛拉芒人而言,他们希望联邦政府能够赋予其文化自治的权利。此运动自1830年比利时独立建国以来,持续地通过政治动员,对比利时语言政策和语言立法产生了很大影响,最后甚至催生了比利时联邦体制的建立。

城市化、日益增加的社会迁移以及经济上的相互依存,严重地限制着为保障语言权利而设的文化多元主义语言政策的有效实施。此外,以地区为单位的多元文化主义的语言政策还忽略了少数移民群体的语言权利;就对待移民而言,欧盟的语言政策采取的大多是同化或分化模式。诸多欧洲国家的公众舆论越来越认识到维护移民的语言认同在文化、法律和经济上的重要性。尽管如此,多数欧洲国家的教育政策仍旧不愿保护和提倡这些语言。①

"语言既然反映的是政治现象,则语言问题必须使用政治方式来解决。"② 佛拉芒民族运动具有强烈的反语言歧视动机,可分为几个阶段③:19世纪末,主要是"语言议题的政治化和法律化"。1873年比利时第一次对行政语言使用进行法律表决。政府当时可能受到公众不断增长的不满情绪所影响,尤其是1872年的Jozef Schoep案。该案当事人因为不愿意在莫伦贝克的市政办事处中用法语登记其儿子的出生证明,而被罚款50法郎,但是Josef却拒绝支付这笔罚款,转而向比利时高等法院上诉。该案以及其他林林总总的类似案件激发了公众对国家语言的讨论。最终,比利时通过了第一部语言法律,规定在佛拉芒地区的法院语言。荷兰语就此成为佛莱明大区的主要语言,但是口头证词以及刑事控诉依然可以使用法语。

---

① [德]马蒂亚斯·柯尼格:《文化多样性和语言政策》,冯世则译,《国际社会科学杂志》2000年第3期。
② 施正锋:《族群与民族主义》,中国台湾地区前卫出版社1998年版,第60页。
③ 蔡芬芳:《比利时语言政策》,中国台湾地区前卫出版社2002年版,第27—39页。

比利时第二部语言法律在 1878 年实行。该法规定了佛拉芒地区以及布鲁塞尔的行政语言。政府于两地对公众发出的公告必须使用荷兰语或者法荷双语。市政机构以及个人层次的首要通信语言规定为荷兰语，除非有人表示希望使用法语。但是现实中，这部法律在日常生活中很难被贯彻实行，因为佛拉芒地区的居民依然发现他们还是需要用法语和当地的行政机构沟通，因为大多数公务员只讲法语，或者干脆直接拒绝使用荷兰语。

1921 年比利时建立双语国家，但是语言政策上的分歧依然存在。一些瓦隆地区的法语居民担心如此下去，比利时会变成一个法语—荷兰语双语国家。因此，开始提议比利时根据语言分区重新规划国家的行政机构，以保护瓦隆地区的法语文化，同时避免法语公务员会在未来被要求参加荷兰语考试。1921 年，比利时政府决定采用属地原则。随后 1932 年以及 1962 年分别通过的两部标志性法律都巩固了这个原则。

三　比利时语言区的划分

同一领土上的两个或是多个语族间之所以发生经常性的摩擦与冲突，原因不仅在于语族彼此使用的语言不同，还有语言背后所隐藏的文化习性、生活方式、价值观念以及意识形态的根本差距，造成相互间在公共事务的认知与处理方式上的差距。因此，"语言不只是人与人沟通的工具，它还有相当的政治关联性。也就是说，不单是语言的使用决定了政治权力的分配，同时，语言政策也是政治角力的结果"①。

在语言学里，属地原则是以划分语言区的方式，减少族群的接触和互动，通过建立语言隔离带，来避免双语政策下造成优势争夺和排挤效应。语言区与其说是空间隔离，不如说是避免社会语言阶层化所造成的不公平，并在持续的族群冲突与妥协过程中，以法治化的方式营造各方都可接受的平等环境。

（一）语言区的划分

严格按照语言来划分行政区域并且用法律形式固定下来，这是比利时语言政策乃至国家政策的一个重要特点。从宏观上看，比利时的语言区可分为南北两大块。即北方的荷兰语区和南方的法语区。这条把国家划分成南北两大块的语言分界线，东起林堡省的马斯特里赫特，西至佛兰德的伊

---

① 施正锋：《族群与民族主义》，台湾前卫出版社 1998 年版，第 60 页。

伯尔。从微观上可分成四个语言区，除了上述两大语言区外，还可分为布鲁塞尔双语区和德语区。布鲁塞尔双语区位于南北语言分界线北侧中部，即荷兰语区内，而德语区是在该分界线南侧的东部，即法语区列日省的奥伊彭和圣菲特等市。

1962年，比利时制定了明确按语言划分地区的法律，将比利时化为四个语言文化区：

1. 荷兰语区（四省）：安特卫普、布拉邦法兰德斯省、西法兰德斯省、东法兰德斯省。

2. 法语区（五省）：纳慕耳省、埃诺省，列日省、卢森堡省、布拉邦法兰德斯省。

3. 布鲁塞尔双语区：含19个镇市级地方行政区。

4. 德语区：比利时东部州，包含9个乡镇级地方行政区。

1970年的宪法修正案更加牢固地确立了这种语言区制度。① 比利时王国宪法第3条第1款明确规定，比利时包括四个语言区，即法语区、荷兰语区、首都布鲁塞尔双语区和德语区。王国的每个市镇分属上述四种语言区之一。

（二）布鲁塞尔双语区的双语法案

1. 布鲁塞尔的双语问题

布鲁塞尔荷兰语人和法语人的语言矛盾由来已久。1988年，双方终于达成妥协，将布鲁塞尔独立成比利时的第三个自治区：布鲁塞尔首都行政自治区，并以法荷双语并行管理。

从多元文化主义的角度来看，为了不同种族或文化族群的存在和延续，在教育、文化、艺术、史料保存等方面实施双语（多语）政策，符合现代人权理念。然而，要在居民生活环境中实际施行双语（多语）公共政策，执行者或机制须在实际实施方面做好事前评估，并需时间与毅力不断从经验中取得改进的基础，以维护双语（多语）公共政策公平性，确实保障各族平等权利。布鲁塞尔的经验是：尽管荷兰语人极力在政策上推动双语公共政策，尽管法律上已经取得硬件保障，但毕竟人口数量居于相当弱势的荷兰语居民，面对多数的法语居民（包括原有的比籍法语居

---

① 斯钦朝克图：《国家的双语化与地区的单语化：比利时语言政策研究》，载中国社会科学院民族所课题组等编《国家、民族与语言：语言政策国别研究》，语文出版社2003年版，第142页。

民,还要再加上越来越多的外籍法语移民与流动人口),荷兰语居民的基本权益要完全落实维护,还有很长的路要走。

依双语法律的规定,布鲁塞尔所有的公共行政机构,包括学校、政府单位、医院乃至街道名称都必须恪守双语原则。双语政策在硬件(如街道牌、政府公告、公文书等)和法律规章上实施还算彻底,但是实际层面则存在许多难以扫除的盲点。比如,布鲁塞尔首都区医疗系统双语使用的现况显示:目前布鲁塞尔地区不受语言法强制实施双语看诊与照护医疗服务的大学教学医院有三所,其中布鲁塞尔荷语自由大学所属教学医院是唯一有荷语医疗服务的医院,其他两所教学医院仅在接待处有双语咨询,进到急诊或住院部,则无法保证是否继续有双语医疗服务。至于理应按照语言法提供双语医疗服务的公立医院,按实际调查显示:公立医院当中只有10%的医生因其荷裔背景,能以流利荷兰语从事医疗服务,多数公立医院的问诊、病历纪录或因医院政策,或因医疗人员实际荷语能力不足,仅以法语为正式或习惯用语。

2. 布鲁塞尔的法语化

布鲁塞尔的法语化是指比利时首都布鲁塞尔由仅使用荷兰语单一语言变成双语城市甚至多语城市,并以法语为通用语言的情况。整个进程的主要情况是本地的佛拉芒人,数代之内由使用荷兰语变成主要使用法语,而法语和其他国家的移民也是法语化的重要因素。虽然布鲁塞尔本来是个荷兰语占多数的城市,但新成立的比利时将法语列为唯一官方语言,在政府、法庭、文化和教育等方面都占了主导地位。荷兰语更被视为"社会地位低下"的语言,连其使用者都备受歧视,因此法语成为跨越社会阶层的必备工具。19世纪时情况出现了更大的变化,一大群本来讲荷兰语的市民学会了法语,之后由于荷兰语社会地位低落,很多不能传到第二代,布鲁塞尔单讲法语人口由此激增。20世纪中叶,只讲法语人口已经超越法荷双语人口。在2006年,28%的布鲁塞尔居民拥有较高的荷兰语使用水平,与之对比,分别有35%以及96%的居民能够熟练使用英语和法语。77%的布鲁塞尔居民在家亦使用法语,而荷兰语则只有16%。法语是整个城市最多人使用的语言,成为该市实际上的通用语。此外,外来移民进一步稀释了荷兰语人口的比例,使得该市更加法语化。

(三)语言区制度的缺陷与不足

1. 划分永久性语言区与发展变化中的语言之间的矛盾。比利时语言区政策取得了很好的成绩,但也出现了一些问题。尽管比利时对这些地区执行了一些有限度的特殊政策,但一直未能充分解决相关问题,并常常引起新的争端。例如,夫隆地区的法语人口已经增长,但语言法仍将该地区划入佛拉芒语区的林堡省,而不划入布鲁塞尔双语区,从而给该地区的法语使用者带来诸多不便。

2. 强调社区文化,助长了离心倾向。各语言区在制定语言政策时,为了各自的利益,只强调本社区文化,而不强调国家的文化,尤其是法荷两个语言集团各自为政,助长了离心倾向。这种离心主义倾向不利于比利时的民族和睦、国家统一和多元文化的形成。由于长期强调各自文化的独立性,忽略了彼此之间的包容性,在瓦隆人和佛拉芒人之间形成了一道心理障碍。[1]

四 结论

比利时的语言政策和瑞士相当类似,语言区的划分、区内的语言纯化政策完全合乎"语言区隔"原理。但是,比利时模式比瑞士模式进步的一点是,比利时各语言区所推行的不是标准荷兰语或标准法语,而强调佛拉芒语和瓦隆法语的独立性。比利时的语言纷争更像是一种包容性的、温和的政治博弈,并不妨碍普通民众多元语言能力的形成。另外,比利时实行的国家多语化和地区单语化的语言政策对以多民族多语言多文化著称的欧洲极具示范性,当今的多语言欧洲建设思路和模式充分借鉴了比利时的成功经验。[2]

按语言分别划分语言地区(社区),把社会交际固定化是比利时语言多元化政策和语言立法的显著特征。其语言多元化并不是指某一地区和个人的多语化,而是指整个国家允许在不同地区发展和使用多种不同的语言文字。荷兰语和法语是联邦的两种官方语言,佛拉芒语(即比利时的荷兰语)、法语和德语是地方性的三种官方语言。除布鲁塞尔外,其他三个社区的官方语言都是单一语言。首都布鲁塞尔虽然属于双语区,实际上市

---

[1] 中国社会科学院民族研究所"少数民族语言政策比较研究"课题组、国家语言文字工作委员会政策法规室:《国家、民族与语言:语言政策国别研究》,语文出版社 2003 年版,第 154 页。

[2] 余春红、傅荣:《从纷争走向多元——一项关于比利时"语言之争"的质性研究》《外国语文》2019 年第 4 期。

区以法语为主，郊区以荷兰语为主。比利时实际上执行的是社区官方语言单一化或固定化，国家官方语言双语化的政策。① 尽管比利时的语言政策和语言法还存在一些问题，但经过积年累月的努力，已基本形成了一套符合该国语言实际的语言多元化、社区化和固定化的政策与法律法规体系。

第四节　语言联邦主义：瑞士语言文字立法

瑞士是地处欧洲中心阿尔卑斯山的一个内陆山地小国，人口800万，瑞士由于位居数个欧洲主要文化体的交会地带，因而在语言及文化上受到周边欧洲大国的影响。瑞士有四种官方语言，分别是德语、法语、意大利语和罗曼什语，前三种语言在瑞士联邦全国行政管理中享有同等地位。瑞士有64%（460万）的人口母语为德语（口语多数为瑞士德语，而书面用语及少数口语为瑞士标准德语），20%（150万）人口的母语为法语（多数为瑞士法语，亦包含部分法兰克—普罗旺斯语方言），6.5%（50万）人口母语为意大利语（多数为瑞士意大利语，亦包含伦巴第语方言），此外有少于0.5%（3.5万）的人口母语为罗曼什语。德语区位于中部及东部，西部为法语区，意大利语区主要分布于南部提契诺州，罗曼什语则通行于采行三语的格劳宾登州的部分地区。瑞士联邦宪法第4条规定罗曼什语与德语、法语及意大利语同样具备国语地位；同法第70条规定通知罗曼什语使用者时罗曼什语为官方语言，但法律及公务文件并不需译为罗曼什语发布，而联邦政府有义务以其他三种官方语言发布，联邦议会备有德语、法语及意大利语三语同步翻译。在旅游区，英语甚为普遍。

一　瑞士语言文字状况

瑞士联邦实行多语主义政策，肇始于1848年9月12日联邦议会通过的瑞士第三部宪法第103条明确规定："瑞士以德语、法语和意大利语为国语；德语、法语和意大利语为联邦的官方语言。"1874年，针对第三部宪法的不足，瑞士联邦政策在扩大联邦权限、保证宗教信仰自由及教育应该脱离教会等方面做了进一步的修改与补充。1938年，瑞士联邦政府对"瑞士第四种语言——罗曼什语应该作为瑞士国语"的提案举行全民公决

---

① 斯钦朝克图：《国家的双语化与地区的单语化：比利时语言政策研究》，载中国社科院民族所课题组等编《国家、民族与语言：语言政策国别研究》，语文出版社2003年版，第155页。

和各州投票表决，结果以绝大多数人赞成获得通过。从此罗曼什语完全和德、法、意三种语言一样，被列为瑞士的国语。瑞士宪法第 116 条修订为："瑞士以德语、法语、意大利语和罗曼什语为国语；德语、法语、意大利语为联邦官方语言。"自 1874 年以来，瑞士联邦曾对其宪法有过 115 次个别条款的补充与修正，但对瑞士的多语言政策，除将使用人数甚少的罗曼什语升为国语外，始终未做过任何方针上变动。该语言政策受到各语区的一致赞同，一直稳定地沿用至今。

1996 年 3 月 10 日，在瑞士政府所发起的全民公决中，一次性以绝对多数通过罗曼什语上升为罗曼什地区与瑞士政府之间的沟通语言的提案，从此罗曼什语成为瑞士联邦政府与罗曼什人联系的"半官方"语言。这次公决通过的具体内容包括：（1）德语、法语、意大利语和罗曼什语同为瑞士的国语；（2）瑞士联邦及各州鼓励各语言社区之间的理解与交流；（3）瑞士联邦支持讲罗曼什语的格里松州和讲意大利语的提契诺州为保护、发展罗曼什语及意大利语制定具体的措施；（4）瑞士联邦的官方语言为德语、法语、意大利语；罗曼什语是瑞士联邦与罗曼什地区公民联系的官方语言。同时，瑞士政府重申了以下原则：（1）保证个人语言自由；（2）坚持四种国语权利平等；（3）保证语言区领土完整及语言区界限的稳定；（4）通过语言上的相互尊重，捍卫语言和平；（5）加强四大语言区间的理解与交流；（6）鼓励、捍卫濒危的罗曼什语和受到威胁的意大利语，保护母语环境，积极使用该语言并在全国弘扬其灿烂文化。这种多语政策为巩固和加强瑞士联邦的凝聚力，始终发挥着重大的作用。

二 瑞士的族群语言地理分布

瑞士与法国一样，也是族群众多的国家。共有四大族群，基本上族群都集中在特定的语言地域空间。瑞士族群语言固然相当集中，但是伯恩、佛立堡及瓦雷三个州是双语（德语及法语），格劳宾登却是多语（罗曼什语、德语及意大利语），其余十九个州都是单一语言的州。对联邦政府承认德语、法语、意大利语及罗曼什都是官方语言，与联邦政府机构有文书来往都可以用国家语言书写，单一的法语州或是单一的德语州，也可以同样自由选择国家语言与州政府机构交往。

佛立堡州的州宪法第 21 条明确规范，法律、政令及法规命令都必须用法文及德文颁布，但法文应该宣布为原文，换言之德文是翻译本。一般而言，高级官员都会使用法语、德语，但给予通过第二语言鉴定的其他官员奖励金。佛立堡州在教育部门尊重国家语文的规定，各个族群有各自的法语、德语中小学校。佛立堡大学是瑞士唯一的双语高等学府。州宪法第61条规定法官都得通晓法语和德语。

同样的，瓦雷州的州宪法也宣布法语、德语同为州的国语。立法及行政机构同等对待法语、德语，但实际上日常立法或行政单位运作时主要还是使用法语，法案的草拟还是法语居多，可是都随后译成德语。两位代表瓦雷州的联邦参议员都依不成文法规选出法、德族群代表，等于表示占绝大多数的法语族群特别尊重少数族群的政治权益。法官通常都通晓法语和德语，不过也碰到只会法语的法官，为此德语系族群公开表示不满。

三　瑞士联邦体制与语言法条款

从19世纪瑞士就开始实施三权分立，而后渐渐演进成三层次政体（联邦、州、社区）合作分享权责的制度。今日联邦与州之间的合作愈来愈紧密，甚至无从分隔。有些学者称瑞士体制为"合作联邦体制"。瑞士是个比美国、德国或是加拿大更分权的联邦国家。现行宪法制定于1848年，其第109条有关语言的规定是由沃州的代表提出，瑞士国会同意，主要用意是保障瑞士公民可以用三大族群语言之一的母语与联邦当局联系。后来在1874年5月29日又予以修订，第109条文改为第116条："瑞士三大主要口说的语言，德语、法语及意大利语是瑞士联邦的国家语言。"之后于1937年12月17日又修正第116条有关语言的联邦宪法条款："德语、法语、意大利语及罗曼什语是瑞士的国家语言。德语、法语及意大利语则宣布成为瑞士联邦的官方语言"，之后有关瑞士语言的宪法修订是在1996年，将罗曼什语也列为官方语言。瑞士宪法最新的全盘修正版是1999年4月18日全国举行公投通过的宪法，1999年9月28日瑞士联邦议会正式公布新宪法，于2000年1月1日实施最新的宪法。新宪法有关语言的条款与自1874年起施行将近125年的旧宪法最大不同的是将第116条的内容分别列成两条：第4条："国家语言是德语、法语、意大利语及罗曼什语。"及第70条："第1款：瑞士联邦的官方语言是德语、法语及意大利语。瑞士联邦与讲罗曼什语的人联系时，罗曼什语也是官方语言。第2款：各邦州决定其国家语言。为了确保语言族群间的和谐，各州应留意语言的传统地域的分布，并尊重本地少数族群的语言。第3款：瑞士联邦及州鼓励语言族群间的理解与交流。第 4 款：瑞士联邦支援多语言州执行其特殊的任务。第 5 款：瑞士联邦为了保卫及推广罗曼什语及意大利语特别在格劳宾登及堤奇诺州采行支援的措施。"

其他几条与语言间接相关的是：第 8 条第 2 款："任何人不能，尤其是因为出身、种族、性别、年龄、语言、社会条件、生活方式、宗教、哲学或政治信仰抑或是身体、心智或心理障碍而受到歧视。"第 18 条："语言自由受保障。"第 31 条第 2 款："任何人的自由被剥夺时，有权依其所能了解的语言，立即被告知其自由被剥夺的理由以及其应有的权益。特别是有权告知其亲人。"以及第 188 条第 4 款："联邦议会（国会）在征选任命联邦法院法官时，应留意到代表官方的语言。"

瑞士联邦政府经常采用公民投票解决政治纷争，因为人口极少数的格劳宾登州实际上在瑞士联邦体制下，无法发挥其政治影响力，如果正式列为官方语言的话，联邦政府非得将所有的官方文献翻译成罗曼什语不可，对国家财政是一大负荷，何况大多数的格劳宾登的公民会讲德语或是意大利语，因此以政治方式解决少数族裔的问题，将之列为"官方语言"，如此可以享有联邦政府的财政津贴，以确保该语言在格劳宾登州的发展。

瑞士宪法规定法语、德语、意大利语三种语言均为国语和官方语言，罗曼什语也为国语之一种。据此，每一群体便都有权控制本州范围内的学校和媒体等，以相关的条款禁止任何歧视，要求尊重州内每一个人的语言权利。在全国层面则从体制上作出安排，保障各个主要的语言群体一律平等，并在立法、司法和行政机构中各有自己的代表。但人们也注意到，瑞士各个语言群体分享权力的这一模型在实践中仍有其不足之处。从法律上看，以州的疆界为依归的这种地区性模型未能解决个人的语言权利与促进少数语言群体认同之间的矛盾。而且，这一模型往往会加剧经济和政治方面的不平等，因为没有考虑到例如意大利语这样的属于少数的语言在瑞士的低下地位。最后，它恶化了不同语言群体之间"老死不相往来"的状况，因为它缺少相应的机制，例如多语制教育，就不能在全国层面上加强社会的凝聚力。[①]

[①] 张维邦：《瑞士的语言政策与实践》，载施正锋编《各国语言政策：多元文化与族群平等》，台湾前卫出版社 2002 年版，第 372 页。

四 瑞士语言立法的实际运作

从法律角度来考察瑞士族群语言的实际运作，表面上可以得出瑞士民主政治体制确实实现了语言公平的结论，然而20世纪以降，瑞士族群的经济实力表现各异，德语族群取得压倒性的支配地位，瑞士全国的金融保险业、精密机械器材、药剂化学产品以及重工业几乎都集中在苏黎世、巴塞尔及伯恩三大德语州，法语的罗蒙瑞士的观光、农产品加工或是区域性的保险业有所发展，但是第二次世界大战结束后，瑞士德语企业除了在罗蒙瑞士大量投资外，也大举兼并说法语的企业，因此顺理成章地，在私人企业里，语言的使用反映出多数族群语言的生活习惯，开会或是企业内部交流主要使用德语。当然也有例外，像总部设在罗蒙瑞士的雀巢这个非常国际性的跨国大企业，例外地反而主要使用英语。① 这些例子说明经济力量对语言使用的实际运作影响甚大。

五 少数族群语言权利保护

（一）族群与政权的分享

瑞士语言政策从法律制度上安排设计保护少数族群的语言，而不是仅停留在政策层次上的拟定而已，在实际运作上，可以反映出语言政策的实践，譬如在联邦议会下院，议员的席次不是依照党派划分，而是根据语言分成德语、法语、意大利语及罗曼什语的议员座位区。1980年代起形成不成文法，法语罗蒙区议员集中在左边席次，德语族群则坐在右边，堤奇诺意大利语议员也坐在法语区，罗曼什语族群议员坐在德语族群右边。

（二）各州族群的语言保障

瑞士并无整套的国家语言政策，宪法上则明定有"国家语言"及"官方语言"条文。然而从个人自由使用语言及州或是社区为维护族群整体权益观点来考察的话，自然就会涉及非成文的语言权这个概念。语言权的两大基本原则——"地域原则"及"自由原则"运用在学校语言的使用上，一般涉及个人时会强调语言权的"自由原则"，然而碰到社区或是州为维护历史留下来的既得权益，则会强调"地域原则"高于个人的"自由原则"。瑞士联邦法院已确立了"国家语言的地域原则高于自由原

---

① 张维邦：《瑞士的语言政策与实践》，载施正锋编《各国语言政策：多元文化与族群平等》，台湾前卫出版社2002年版，第375—377页。

则"的判例。以法语学校协会为例,该协会在苏黎世设有一个私立法语学校。根据苏黎世州法律规定,发给执照的社区当局只给学童两年读法语的许可,苏黎世州为了确保独立自主州的语言政策却援引语言"地域原则",要求在学童读了两年法语学校后,一律要转往公立或私立的德语学校就读,但家长如果可以证明一年后要迁离苏黎世,则最多可以再延长一年。虽然家长及协会对此上诉,但是1965年3月31日瑞士联邦法院裁决此种限制属于州的权限,并无不妥。

(三)朱拉危机:新州的诞生反映出瑞士族群语言政治的动力

由于历史因素以及语言、文化、宗教差异,甚至社会经济条件相对弱势的朱拉山脉地区的天主教法语裔族群在第二次世界大战后寻求自伯恩州脱离成立新州。由于地处边缘山区,朱拉居民长期以来感到被伯恩州遗弃或是在政治、经济上饱受不平等的差别待遇。

1967年伯恩州政府向朱拉公民提出三个方案:保持现状、自治及自伯恩分离成立一个新的州。1968年成立一个"联邦咨询委员会":两位前联邦政府部长及两位联邦国会议员被任命考察朱拉自治或是成立新州的各种可能性。这是联邦政府首次非正式插手处理伯恩州内的政治纷争,意味着瑞士全国高度关切此一政治纷争的发展。三个留在伯恩州的法语系县镇居民,并不因此在语言上受到歧视,伯恩州依然尊重"地域原则"的语言权。

六 瑞士经验的启发

语言政策与法律的制定一样受到客观环境的制约。要制定一套可行的语言政策恐怕不是短期内可以实现的,但因语言是教育体系重要的一环,也是巩固政治体制的要素,因此语言政策的厘定显得非常迫切。

(一)语言政策与开放教育体系的重建

少数民族的语言如果使用人数过少的话,或许可以瑞士联邦政府保护罗曼什语的政策,将之列为准官方语言,如此兼顾中央与地方财税的负担与少数民族的基本权益。特别是如果某一族裔的母语集中在某一地区,地方政府可自中央政府获取一定的财税补助,从而为该族的母语教学提供津贴。

(二)语言政策与国际化

造就瑞士安定和谐的主要条件,首先是尊重语言区隔及语言人权的语言政策；其次是联邦的地方自治，瑞士联邦宪法规定相当抽象，实际问题都在各州内部自行解决，民族以语言区的划分互相区隔，减少冲突机会，即使个别的摩擦也在州内解决，不至于影响国家安定与民族和谐。在当今多族群多语言的国家中，瑞士提供了一个独特的案例：它是一个没有语言冲突的多语国家。这也就是著名的"瑞士奇迹"。①

瑞士联邦是一个运用政治智慧处理语言问题成功的例子。语言区的划分合乎地理区隔原理，要求国民互相学习对方语言乃是为了保证国内各民族沟通便利，要求移民学习本土语言合乎社会区隔原理，因为如果不作此要求，强势语言可能因为移民的关系破坏了语言社区的地理区隔和社会区隔。瑞士语言政策成功的经验表明：只有承认并维护语言的生态多样性，才能保护少数族群的语言人权，语言权利的关键在于能否妥善解决特定语言族群间"事实上的不平等"问题。②

但是，瑞士的语言政策也并非十全十美。瑞士虽然严格划分了语言区，但所推行的语言并非瑞士人的母语，而是邻国的标准语。比如瑞士德语和标准德语相差甚大，瑞士法语和标准法语也有所不同，但是瑞士境内各语言区所推行的、当成教育语言的都是标准德语、标准法语、标准意大利语。

民族和谐跟经济发展关系密不可分，荷兰、瑞典、丹麦及瑞士这些欧洲小国能够在竞争激烈的世界经济中表现突出，当然与企业、应用科技、法律及金融体制的健全息息相关。除此之外，这些欧洲小国的另一个特征就是公民的外语能力超强，其中尤其以荷兰人最为卓越，几乎全国人民都会英语，同时精通两三门外语相当普遍。在经济全球化和推进"一带一路"建设中，在制定语言政策时也应该将英语及其他重要的外语，如日语、法语、德语及西班牙等全盘考量在内。这也是学习瑞士经验的宝贵之处。

第五节　国家与地方官方语言共存：西班牙语言文字立法

西班牙语，也称卡斯蒂利亚语，是西班牙唯一的全国性官方语言。西

---

① 孟红莉：《语言使用与族群关系：五种类型分析》，《西北民族研究》2010年第1期。
② 唐晓琳：《联邦制国家多元语言政策模型及其评价》，《吉林师范大学学报》（人文社会科学版）2006年第4期。

班牙语源于民间拉丁语，后来吸收了伊比利语、凯尔特语、卡塔戈语、希腊语、日耳曼语和阿拉伯语的成分，以及伊比利亚半岛其他地区的方言，逐渐演化成今日世界上使用最广泛的一种罗曼语族的语言。除了发源地西班牙之外，使用者主要集中在拉丁美洲国家，全世界有超过 5 亿人的母语或第二语言是西班牙语，另外有 2000 万名学生将西班牙语当作外语学习。按照第一语言使用者数量排名，为全世界第二位，仅次于汉语普通话。加上第二语言人口，总使用人数排名则为世界第三，仅次于汉语及英语。西班牙语是除英语、法语和阿拉伯语之外最多国家的官方语言，同时为联合国官方语言之一。

一 官方语言西班牙语现况

当今，西班牙语除通行于西班牙本土外，还是除巴西（葡萄牙语）和圭亚那（英语）以外所有南美各国的官方语言，也是中美洲 6 国以及墨西哥、古巴、多美尼加和波多黎各国的官方语言。除此之外，西班牙语还通行于摩洛哥的部分地区（塞塔和梅里亚，其居民 80% 是西班牙人）和非洲西海岸线以及赤道几内亚。在美国，西班牙语广泛通行于得克萨斯、新墨西哥、亚利桑那和加利福尼亚（在新墨西哥，它和英语并列为官方语言）；西班牙语还通行于纽约市大量的波多黎各人居住区。

1978 年西班牙宪法序言中规定"保护所有西班牙人和西班牙各民族行使人权、发展其文化、传统、语言和组织"，这种规定结束了西班牙 40 年对少数民族语言的遏制，标志着对西班牙语以外其他当地语言权利的认可。总纲第 3 条详细陈述了教育语言政策：

第 1 款：卡斯蒂利亚语即西班牙语为国家官方语言。所有西班牙人有义务掌握并有权使用该语言。

第 2 款：国内其他语言根据各自治区的法律，是各自治区的官方语言。

第 3 款：西班牙的各种语言均为文化遗产，应受到特别尊重保护。

很明显，本条第 1 款将西班牙语置于有利地位。其他任何语言都不会在全国范围内传播，西班牙人也无义务必须掌握本条第 2 款认可的其他语言，这些语言的官方地位只局限在各自治区。这样西班牙语仍在西班牙占主导地位，其他各种语言只是在本自治区内享有一定的官方地位，在全国并非官方语言。

二 地方官方语言之巴斯克语①

（一）巴斯克语历史与现况

巴斯克地区人口约 218 万人，巴斯克语是巴斯克地区土生土长的语言，在古代，使用该语言的地域比现在要大得多，巴斯克语有许多变体（方言）。巴斯克语目前正在进行标准化。在统一变体或标准变体发展过程中，在各自变体的地位这个问题上，使用比斯开亚语和基普斯夸语者仍有很大的争议。

（二）语言立法及组织实施情况

目前，给巴斯克语带来巨大影响的法律、法规和组织有：

1. 1979 年 12 月 18 日通过的《巴斯克自治区法》。
2. 1980 年成立的自治区政府执行机构"巴斯克政府主席（Lehendakary）"和立法机构"巴斯克议会"。
3. 1982 年 1 月 11 日成立的"巴斯克语咨询委员会"。
4. 1982 年 11 月 24 日通过的《巴斯克语规范化法》。
5. 1983 年 1 月 17 日成立的"语言政策秘书处"。
6. 1983 年 7 月 11 日教育文化部通过法规规定在教育中使用双语机制（也称《双语法》）。
7. 1983 年 7 月 27 日成立"巴斯克公共管理学院"。
8. 1983 年 11 月 25 日成立"成人识字和巴斯克化学学院"。
9. 1985 年 3 月 18 日批准《巴斯克地区高等教育法》。

《巴斯克自治区法》确定了巴斯克语和西班牙语同为巴斯克地区的官方语言（第六章），而《巴斯克语规范化法》第五章进一步规定：

1. 所有巴斯克人有权掌握并使用两种官方语言（巴斯克语和西班牙语）。
2. 巴斯克公民拥有下列基本语言权利：

（1）在同本自治区政府或任何机构的交往中使用巴斯克语和/或西班牙语的权利。

（2）用这两种官方语言接受教育的权利。

（3）同巴斯克语杂志、广播、电视或其他传播媒体的接触权利。

（4）用巴斯克语执业、工作、从政和加入工会的权利。

---

① 中国社会科学院民族研究所"少数民族语言政策比较研究"课题组、国家语言文字工作委员会政策法规室：《国家、民族与语言——语言政策国别研究》，语文出版社 2003 年版，第 236—241 页。

（5）在会议中使用巴斯克语的权利。

3. 自治区政府保证这些权利在本自治区内得到真正有效的实行。①

《巴斯克语规范化法》通过后，就需要一个常设机构来处理语言政策事务，因此成立了语言政策秘书处。秘书处的秘书也是咨询委员会的秘书。秘书处有以下几个职能：（1）协调政府各部门和公共管理部门的语言政策；（2）协调语言政策的研究策略，为各级教育机构的巴斯克语教学和用巴斯克语进行教学制定标准和指导方针；（3）保证各机构在语言政策方面进行合作；（4）监督规范化法的实施和执行；（5）为规范化进程提供信息并确定模式。

1983 年 7 月通过的《双语教学法》是一项重要的语言教育立法。其中规则：（1）巴斯克语和西班牙语是所有初等和中等学校的必修课；（2）以三种模式 A、B、D（巴斯克语中无字母 C）进行官方语言教学；（3）确定教师职业的语言水平标准，特别是巴斯克语水平标准。

自 1978 年以来，由于投入了大量的人力和物力，巴斯克语的使用变得非常广泛，特别是教育领域内，这使巴斯克地区语言规划工作更有成效和希望。巴斯克语在高度教育知识的发展和更新方面也取得了重大发展。

三 地方官方语言之加利西亚语②

（一）语言概况

加利西亚语属印欧语系罗曼语族，是西班牙官方语言之一。母语人口主要分布于西班牙西北部的加利西亚自治区和葡萄牙，有三四百万人。《规范化法》的通过使得加利西亚语与西班牙语享有同等官方语言的地位。然而，即使加利西亚语在当地普遍使用，实施规范化法还有以下一些基本困难。

（1）该语言没有标准化。

（2）两大语言集团在语言观念上存在分歧：一个追求跟葡萄牙语的联系，追求语言和文化的一致；另一个亲近西班牙，认为加利西亚语跟葡萄牙语不同，只能依靠自己来解决现有矛盾。

（3）大多数使用加利西亚语者知识水平低下，普遍没有阅读和写作

---

① Cobarrubias and Lasa 1987：150.
② 中国社会科学院民族研究所、国家语言文字工作委员会政策法规室编：《国家、民族与语言——语言政策国别研究》，语文出版社 2003 年版，第 241—245 页。

能力。

(4) 在使用加利西亚语的家庭中,存在潜在转用西班牙语的倾向。

根据自治区法规规定,加利西亚语是加利西亚地区的语言。但是加利西亚语有许多不同的变体,在实施规范过程中的主要问题是加利西亚语尚未标准化,任何一种方言都不能取得所有人的认同。加利西亚语不是单一的语言,而是一系列的变体,大致可分为两大主要变体:一个更接近葡萄牙语,另一个是加利西亚地区的一个变体。这些差异反映在拼写和其他一些方面,包括教育中的语言使用。最近的一些研究曾尝试建立拼写和词法规范。皇家加利西亚语言学院曾出版了《加利西亚语正字正词法规范批评研究》,其主要目的是统一拼写和词法。

(二) 语言立法及实施情况

虽然1981年加利西亚的《规范化法》确立了加利西亚语和西班牙语在加利西亚地区享有同等官方语言地位,但是加利西亚地区的语言冲突时常发生。其特点与其他地区不一样。其他地区常常是当地方言与西班牙语的冲突,具有外在性;而加利西亚语则是同一语言不同变体之间的冲突,超过与外部语言的冲突,具有典型的内在性。

《双语教育法》规定了开展加利西亚语教学的班数,以及根据学生的母语、家长的要求和可利用手段,开设用西班牙语教学或用加利西亚语教学的课程。该法同时还规定,如果开设加利西亚语的教学,需向联合委员会申请,并附上家长协会的请求。这使得开设加利西亚语教学班的手续非常烦琐,因此,1982年5月加利西亚政务会议取消了《双语教育法》,使这一申办手续更加灵活。

语言法律制度虽已确立,但各自治区语言保持的实际效果却有所不同。综合上述三种语言状况,可以得出这样的结论:加利西亚语正逐渐被西班牙语所替代;巴斯克语则奋力反击西班牙语,但因涉及政治斗争,其前景未卜;加泰罗尼亚语正在努力提高自己的地位,扩大其影响。

四 地区官方语言之加泰罗尼亚语[①]

(一) 语言概况

加泰罗尼亚语,又译为加泰兰语、加泰隆语,属印欧语系罗曼语族,

---

① 中国社会科学院民族研究所、国家语言文字工作委员会政策法规室编:《国家、民族与语言——语言政策国别研究》,语文出版社2003年版,第245—248页。

是西班牙官方语言之一。使用者主要分布于西班牙、法国、安道尔和意大利，约有1200万人，其中大部分使用者在西班牙。加泰罗尼亚语在西班牙的加泰罗尼亚自治区被广泛地应用于政治、经济与教育上。除了生活上全面而广泛的应用外，相关加泰罗尼亚语的文化发展工作，如艺术和文学的工作也在这一区域中获得良好的发展，非但没有面临濒危的困境，反而因为语言所产生的力量，引发加泰罗尼亚自治区的独立倾向。

（二）语言立法及组织实施情况

1979年加泰罗尼亚《自治区法》确立了加泰罗尼亚语和西班亚语在加泰罗尼亚地区享有同等官方语的地位。加泰罗尼亚地区还公布了规范化法和关于公共场合、教育和媒体中语言使用的几项法令。规范化法的目的是：（1）保护并促进所有公民使用加泰罗尼亚语。（2）使加泰罗尼亚语的官方使用有效地进行。（3）规范所有媒体中加泰罗尼亚语的使用。（4）保障加泰罗尼亚语知识的传播。

另外，规范化法第1条确定总委员会为执行机构确保西班牙语和加泰罗尼亚语的官方地位和规范使用，制定了在公共场合使用加泰罗尼亚语的框架。1986年6月27日，通过的80/1980号法规，在第1条中规定，在文件起草、公共档案和其他日常管理事务中，总委员会各机构和其下属管理机构应使用加泰罗尼亚语作为交际工具。

同时，加泰罗尼亚自治区政府还规定于公共场所如学校或法院可以选择使用加泰罗尼亚语，所有文件均以双语印制，强化了加泰罗尼亚语的使用社会场域，不致出现"高低双语现象"。同时，政府也会对外来移民实施以加泰罗尼亚语的教学课程，借以提高他们对加泰罗尼亚自治区的认同感，增强移民对本土的凝聚力。在加泰罗尼亚自治区，公共机关或公共商场提供服务虽不必然一定要使用加泰罗尼亚语，但居民进行商业交易时有权要求商家使用加泰罗尼亚语进行交易。同时，加泰罗尼亚自治区所有的交通标识及公共告示都采双语化，使得使用加泰罗尼亚语的人口能无障碍享受公共服务。除了公告的双语化外，还有完全以加泰罗尼亚语进行传播的电视及广播媒体，这些均显示了加泰罗尼亚自治区官方语和母语的语言权受到平等对待。

（三）结论

西班牙语言政策与立法最大的特色在于中央官方语言与地方官方语言共存。西班牙官方语及地方官方语都被视为共同官方语，保障了地方语言人口的语言权利。这种双层官方语言制度力图在西班牙宪法"主权不可分割"与"地区自治"之间寻求平衡，在一定程度上尊重了地方的语言多样性，但也带来了巨大的代价和语言争议，甚至成为国家分裂主义运动的诱因之一。① 比如，加泰罗尼亚语在西班牙最有争议，加泰罗尼亚语是加泰罗尼亚自治区的官方语言，对加泰罗尼亚人来说，语言的多样性（在学校和其他事情上使用加泰罗尼亚语）是"所有人的国家"的代价。② 国家实行多语言制的代价是昂贵的，不仅体现在财政预算方面，还体现在各种利害权衡上。但是同国家解体相比，这种语言制度代价还是小的。

---

① 《加泰罗尼亚议会宣布从西班牙独立》，http：//news.haiwainet.cn/n/2017/1027/c3541093-31161329.html，2017 年 11 月 28 日最后访问。

② 《西班牙陷入"语言分裂" 西班牙反感加泰罗尼亚语》，http：//world.haiwainet.cn/n/2014/0804/c345805-20926947.html，2017 年 11 月 28 日最后访问。

第四章

独联体国家的语言文字立法

独联体国家是指独立国家联合体的成员国。独联体是苏联解体后各独立主权国家的协调组织，以主权平等为基础。它的宗旨是为各成员国进一步发展和加强友好、睦邻、信任、谅解和互利合作服务；为各成员国在国际安全、裁军、军备监督和军队建设方面协调政策。独联体总部设在白俄罗斯首都明斯克，工作语言为俄语。其正式成员为亚美尼亚、阿塞拜疆、白俄罗斯、摩尔多瓦、哈萨克斯坦、吉尔吉斯斯坦、塔吉克斯坦、乌兹别克斯坦、俄罗斯。独联体国家均为中国"一带一路"沿线国家，了解独联体国家语言文字立法的现状与特点，对于促进中国与"丝绸之路经济带"沿线国家的文化与经贸交往、人员往来，更好地提供语言服务，因时因地制宜拟定语言教育规划，共同打造文化包容、经济互通、政治互信的人类命运共同体，均具有重大而深远的现实意义。

第一节 从语言沙文主义到语言多样性：俄罗斯语言文字立法

俄语为联合国官方语言之一，属于斯拉夫语族的东斯拉夫语支，是斯拉夫语族中使用人数最多的语言，是俄罗斯、白俄罗斯、吉尔吉斯斯坦及哈萨克斯坦的官方语言，主要在俄罗斯等苏联加盟共和国中使用。俄语也是欧洲最多人使用的母语，是俄罗斯、白俄罗斯、乌克兰1.44亿人的母语。民族语言问题一直是俄罗斯棘手的问题。苏联时期通常从多民族社会发展角度解决语言问题，直到20世纪80年代初才逐渐转向在遵守语言权利的法律背景下解决语言问题。苏联解体后，俄罗斯联邦语言政策的发展也进入新阶段。俄语作为俄联邦国家语言的问题是俄罗斯现代语言政策的关键问题。俄罗斯政府高度重视俄语，将之视为国家安全的重要组成部分，这符合俄罗斯国家战略利益。但现行法律并不能彻底解决目前俄语、俄罗斯各民族其他语言的许多问题。这既因语言立法本身的不足，也因法律实施机制的缺失。俄罗斯语言立法不断发展完善，在维护和发展俄罗斯联邦各民族语言，巩固俄语在俄罗斯、独联体乃至全世界的地位中，在巩固多民族、多语言的俄罗斯国家中发挥着积极作用。

一 俄罗斯语言政策研究

了解当代俄罗斯民族语言进程，必须在回顾中思考，重新认识过去的经验、语言状况、语言政策等。因此，在介绍俄罗斯语言政策和语言文字立法及其研究新动态之前，首先有必要对以往的相关研究进行简单的梳理。

早在苏维埃国家建立之初，革命领袖列宁就对民族语言问题给予了高度重视。列宁在一系列著作和讲话中或专门论述，或谈及语言政策问题。① 斯大林在其有关民族问题的论述中也不可避免地谈到民族语言问题。② 20世纪60—70年代，随着语言功能和语言内部结构的发展以及语言环境、语言建设、双语制、语言与文化互动等一系列理论与实践问题的主流化，苏联学界对语言政策的兴趣明显提高。而这一时期苏联语言学框架内出现的新领域——社会语言学促进了语言社会方面更深入的研究。随着社会语言学研究的广泛开展，作为社会语言学重要组成部分的语言政策研究也顺理成章地成为关注的重点。苏联不少著名语言学家投身语言政策问题研究。20世纪90年代以来，又产生了大批相关成果。进入21世纪之后，该领域的成果更是不断涌现。总之，几乎从苏维埃政权建立之日起，到苏联解体，再到苏联解体后的几十年中，俄罗斯的语言政策研究经

---

① Ленин В.И.Нужен ли обязательный государственный язык? //ПСС.Т.24.-М., 1961, с.293-295; Ленин В.И.Законопроект о национальном равноправии//ПСС.Т.25.-М., 1961, с.16-18; Ленин В.И.К вопросу о национальной политике//ПСС.Т.25.-М., 1961, с.64-67; Ленин В.И.Проект закона о равноправии наций и о защите прав национальных меньшинств//ПСС.Т.25.-М., 1961, с.135-137; Ленин В.И.О праве наций на самоопределение//ПСС.Т.25.-М., 1961, с.255-320.

② Сталин И.В.Политика Советской власти по национальному вопросу в России [1920] //7.Сталин И.В.Сочинения.Т.4.-М., 1953, с.351-363; Сталин И.В.Национальный вопрос и ленинизм: Ответ товарищам Мешкову, Ковальчуку и другим.//Сталин И.В.Сочинения.-Т.11.-М.: ОГИЗ; Государственное издательство политической литературы, 1949.

历了不同的历史时期，但从未间断。该领域的研究一直以来重点关注以下几个方面的问题。

（一）语言状况研究

语言政策的制定离不开对语言状况的调查描述和分析研究。早在苏联时期，苏联政府就非常关注对国家语言状况的了解和把握，五卷本系列图书《苏联各民族的语言》（1966—1968）① 等类似书籍和资料的出版就是很好的例子。苏联解体后这方面的工作得到进一步加强，相继出版了语言红皮书《俄罗斯民族语言红皮书》② 和俄罗斯各民族语言《红皮书》③、百科字典《俄罗斯联邦国家语言》④ 和《世界上的书面语：俄罗斯联邦社会语言学百科全书》⑤ 等，发表了大量的语言状况调查报告和研究成果：《俄罗斯联邦的语言情境》⑥《俄罗斯联邦和独联体国家民族间交际时的俄语》⑦《俄语：语言空间问题》⑧《俄罗斯的语言状况：1991—2001》⑨《俄罗斯的语言状况》⑩ 等。除了对俄罗斯全国语言状况调研的综合性调查外，还有对少数民族地区语言状况进行的专门调查研究：《中亚地区和哈萨克斯坦语言状况的社会语言学分析》⑪《中亚地区和哈萨克斯坦语言状况与各语言的运作》⑫《多种族（多民族）国家中的少数

---

① Серия книг《Языки народов СССР．В пяти томах》1966—1968，М．，Наука．

② Красная книга языков народов России / Под ред．В．П．Нерознака．М．：Академия，1994．г．

③ Нерознак В．П．Языки народов России．Красная книга，Издательство：ACADEMIA，2002．

④ Нерознак В．П．Государственные языки в Российской Федерации，Энциклопедический словарь-справочник，М，1995．

⑤ Солнцев В．М．Михальченко Ю．В．Введение//Письменные языки мира：Языки Российской Федерации．Социолингвистическая энциклопедия．-Книга I．-М．，2000．

⑥ Солнцев В．М．，Михальченко В．Ю．Языковая ситуация в Российской Федерации．-М．，1992．

⑦ Белоусов В．Н．，Григорян Э．А．Русский язык в межнациональном общении в Российской Федерации и странах СНГ．По данным социолингвистических опросов 1990—1995 гг．-М．，1996．

⑧ Солнцев В．М．，Михальченко В．Ю．Русский язык：проблема языкового пространства//Языки Российской Федерации и нового зарубежья．Статус и функции．М．，2000．

⑨ Нерознак В．П．Языковая ситуация в России：1991—2001 годы//Государственные и титульные языки России．Энциклопедический словарь-справочник．М．，2002．

⑩ Дьячков М．В．Языковая ситуация в России//http：//www．my-luni．ru/journal/clauses/188/．

⑪ Баскаков А．Н．Социолингвистический анализ языковой ситуации в регионе Средней Азии и Казахстана．-Нукус，1992．

⑫ Баскаков А．Н．，Насырова О．Д．，Давлатназаров М．Языковая ситуация и функционирование языков в регионе Средней Азии и Казахстана．-М．，1995．

民族语言》①《阿尔泰共和国各民族语言现状》② 等。

（二）语言政策研究

不论是在苏联时期，还是在苏联解体后，俄罗斯政府和学界在掌握并分析语言状况的基础上积极开展语言政策的制定和研究工作。语言政策方面的专门研究成果中首先必须提到的是著名社会语言学家别里科夫 В.И 和克雷辛 Л.П.影响广泛而深刻的专著《社会语言学》③。该专著附录中详尽地描述了俄罗斯和苏联的语言状况和语言政策。类似的重要成果还有《苏联和俄罗斯的语言政策：1944—2000 年》④。阿尔帕托夫 В.М.的专著《150 种语言与政策：1917—2000 年苏联和后苏联地域的社会语言学问题》⑤ 也全面分析了俄罗斯联邦的语言状况和语言政策。作者指出，语言状况和语言政策在每一个多语言国家都是两种相互对立的需求——身份认同需求和交流需求的结果。该学者认为，俄语目前仍然具有很高的声望，能为所有社会职业群体提供合适的机会，为人们接受教育、职业发展提供机遇。他强调，在这一方面，当代俄罗斯的语言状况与苏联时期的语言状况相仿，但在新的独立国家中，俄语则逐渐被其他语言排挤。因此，俄罗斯联邦的语言政策应该包括制定关于在后苏联地域保护和巩固俄语的措施。

俄罗斯的语言政策研究成果有不少重点聚焦少数民族语言问题。《民族挽歌：社会—文化人类学研究》⑥ 一书联系人类社会文化的进化、国家与权力的实质、俄罗斯社会转型背景下社会变革等人类学问题，以及民族

---

① Дьячков М.В.Миноритарные языки в полиэтнических（многонациональных）государ-ствах.М., 1996.

② Голикова Т. А. Современное состояние национальных языков в Республике Алтай// Языки России и стран ближнего зарубежья как иностранные：преподавание и изучение：Материалы II Международной научно-практической конференции 28–29 ноября 2013 года.-Казань, 2013.-С.121-127.

③ Беликов В.И, Крысин Л.П.《Социолингвистика》, Приложение：Языковая ситуация и языковая политика в России и СССР, М, 2001.

④ Руднев Д.В.Языковая политика в СССР и России：1940—2000-егг.// Государственная языковая политика：проблемы информационного и лингвистического обепечения. СПб.：Филологический факультет СПбГУ.2007.

⑤ Алпатов В. М. 150 языков и политика. 1917—2000. Социолингвистические проблемы СССР и постсоветского пространства.М., 2000.

⑥ Тишков В.А.Реквием по этносу：Исследования по социально-культурной антрополог-ии.-М.：Наука, 2003.

主义和冲突的本质、种族现象等问题探讨民族语言现象。《西伯利亚少数民族的语言：语言政策特色》① 也是这一类型研究的代表作。

双语制问题也是民族语言问题的一个重要方面。因此，它也成了学者们关注的焦点。《双语制与社会化》②《当今社会条件下语言能力对社会化和社会文化适应性的影响》③《双语条件下的布里亚特语：运作问题与发展前景》④ 等成果聚焦双语现象的形成、普及规模和运作机制，以各少数民族共和国为例，考察双语制的发展变化。属于这一类型的研究还有专著《布里亚特民族：形成、发展、自决》⑤。该书详细研究了不断变化的政治历史条件下布里亚特语的发展。

对后苏联地域民族语言过程和语言政策的研究无疑也是俄罗斯语言政策研究领域极为重要的内容。该方向代表性成果有《独联体的语言问题》⑥《民族总动员的语言》⑦ 等。《俄罗斯联邦：后苏联发展条件下的语言和政治》⑧ 也是关注后苏联时期俄罗斯语言发展的力作。该书作者指出："语言政策固然十分重要，但它不是某种不言自明、靠单一的解决方案就行得通的东西。关于在我们所研究的领域是否可以有针对性地进行权利管理调控的问题在语言学历史上解决的方式各不相同。这也正好是该问题的基本矛盾之一。"⑨ 该学者在其专著中分析了苏联和后苏联地域的语言冲突，首次提出了"民族动员"这一概念。该概念指将民族转变为具有自己的要求、纲领和组织的一定政治力量的过程。他认为，在这一过程中，语言作为民族最重要的标志，与民族的有关要求一道起着极为重要的

---

① Голикова Т.А.Языки малочисленных народов Сибири：специфика языковой политики//Вестник РОСНОУ.-2013.-Вып.3.-С.217-222.

② Балханов, И. Г. Двуязычие и социализация [Текст]. Улан - Удэ：Издательско - полиграфический комплекс ВСГАКИ, 2002.

③ Бабушкина Н.С. Влияние языковой компетентности на социализацию и социально - культурную адаптацию в современных условиях.-Улан-Удэ：Изд-во БГУ, 2000.

④ Дырхеева, Г.А.Бурятский язык в условиях двуязычия：проблемы функционирования и перспективы развития [Текст]. -Улан-Удэ：Изд-во БНЦ СО РАН, 2002.-187 с.

⑤ Елаев А.А.Бурятский народ：становление, развитие, самоопределение.М., 2000.351 с.

⑥ Михальченко В.Ю Языковые проблемы Содружества Независимых Государств.М., 1994.

⑦ Губогло М.Н.《Языки этнической мобилизации》М., 1998.

⑧ Мухарямова Л.М. Российская Федерация：язык и политика в условиях постсоветского развития//Государственная служба.-2004.-№2.-С.17-27.

⑨ Мухарямова Л.М. Российская Федерация：язык и политика в условиях постсоветского развития//Государственная служба.-2004.-№2.С.20.

作用。《俄罗斯的民族语言政策：新的挑战，最新趋势》① 和《俄罗斯语言立法中的新趋势》② 是近期同类研究成果中值得关注的两篇文章。

俄罗斯学者的研究总结了俄罗斯国家语言政策的发展经验，也指出了其中的问题和发展前景，揭示了现代多民族社会语言政策的实质，证明了语言政策政治法律基础的重要性。学者们一致认为，在现阶段，很有必要探寻形成和实现语言政策的新角度。对此，有的专家提出了一些新见解，比如衮日托娃·卡尔马-汉达·茨比克扎波夫娜认为，将语言营销方法作为形成和确定语言政策内容的基础也许不失为一种有益的尝试。③

二 俄罗斯语言立法研究

（一）俄罗斯国内的语言立法研究

20世纪90年代以来专门针对俄罗斯联邦现代语言立法的研究成果颇丰。在此可列举《关于苏联各民族语言发展与运用的法律：论各语言在苏联的法律地位》④《关于俄罗斯联邦各语言的立法：发展经验与问题》⑤《作为国家民族语言政策组成部分的语言立法》⑥《论语言立法的有效性》⑦《法律与民族语言：俄罗斯联邦语言关系调控》⑧《语言立法与语言冲突》⑨《论国家语言政策的法律基础》⑩《作为俄罗斯联邦国家语言的

---

① Биткеева А. Н. Национально－языковая политика России: новые вызовы, последние тенденции Языковая политика и языковые конфликты в современном мире.-М., 2014.-С.80-88.

② Орешкина М. В. Новые тенденции в Российском законодательстве о русском язые Языковая политика и языковые конфликты в современном мире.-М., 2014.-С.199-208.

③ Гунжитова Гарма-Ханда Цыбикжаповна Государственная языковая политика в России на современном этапе, Улан-Удэ, 2011.

④ Шелютто Н.В.Законодательство о развитии и использовании языков народов СССР. О правовом статусе языков в СССР.М., 1990.

⑤ Пиголкин А. С. Законодательство о языках Российской Федерации: опыт, проблема развития.Языковая ситуация в Российской Федерации, -М., 1992.

⑥ Исаев М.И.Языковое законодательство как составная часть национальноязыковой политики государства//Языковые проблемы Российской Федерации и законы о языках.М.: 1994.С.89-93.

⑦ Алпатов В. М. Об эффективности языкового законодательства//Языковые проблемы Российской Федерации.-М., 1994.

⑧ Боровских Е.М.Право и национальный язык: регулирование языковых отношений в Российской Федерации.М., 1996.

⑨ Михальченко В.Ю. Законы о языках и языковые конфликты//Языки народов России: перспективы развития.Элиста, 2000.

⑩ Бердашкевич А. П. О правовых основах государственной языковой политики//Мир русского слова, 2003, №2.

俄语：宪法法律分析》①《西伯利亚各共和国的语言立法》② 等。上述成果总结了过往的历史经验，揭示了多民族国家语言关系法律调控的作用和内容。

（二）我国学者关于俄罗斯语言立法的研究

我国学者对苏联解体后俄罗斯国家语言政策和语言规划领域发生的相应变化也做出了及时反应，在俄罗斯语言政策和语言规划研究方面取得了一些成果。20 世纪 90 年代初我国学者钟华就翻译介绍了俄罗斯学者季亚齐科夫的《当代俄罗斯的语言政策》③。后来有何俊芳的《俄罗斯联邦诸共和国的新语言政策述评》④。到了 21 世纪，该领域出现了更多的研究成果：《俄罗斯联邦的语言改革》⑤《俄罗斯语言教育目标规划述评》⑥《罗斯化与俄罗斯化：俄罗斯/苏联语言政策演变》⑦《俄罗斯对外语言推广政策及其启示》⑧《全球化趋势下俄罗斯语言政策的调整及动因》⑨《转型期俄罗斯语言教育现状、问题、原因与策略》⑩ 等。这些文章从不同角度对俄罗斯语言政策和语言规划问题进行了研究。该问题也成为一些学位论文的选题：例如，《俄罗斯国家语言政策研究——以俄联邦"2011 年—2015 年'俄语'目标规划"为例》⑪《俄罗斯的民族语言政策研究》⑫ 等。类似的研究也得到各类科研基金的资助，比如，张宏莉、张玉艳的研究

---

① Ляшенко Н. В. Русский язык как государственный язык Российской Федерации：конституционно-правовой анализ：Дис....канд.юрид.наук：12.00.02：Москва，2004 163 с.

② Катунин Д. А. Языковое законодательство в республиках Сибири http：//sun.tsu.ru/mminfo/000349304/08/image/08-013.pdf.

③ [俄] M.B.季亚奇科夫《当代俄罗斯的语言政策》，钟华译，《世界民族》1994 年第 2 期。

④ 何俊芳：《俄罗斯联邦诸共和国的新语言政策述评》，《世界民族》1998 年第 2 期。

⑤ 赵蓉晖：《俄罗斯联邦的语言改革》，《国外社会科学》2008 年第 1 期。

⑥ 高凤兰、曲志坚：《俄罗斯语言教育目标规划述评》，《外国教育研究》2008 年第 12 期。

⑦ 周庆生：《罗斯化与俄罗斯化：俄罗斯/苏联语言政策演变》，《世界民族》2011 年第 4 期。

⑧ 张宏莉、张玉艳：《俄罗斯对外语言推广政策及其启示》，《甘肃社会科学》2011 年第 6 期。

⑨ 潘海英、戴慧：《全球化趋势下俄罗斯语言政策的调整及动因》，《东北师大学报》（哲学社会科学版）2013 年第 6 期。

⑩ 张立岩、姜君：《转型期俄罗斯语言教育现状、问题、原因与策略》，《继续教育研究》2013 年第 8 期。

⑪ 岳冰：《俄罗斯国家语言政策研究——以俄联邦"2011 年—2015 年'俄语'目标规划"为例》，硕士学位论文，对外经贸大学，2013 年。

⑫ 卞继华：《俄罗斯的民族语言政策研究》，硕士学位论文，中央民族大学，2014 年。

"俄罗斯对外语言推广政策及其启示"获 2010 年教育部人文社会科学研究规划基金资助等。可见，对俄罗斯语言政策和语言规划的研究在我国并非新课题，但与对西方国家，特别是美国的语言政策和语言规划研究相比，整体上还显得薄弱，专门研究俄罗斯语言立法的成果尤为缺乏。可以说，我国学界对俄罗斯语言政策、语言立法问题有一定的关注，目前的成果包括少量语言立法译本，评介性文章居多，暂无专著，总体上比较零散，缺乏系统性，亟待进一步深入研究。

三 俄罗斯联邦语言政策发展及研究新动态

具有离心力取向的"罗斯化"思想源自东正教，崇尚自然而然的多种语言并存，不主张国家干涉语言使用；而具有向心力倾取向的"俄罗斯化"思想，否定多语现象，主张建立统一的国语和统一的文化。[①]

（一）1940—1980 年苏联的语言政策

这一时期俄语地位相对于其他民族语言的地位整体上呈稳步上升趋势。这并非中央政府俄罗斯化系统性政策的结果。相反，中央政府采取了一系列措施，竭力保存苏联境内各民族的语言。当时的一系列客观原因决定了俄语地位的稳步上升。首先，苏维埃国家中央集权的管理机制要求选择一种能够充当多民族国家民族间交流工具的语言；其次，科学的发展也必须有统一的语言；最后，军队的管理同样需要统一的语言。这一切促进了俄语在苏联疆域内的广泛普及，为在苏联社会提高俄语的作用和地位创造了先决条件。

统一的多民族国家要求将俄语作为统一的交流工具。实践证明，在文献记录领域使用民族语言根本得不偿失。20 世纪二三十年代苏联的经验表明，即便是民族语言较发达的地区，在文献记录中使用民族语言也只会使交际过程复杂化，因为最终还是要译成俄语。苏联政府因此更多地关心其居民掌握俄语的问题。20 世纪 60 年代，尽管俄语是苏联每一位非俄罗斯族公民的第二母语，但在许多少数民族共和国，人们掌握俄语的情况仍不尽如人意。[②]

---

① 周庆生：《罗斯化与俄罗斯化：俄罗斯/苏联语言政策演变》，《世界民族》2011 年第 4 期。

② Гунжитова Гарма-Ханда Цыбикжаповна Государственная языковая политика в России на современном этапе, Улан-Удэ, 2011.

苏联中亚地区俄语普及程度较低，其重要原因是当地居民主要从事农业性生产活动。中亚各共和国的居民明显地分为两大类：从事农业活动、小规模生产和贸易的原住民与从事工业和技术工作的非原住民。原住民总体上没有掌握俄语的实际动力，而非原住民也没有掌握当地语言的动力。尽管苏联政府为俄语在中亚的传播投入了大量精力，但"甚至那些掌握了俄语的原住民这样做并不是由于国家的政策（经由在中小学和高校的俄语教学，通过俄语广播电视等），60%—70%的原住民是通过在工作或部队服役时的交流掌握俄语的"[1]。

苏联政府采取了大量措施，以提高全国非俄罗斯族居民的俄语水平，比如尽量尽早在各民族中小学开设俄语。各民族语言中占据最有利地位的是各民族共和国命名民族的语言。格鲁吉亚、亚美尼亚和阿塞拜疆等加盟共和国用宪法的形式宣布命名民族的语言为国家语言。日常交流、新闻媒体、文学作品以及一些地方性文献记录中广泛使用各民族共和国命名民族的语言。这些语言中的好几种语言还在格鲁吉亚、阿塞拜疆和塔吉克斯坦各自共和国内部作为民族间交际的手段使用。

综上所述，苏联战后的语言政策与世界其他国家的语言政策相比既具有相似性，又有其自身的特点。一方面，俄语地位的提高和各民族语言地位的逐渐下降与英语在英语国家的情形十分相似；另一方面，苏联政府对各民族语言的发展，特别是对民族语言创作的文学作品的支持力度之大是世界其他国家所没有的。俄语作为民族间交流工具地位的加强不仅是以各民族语言势力减弱为背景，而且也是以各民族语言的发展为背景的。特别是各民族共和国命名民族的语言在战后都积极法典化、规范化，这可以说是苏联战后时期语言政策区别于世界其他国家语言实践的典型特点。

（二）20世纪80年代下半叶至1991年苏联的语言政策

苏联语言政策发展的稳定期随着改革的到来而终止。经济危机和对官方意识形态的失望导致苏联社会真空的出现，它被各种民族观念所充斥，对于非俄罗斯族居民而言这种真空更为典型。对民族过往的理想化和对民族历史的兴趣引发了他们对语言问题的兴趣。人们在大众传媒上热议语言问题。许多民族知识分子和激进民主运动的代表认为，苏联时期的俄罗斯化走得太远，因此强烈要求赋予各民族语言与俄语相同的地位。

---

[1] Баскаков А. Н. Языковая компетенция и типы языковых контактов тюркоязычных народов Российской Федерации//Общее и восточное языкознание.М., 1999.С.96.

解决全国各语言地位不平等的方式之一是宣布双向双语政策。即非俄罗斯族居民应学习俄语，而居住在非俄罗斯族领土上的俄罗斯人也应学习非俄罗斯族人民的语言。也就是说，双语所指的是民族语—俄语的对应和俄语—民族语的双向对应，即双向双语制。"单向的民族语—俄语双语制……不可避免地会导致其他民族的语言整体上在全国社会信誉度的降低……双语的有效形成能均衡那些俄语是母语的人与作为第二母语掌握它的人之间的关系，并促进掌握两种或几种语言的民族区域内统一的语言集体的形成，从而替代仅部分接触的几种语言集体，避免语言矛盾产生的根源。"① 诚然，这样的观点有许多合理之处，但也包含了不少过于理想化的成分。首先，由于全苏联境内存在大量的民族语言，因此财政问题难于解决，双向双语制终究是漫长而极其昂贵的过程。其次，双向双语政策普及的范围究竟有多大？应该走多远？这些问题都需要深思熟虑。因此，恐怕应有的态度是，接受各语言间不平等这一客观存在，在实现语言自由发展原则时考虑"该语言在各种不同生活领域中运用的客观可能性（有时是其方便性）"②。

在各共和国，由于对不讲命名民族语言的居民实施严厉的语言政策而引发不少种族冲突，既包括与讲俄语的居民的冲突，也包括民族间的冲突。这些冲突至今未得到妥善解决。格鲁吉亚的状况非常典型：格鲁吉亚语言法草案的公布导致阿布哈兹和南奥赛迪两地爆发示威游行。该草案规定，在中小学必须学习格鲁吉亚语和必须用格鲁吉亚语参加大学入学考试。1989 年 8 月该法令的通过使当地局势更加恶化。1991 年 6 月一项要求考试格鲁吉亚语言知识的格鲁吉亚公民法的通过引起内战爆发，其后果至今未彻底根除。在摩尔达维亚和爱沙尼亚，语言立法的通过也引发了民族冲突。在各共和国语言法中，俄语获得的法律地位各不相同。哈萨克斯坦和土库曼斯坦承认俄语和这些共和国的其他国语言一样可以自由实现其功能；在乌克兰、白俄罗斯、乌兹别克斯坦、阿塞拜疆、摩尔达维亚、拉脱维亚、吉尔吉斯斯坦和亚美尼亚，俄语被定性为民族间交流的语言；在拉脱维亚，只承认俄语在共和国之外作为民族间交流语言的地位；在爱沙

---

① Дьячков М. В. Миноритарные языки в полиэтнических（многонациональных）государствах.М.，1996.C.47.

② Исаев М.И.Об актуальных проблемах языковой ситуации в нашей стране//Русская речь. 1990.№ 4.C.6.

尼亚和格鲁吉亚，未以任何方式确定俄语的地位。

莫斯科以在 1990 年 4 月通过《苏联各民族语言法》这一行动回应了各加盟共和国的语言运动。该法令规定，俄语是苏联的国家语言，同时对其他语言的功能发展也做了相应规定。在苏联最高苏维埃讨论该法案时，波罗的海各共和国和格鲁吉亚共和国代表反对赋予俄语苏联官方语言的地位，只赞成俄语"联邦语言"的地位。但其他少数民族代表"坚持认定俄语作为全国通用语的地位，因为他们在其中看到了在各不同共和国构成中自己的民族和公民权利受到了一定的保护"①。在分裂主义运动激化的背景下，所通过的语言法令无法扭转已形成的局势，只能算是姗姗来迟的杯水车薪。

(三) 苏联解体后的俄罗斯语言政策

俄罗斯作为一个多民族的国家，居住在其领土上各民族之间友好睦邻关系对其稳定和繁荣至关重要。这种关系靠诸多因素整合支撑，其中语言因素不可小视。多民族社会要整合成统一的"多民族国家"，重要前提是相互理解，其先决条件是存在一种共通的语言，在俄罗斯，这种语言就是俄语。

20 世纪 90 年代下半期，随着国家改革的全面铺开，俄罗斯的语言改革也开始发力。俄罗斯境内所有共和国或以宪法或以语言立法形式宣布除俄语外其命名民族语言也为国家语言。俄罗斯联邦宪法第 68 条保障了俄罗斯所有民族的人保护母语和为其学习和发展创造条件的权利。以国家联邦体制为基础的民族平等和民族自决原则在语言关系领域表现为：各共和国有权规定其国家语言，它与俄罗斯联邦国家语言一起同时在国家机关、地方自治机关、共和国国家机构中使用。国家语言政策在《俄罗斯联邦国家语言法》(1991，2005)②、《俄罗斯教育法》(1992，2013)、《俄罗斯民族文化自治法》(1996，2004) 等联邦相关立法中得到发展。

苏联解体后，在其领土上产生了 15 个独立国家，它们实行各自的语言政策。在俄罗斯联邦，与苏联时期语言状况不同的是，排挤俄语的问题

---

① Исаев М. И. Языковое законодательство как составная часть национально‐языковой политики государства//Языковые проблемы Российской Федерации и законы о языках. М.，1994. С.21.

② 该 1991 年 10 月 25 日签署时名称为《俄罗斯苏维埃联邦社会主义共和国民族语言法》，2005 年修订时改名为《俄罗斯联邦国家语言法》。

在民族实体境内不是那么尖锐。因为在俄罗斯联邦俄罗斯族居民占居民总数的80%多。但同时,苏联时期就已开始的扩展民族语言功能的过程不仅触动了后来成为独立国家的各民族共和国,也触动了俄罗斯境内各民族共和国、州和地区。

  1991年10月25日叶利钦签署了《俄罗斯苏维埃联邦社会主义共和国民族语言法》①。该法令明确规定:"根据已形成的历史文化传统,作为俄罗斯苏维埃社会主义共和国各民族间交流主要工具的俄语在俄罗斯苏维埃社会主义共和国领土上具有俄罗斯苏维埃社会主义共和国国家语言的地位。"② 这巩固了俄语作为国家语言的地位。该法第3条还承认各民族共和国拥有在其土地上宣布某种语言为国家语言的权利。实际上,楚瓦什、图瓦和卡尔梅克等共和国在该法令通过之时已经宣布各自民族的语言为国家语言。该法令还明确了必须使用俄语的领域和范围:俄语用于俄罗斯苏维埃社会主义共和国最高立法机构③(第11条),正式信函④(第17条),最高司法机关法庭诉讼和行政程序中(俄罗斯苏维埃社会主义共和国政府宪法法院,俄罗斯苏维埃社会主义共和国政府最高法院,俄罗斯苏维埃社会主义共和国最高仲裁法院,俄罗斯苏维埃社会主义共和国政府其他执法机构)⑤ (第18条),外交信函以及外交使团的工作中⑥(第26条)。该法同时规定,公民有权用母语向国家机关提出诉求,国家机关必须用提出诉求的语言对公民进行回复。该法第9条⑦用立法的形式确定,公民有权选择用何种语言教育子女。但正如阿尔帕托夫 B.M.所言,该法令的许多条款仍然是声明性的。⑧ 比如,该法指出,人民

---

① Закон о языках народов Российской федерации от 25 октября 1991 года № 1807-1.
② Закон о языках народов Российской федерации от 25 октября 1991 года № 1807-1, ст.3.
③ Закон о языках народов Российской федерации от 25 октября 1991 года № 1807-1, ст. 11.
④ Закон о языках народов Российской федерации от 25 октября 1991 года № 1807-1, ст. 17.
⑤ Закон о языках народов Российской федерации от 25 октября 1991 года № 1807-1, ст. 18.
⑥ Закон о языках народов Российской федерации от 25 октября 1991 года № 1807-1, ст. 26.
⑦ Закон о языках народов Российской федерации от 25 октября 1991 года № 1807-1, ст.9.
⑧ См.Руднев Д.В.Языковая политика в СССР и России:1940—2000-е гг.// Государственная языковая политика: проблемы информационного и лингвистического обепечения. СПб.: Филологический факультет СПбГУ.2007.С.132.

代表有权用母语发言。根据该法第 11 条①的规定，如出现这种情况，应该为其提供翻译。但至今还未出现过运用该条款的先例。一系列民族共和国利用了在其领土上宣布民族语言为国家语言的权利。至今，具有国家语言地位的民族语言有：阿巴扎语、阿瓦尔语、阿迪格语、阿尔泰语、巴什基尔语、布里亚特语、印古什语、卡巴尔达—切尔克斯语、卡尔梅克语、卡拉恰伊—巴尔卡尔语、卡累利阿语、科米（科米—基连）语、科米—彼尔米亚克语、库梅克语、拉克语、列兹金语、马里语（高山草甸）、莫尔德温—莫克沙语、莫尔德温—俄日亚语、诺盖语、奥塞梯语、塔巴萨兰语、鞑靼语、图瓦语、乌德穆尔特语、哈卡斯语、车臣语、楚瓦什语、雅库特语，等等。②

随着语言政策的调整，各民族共和国在复兴民族教育方面成就显著。从 1992 年起，卡巴尔达—巴尔卡尔 70% 的中小学改为用各民族语言教学；自 1993 年起，巴什科尔托斯坦中小学 1—9 年级都开设巴什基尔语课程；在巴什科尔托斯坦和鞑靼斯坦甚至出现了用民族语言教学的高等教育；卡累利阿语在芬兰的援助下得到复兴；各共和国教授卡累利阿语的中小学数量从 1989 年的 11 家增加到 2005 年的 53 家。学习卡累利阿语的中小学生人数从最初的 300 人增加到 2237 人（2004/2005 学年度）。当地还出版了两份卡累利阿语报纸和用卡累利阿语撰写的其他书籍。可见，在俄罗斯一些民族语言得到复兴，其功能得到发展，但与此同时，另一些民族语言在逐渐消失。目前，尤克语和奥洛奇语已经消亡。俄罗斯学者将多尔干语、库曼金语、图法拉尔语、杜巴拉尔语、图瓦—托特日语、切尔干语、丘雷姆语、肖尔语等突厥语系的语言列为正在消失的语言名单之列。布里亚特语、哈卡斯语、科米—彼尔姆语，这些北方各民族的语言也正在消亡。

经济因素在语言消失过程中举足轻重。发展民族文化，包括用各民族语言出版书籍等必须有强大的经济支持。由于各民族语言文献匮乏，俄罗斯政府在恢复用民族语言教育方面的努力收效甚微。没有用这些语言书写阅读材料，学生无法用这种语言获得知识。民族学校的状况也不容乐观：

---

① Закон о языках народов Российской федерации от 25 октября 1991 года № 1807-1, ст.11.

② См.Руднев Д.В.Языковая политика в СССР и России：1940—2000-е гг.// Государственная языковая политика：проблемы информационного и лингвистического обепечения. СПб.：Филологический факультет СПбГУ.2007.С.18.

民族学校已经开始逐渐削减民族语言教学。目前俄罗斯各共和国少数民族语言状况是:"尽管状况有些变化,对于大多数地区而言,就像在苏联时期一样,不仅仅要关心俄语的命运,更要关心其他语言的命运,包括所谓命名为民族语言的命运。"①

(四) 俄罗斯联邦语言政策发展新阶段

在多民族国家,语言问题一直是一个十分矛盾的问题,俄罗斯也不例外。在俄罗斯,民族问题一直是最悬而未决的问题之一,其中就包括民族语言问题。2012 年 12 月 19 日俄罗斯通过了国家战略发展基础性文件《2025 年前俄罗斯联邦国家民族政策战略》②(以下简称《战略》),这促进了上述过程的发展。国家社会、经济和民族文化形势的变化推动了该战略纲要的制定。自上一个战略构想,即 1996 年的战略构想通过以来,俄罗斯社会结构发生了显著变化,当今俄罗斯社会出现了新的挑战,有必要重新审视、修正社会价值观。俄罗斯国家民族政策战略旨在建立俄罗斯联邦民族发展领域联邦政策的基础。《战略》的主要宗旨是确定前进道路和机制,在俄罗斯形成统一公民社会,使全社会认识到自己的团结,感受和体会到其过去、现在和将来是一个具有统一性的整体。正是这种整体意识将统一的公民社会联合在一起。在《战略》结构中划分出了四个主要政策方向:(1) 语言政策;(2) 民族文化政策;(3) 宗教政策;(4) 移民政策。这四个方向勾勒出了应优先完成的任务范围和在俄罗斯联邦国家政策框架内完成这些任务的相应机制。语言政策是俄罗斯至 2025 年国家民族政策中优先考虑的任务。由此可见俄罗斯国家民族语言政策的重要性和国家对该问题的重视程度。

俄罗斯于 2001 年签署了《欧洲区域或少数民族语言宪章》,但至今宪章未被认可。该宪章旨在调节文化、经济、教育、大众传媒、社会生活和日常生活服务中少数民族和地区语言的使用。一旦国家批准该宪章,它就必须承担一定的义务,这些义务涵盖教育、文化、经济、法律、行政、大众传媒、跨境交流等诸多社会领域。同时,这些义务将适用于俄罗斯境内所有地区和少数民族语言。

---

① Алпатов В. М. Языковая ситуация в регионах современной России//Отечественные записки.2005.№ 2.С.215.

② Указ Президента РФ от 19.12.2012 N 1666 "О Стратегии государственной национальной политики Российской Федерации на период до 2025 года".

专家们认为，该宪章旨在解决非主流语言的问题，而非支持少数民族社区的法律、政策。在俄罗斯传统意识中，国家法律调控对象是民族社区，语言被视为社区属性之一。如果国家用法律和其他机构性手段支持少数民族社区，实际上也就自动保护了其文化和语言。但目前俄罗斯社会生活发生了巨大变化。由于移民进程和现代化进程的推进，一些曾经在语言和文化方面单一社区生活的人不承认"自己的"语言为母语，他们在日常生活中运用"他人的"语言（俄语），其民族身份认同发生了变化。"遗憾的是，俄罗斯在语言政策方面的立法依旧建立在'族裔群体语言''民族语言'等概念基础上，这引起了关于不同群体之间平等与歧视的争论。因此，有专家建议，不同语言之间强弱差异的提法可能更为恰当。"①

俄罗斯最新语言政策调整的主要内容包括制定俄语长期发展规划纲要；颁布《俄罗斯联邦国家语言法》，巩固俄语作为俄罗斯联邦国语的法律地位；规定以基里尔字母为基础的书写系统；强化俄语作为联邦教育语言的主导地位。有论者指出，俄罗斯语言政策调整的主要动因是构建国家认同，联邦国语（俄语）是国家认同的"语言纽带"，是提高俄罗斯民族凝聚力，实现族际和谐和维护国家统一的有力手段。②

四 俄罗斯语言文字立法现状

（一）俄罗斯语言文字法律、法规和规章

沙皇时期的俄罗斯没有关于俄语的专门法或关于使用地方语言和方言的专门法。不过，1906 年俄罗斯帝国法典《国家基本法》（1906 年 4 月 23 日修订版）③ 赋予俄语国家通用语的法律地位，确立了俄语为国家语言和陆、海军以及所有国家和公共机构的强制性语言。在 70 多年的苏联历史中也没有关涉调控多民族国家语言生活的语言立法。直到 1990 年才通过了《苏联各民族语言法》④。根据该法律，俄语在当时的历史条件下具有官方语言（而非国家语言）的地位。⑤ 出于众所周知的原因，该法律实

---

① Биткеева А. Н. Национально‑языковая политика России: новые вызовы, последние тенденции//Языковая политика и языковые конфликты в современном мире.-М., 2014.С.86.

② 李迎迎：《评析俄罗斯语言政策调整的新变化》，《民族教育研究》2016 年第 1 期。

③ Свод Основных Государственных Законов Российской Империи (в редакции от 23 апреля 1906 г.) // Электронный ресурс: http://cddk.ru/gos_i_religia/ history/ross-imp/026.htm.

④ Закон СССР 《О языках народов СССР》 от 24 апреля 1990 г.

⑤ Закон СССР от 24 апреля 1990 г., 1990, ст.4, абз.2.

施了仅一年多一点的时间，即实施到 1991 年秋，所以实际上并未充分显示其功能。

1991 年 10 月 25 日《俄罗斯苏维埃联邦社会主义共和国民族语言法》① 通过，俄语有史以来第一次被宣布为国家语言。1998 年和 2002 年俄罗斯对该法进行了补充和修改，新版本作为联邦法《俄罗斯联邦国家语言法》获国家杜马通过。

1993 年，俄语作为国家语言的地位在俄罗斯宪法中得以巩固："俄语是俄罗斯联邦全境内的国语。"② 俄罗斯宪法以联邦体制所依存的民族平等与民族自决原则为指导，规定各共和国有权决定自己的国家语言。③ 大多数加盟到俄罗斯联邦的民族共和国宣布其命名民族的一种（或多种）语言和俄语为其国家语言。这一点在这些共和国语言法或各共和国宪法中得到体现。需要补充的是，在俄罗斯联邦新主体克里米亚共和国，根据 2014 年 3 月 21 日联邦宪法性法律第 6 号，即俄罗斯联邦与克里米亚共和国"关于接受克里米亚共和国加入俄联邦并组建新的联邦主体"条约④的规定，"俄语、乌克兰语和克里米亚—鞑靼语为克里米亚共和国国语"⑤。2005 年是俄罗斯语言立法上非常重要的一年，该年 6 月 1 日通过了《俄罗斯联邦国家语言法》⑥。

表 4-1　20 世纪 90 年代至今俄语和俄罗斯其他民族语言的立法事件清单

时间	文件类别	法律名称
1990 年 4 月 24 日	苏联法	《苏联各民族语言法》⑦
1991 年 10 月 25 日	俄罗斯社会主义联邦法第 1807-1 号	《俄罗斯苏维埃联邦社会主义共和国民族语言法》⑧
1993 年	俄罗斯联邦宪法	《俄罗斯联邦宪法》⑨

---

① Закона РСФСР от 25 октября 1991 г.《О языках народов РСФСР》.
② Конституция РФ, ст.68, п.1.
③ Конституция РФ, ст.68, п.2.
④ ФКЗ от 21 марта 2014 г.No 6-ФКЗ, 2014.
⑤ ФКЗ от 21 марта 2014 г.No 6-ФКЗ, 2014, ст.2, п.4.
⑥ Федеральный закон Российской Федерации от 1 июня 2005 г. No 53 - ФЗ 《О государственном языке Российской Федерации》//Российская газета, 7 июня 2005 г.
⑦ Закон СССР 《О языках народов СССР》 от 24 апреля 1990 г.
⑧ Закон РСФСР 《О языках народов РСФСР》 от 25 октября 1991 г.No 1807-1.
⑨ Конституция РФ, 1993 г.

第四章　独联体国家的语言文字立法　　　　　　　　　　　　　　　121

续表

时间	文件类别	法律名称
1998 年 7 月 24 日	俄罗斯联邦法第 126 号	《关于对俄罗斯苏维埃联邦社会主义共和国民族语言法的修订与补充》①
2002 年 12 月 11 日	俄罗斯联邦法第 165 号	《关于对俄罗斯苏维埃联邦社会主义共和国民族语言法第 3 条的补充》②
2005 年 6 月 1 日	俄罗斯联邦法第 53 号	《俄罗斯联邦国家语言法》③
2006 年 11 月 23 日	俄罗斯联邦政府第 714 号决议	《关于现代俄语标准语作为俄罗斯联邦国家语言使用时的规则，俄语书写规则和标点符号规则确定程序的规定》④
2006 年 12 月 29 日	俄罗斯联邦总统第 1488 号令	《关于举办俄语年的总统令》⑤
2008 年 7 月 15 日	俄罗斯联邦总统第 1098 号令	《关于对 2002 年 11 月 14 日俄罗斯联邦总统令所确认的俄罗斯联邦公民身份问题确定程序条例修订的法令》⑥
2009 年 6 月 8 日	俄罗斯教育科学部第 195 号令	《关于确认作为俄罗斯联邦国家语言的现代俄语标准语使用规范的语法、字典和参考书名单的命令》⑦
2014 年 5 月 5 日	俄罗斯联邦法第 101 号	《关于俄罗斯联邦国家语言法》以及与完善法律法规有关的俄罗斯联邦俄语使用领域的一些单独的立法行为⑧

---

①　Федеральный закон 《О внесении изменений и дополнений в Закон РСФСР》《О языках народов РСФСР》 от 24 июля 1998 г.№ 126-ФЗ.

②　Федеральный закон 《О внесении дополнения в статью 3 Закона Российской Федерации》《О языках народов Российской Федерации》 от 11 декабря 2002 г.№ 165-ФЗ.

③　Федеральный закон 《О государственном языке Российской Федерации》 от 1 июня 2005 г.№ 53-ФЗ.

④　Постановление Правительства Российской Федерации 《О порядке утверждения норм современного русского литературного языка при его использовании в качестве государственного языка Российской Федерации, правил русской орфографии и пунктуации》 от 23 ноября 2006 г. № 714.

⑤　Указ Президента РФ 《О проведении Года русского языка》 от 29 декабря 2006 г.№ 1488.

⑥　Указ Президента Российской Федерации 《О внесении изменения в Положение о порядке рассмотрения вопросов гражданства Российской Федерации, утвержденное Указом Президента Российской Федерации от 14 ноября 2002 г.№ 1325》 от 15 июля 2008 г.№ 1098.

⑦　Приказ Минобрнауки России 《Об утверждении списка грамматик, словарей и справочников》, содержащих нормы современного русского литературного языка при его использовании в качестве государственного языка Российской Федерации от 8 июня 2009 г.№ 195.

⑧　Федеральный закон от 5 мая 2014 г.№ 101-ФЗ《О внесении изменений в Федеральный закон 《О государственном языке Российской Федерации》 и отдельные законодательные акты Российской Федерации в связи с совершенствованием правового регулирования в сфере использования русского языка》.

续表

时间	文件类别	法律名称
2014年6月9日	俄罗斯联邦总统第409号令	《关于俄罗斯联邦总统直属俄语委员会》①

"这样一来，俄语作为俄罗斯联邦国家语言的法律地位在俄罗斯宪法、联邦宪法性法律和联邦法律以及其他规范性文件规定的一系列法律规定中得到描述。在这些法律规定中确定了俄语在官方领域使用的程序和范围，俄语使用时公民捍卫它的权利机制和国家捍卫俄语方面的保障措施。"②

俄罗斯"有100多种关涉俄语作为俄罗斯联邦国家语言的立法"③。由于篇幅所限，本书无法一一详细讨论，仅简述其中一些重要事件。

自2005年《俄罗斯联邦国家语言法》颁布之日起，俄罗斯通过了一系列法令、法规和命令，开展了一系列工作，制定了保障社会现有法律运作的规章和其他规范性文件，一直在起草关于实施该法律的建议。在这些过程中出现了一系列问题，对这些问题俄罗斯社会开展了公开辩论，专家们之间也进行了认真研讨。

2011年俄罗斯联邦政府制定了《"俄语"目标规划2011—2015》④。该规划涉及2011—2015年这段时间，经由各科研、教育、文化启蒙机构和其他机构实施，所计划的活动在国内外得到开展。

一系列法律条文的出台和实施旨在在俄罗斯联邦国家语言使用的各个领域保护俄语，避免不合理地使用外来词、术语和可能污染俄罗斯语言的表达，避免使用侮辱人格的粗俗、骂人词语和表达，以及其他负面事实⑤。《俄罗斯联邦国家语言法》第1条"现代俄语标准语规范"、"俄语

---

① Указ Президента Российской Федерации《О Совете при Президенте Российской Федерации по русскому языку》от 9 июня 2014 г. № 409.

② Ляшенко Н. В. Русский язык как государственный язык Российской Федерации (теоретико-правовые аспекты). М.: Граница, 200. С. 103.

③ Орешкина М. В. Языковая политика и языковые конфликты в современном мире. -М., 2014. -С. 206.

④ Постановление Правительства РФ от 20 июня 2011 г. № 492 "О федеральной целевой программе 'Русский язык' на 2011—2015 годы".

⑤ См. Федеральный закон Российской Федерации от 1 июня 2005 г. № 53 - ФЗ《О государственном языке Российской Федерации》, ст. 1, 3, 4, 6// Российская газета, 7 июня 2005 г.

拼写和标点符号规则"中指出:"它们的批准程序由俄罗斯联邦政府决定。"① 这一部分法律过去出现过一些问题,现在则面临新的麻烦,这主要涉及对语言规范的理解,语言规范应用的强制性和现代社团在生活中的重要性等方面。

俄语语言规范的监控、规范变异的分析、字典、参考书和语法中对规范的选择和固定等问题一直以来均由莫斯科俄罗斯科学院 В.В.维诺格拉多夫俄语研究所和圣彼得堡俄罗斯科学院语言研究所、其他学术中心和全国知名大学相应教研室等语言学术机构负责完成。人们在电视屏幕、报刊和互联网上自由使用语言的今日,学术机构可做的规范性活动努力远不能保证在语言使用者的语言意识中真正落实。因此,使语言规范合法化,在正式交际场合、正式使用俄语的领域以法律形式强制使用语言规范的必要性日益凸显。为此,2006 年俄罗斯联邦政府通过了《关于现代俄语标准语作为俄罗斯联邦国家语言使用时的规则,俄语书写规则和标点符号规则确定程序的规定》②。2009 年俄罗斯教育科学部又出台了《关于确认作为俄罗斯联邦国家语言的现代俄语标准语使用规范的语法、字典和参考书名单的命令》③。这些文件的出台对俄罗斯文化教育事业意义深远,标志着俄罗斯语言立法发展进入新阶段。

一系列相关法律、法规和文件虽已经出台,但俄罗斯社会关于保护俄语,避免使用不雅词、外来词等不良现象的辩论仍未停息。2009 年 10 月 16 日俄罗斯联邦议会联邦委员会国家文化政策委员会例会提出了《关于完善保护俄语的俄罗斯立法措施提案》④。此提案建议对《国家语言法》进行修订,呼吁制定单独的《保护俄语(国家语言)法》。委员会认为,

---

① См.Федеральный закон Российской Федерации от 1 июня 2005 г. № 53 – ФЗ 《О государственном языке Российской Федерации》, ст.1// Российская газета, 7 июня 2005 г.

② Постановление Правительства РФ от 23 ноября 2006 г.N 714 "О порядке утве]рждения норм современного русского литературного языка при его использовании в качестве государственного языка Российской Федерации, правил русской орфографии и пунктуации".

③ Приказ Минобрнауки РФ от 08.06.2009 N 195 Об утверждении списка грамматик, словарей и справочников, содержащих нормы современного русского литературного языка при его использовании в качестве государственного языка Российской Федерации.

④ Выступление на Совете по государственной культурной политике при Предсседателе Совета Федерации 《Сохранение и развитие языковой культуры: нормативно-правовой аспект》(16 октября 2009 г.) // Электронный ресурс: http://www.molpalata.ru/opinions/o_merakh_po_sovershenstvovaniyu_rossiysk ogo_zakonodatelstva_v_oblasti_zashchity_russkogo_yazyka/.

《俄罗斯联邦国家语言法》目前的版本必须大幅度扩展，比如，该法第4条"保护和支持俄罗斯联邦国家语言"措辞太粗泛，必须进行修改，"不仅要在大众传媒、广告和文献记录中禁止使用未同化的外来语的借用，禁止发音、拼写或句法上不正确的词，还要对违反国家语言法规定的行为追究法律责任"①。委员会指出，在语言法中必须规定在公开的正式讲话中限制不合理外来词的使用和扭曲俄语标准语形象的词，即所谓"错误的俄语词（行话、脏话、网络俚语、重音失真等）"。委员会认为，为了保护俄语，必须建立专门的政府直属咨询机构，吸收语言学者、高校教师以及俄语文学领域公认的权威人士——作家、诗人、评论家等参与其中。

《关于修改〈俄罗斯联邦国家语言法〉以及与完善俄语使用领域法律规制有关的俄罗斯联邦其他立法行为》②的联邦法于2014年7月1日生效。该法令明确了强制使用俄语的范围。它规定，在大众传媒产品、影院放映的电影、公开表演的文学、艺术作品以及通过影剧院公开表演的民间创作、文化宣传、娱乐休闲活动中必须使用俄语。在上述范围以及广告和联邦法律所规定的其他情境中，俄罗斯联邦各共和国的国家语言，俄罗斯各民族的其他语言可以同俄语一起使用。该法令还规定禁止和限制使用含有淫秽语言的产品和电影的播放，禁止出租和（或）放映无出租许可证的电影。禁止给含有不雅词汇的电影颁发出租许可证，无出租许可证播放电影将受到罚款，对通过举办文化宣传、娱乐休闲活动组织含有不雅语言的文学、艺术作品或民间作品的公开演出等违规行为将追究行政责任。

（二）俄罗斯语言立法的整体评价

俄语作为俄罗斯联邦国家语言的问题是俄罗斯现代语言政策的关键问题之一。俄罗斯的语言立法，其中包括关于俄语的立法在不断发展、补充和完善。俄罗斯学者奥列什金娜 M.B.认为，"目前俄语立法紧跟在世界上

---

① Орешкина М.В.Языковая политика и языковые конфликты в современном мире.-М., 2014.-С.199-208，http：//philology.ru/linguistics2/oreshkina-14.htm.

② Федеральный закон от 5 мая 2014 г.№ 101-ФЗ《О внесении изменений в Федеральный закон "О государственном языке Российской Федерации" и отдельные законодательные акты Российской Федерации в связи с совершенствованием правового регулирования в сфере использования русского языка》//Текст Федерального закона опубликован на 《Официальном интернет-портале правовой информации》(www.pravo.gov.ru) 5 мая 2014 г., в 《Российской газете》от 7 мая 2014 г.№ 101，в Собрании законодательства Российской Федерации от 12 мая 2014 г.№ 19 ст.2306.

最古老的法国语言立法之后,成为世界法律实践中开发得最好、最重要、规模大的语言立法之一"①。俄罗斯国内外专家们认为俄罗斯的语言立法整体上符合世界标准。② 俄罗斯政府对俄语的大力支持证明了国家对俄语的高度重视,将之视为国家安全的重要组成部分,这符合俄罗斯的战略利益。同时也应该承认,现行的俄罗斯法律并未彻底解决目前俄语、俄罗斯各民族其他语言的许多问题,未能使俄语和俄罗斯各民族其他语言完全受到保护和避免负面影响。这首先归咎于语言立法本身的问题:比如,整体上有待完善,宣示性太强,过于笼统,有些部分与现实和需求不符,有的术语不清晰,一些行文模糊、措辞不清,导致解读上的困难,进而造成实施过程中的诸多麻烦和不便等。但最主要的原因是缺乏法律条款实施的机制,这导致立法中已开发成熟的法律条款无法实施。

可见,俄罗斯在语言立法道路上任重道远。俄罗斯国内的专家们认为,既要大力提高语言立法总体目标,又要概括总结所积累的知识和经验,并在新的法律中表达国家语言政策的原则。整体上"俄罗斯现代语言的使用状况要求制定一个综合性联邦法《国家语言政策原则》。该法令应提供法律标准,以消除俄罗斯联邦国家语言、各共和国国家语言、俄罗斯官方和其他语言运作和使用中存在的矛盾"③。政治学家法杰耶夫 B.B. 的意见也受到普遍关注。他认为:"一方面,俄罗斯联邦至今没有全球化条件下、边界日益开放条件下,以及世界信息空间条件下俄语运作暴露出新的威胁时,保护和发展它的统一的、中央集权的政策;另一方面,在后苏联空间侵害讲俄语的居民权利的民族语言意识在持续增长。"④ 最后应该承认,俄罗斯语言立法一直在不断完善,而且整体上旨在维护和发展俄罗斯联邦各民族所有语言,巩固俄语在俄罗斯、独联体成员国乃至在全世界的地位,语言立法在巩固多民族、多语言的俄罗斯国家中发挥着积极的

---

① Орешкина М.В.Языковая политика и языковые конфликты в современном мире.-М., 2014.С.208.

② Пучкова М.В.Соответствие конституции и текущего законодательства РФ международным обязательствам РФ в области защиты национальных меньшинств//Проблемы правового регулирования межэтнических отношений и антидискриминационного законодательства в Российской Федерации.М.,2004.С.334.

③ Ляшенко Н.В.Великий и могучий русский язык//Жизнь национальностей.2004,№ 2.С.34.

④ Фадеев В. В. Политико – правовые основы функционирования русского языка на постсоветском пространстве.Автореф.дисс.на соиск.уч.ст.канд.полит.наук.М., 2004.С.3.

作用。

第二节 "三语政策"：哈萨克斯坦语言文字立法

哈萨克语属阿尔泰语系中的突厥语族，是哈萨克斯坦的官方语言和全球哈萨克人所使用的语言。与其他属突厥语族的民族语言相当接近，与维吾尔族、柯尔克孜族、塔塔尔族以及乌孜别克族日常交际均不会产生太大的障碍，一般不需要翻译，尤其与吉尔吉斯语和卡拉卡尔帕克语非常相近，主要分布于哈萨克斯坦、中国新疆和蒙古国部分地区。哈萨克族及其语言形成于15世纪前后，哈萨克族标准语言形成于19世纪下半叶。

一 《哈萨克斯坦共和国国内语言法》的主要内容

哈萨克斯坦于1997年颁布了《哈萨克斯坦共和国国内语言法》，该法的立法目的是确立诸语言功能的法律基础，为语言学习和发展创造条件，尽到国家职责，保障同等地、一视同仁地尊重和对待所有在哈萨克斯坦共和国内使用的语言。该法第4条确立了哈萨克斯坦的国语是哈萨克语。"国语是指国家管理、立法、诉讼程序和文牍处理的语言，在国家境内社会关系各个领域使用。"第5条确立俄语为官方语言，"在国家机关和地方自治机构中，官方使用俄语与哈萨克语具有同等的地位"。第二章规定了国有和非国有组织及地方自治机构中的语言。第三章规定了教育、科学、文化界和大众信息传播手段的语言。第四章规定了居民点命名、专有名词和视觉信息的语言。第五章规定了语言的法律保护。该法第23条第1款规定了对语言的积极保护："在哈萨克斯坦共和国内，国语和其他所有语言均受国家保护。国家机关为这些语言发挥功能和发展创造必要的条件。"第24条规定了对语言的消极保护，即破坏语言法所承担的责任为"国家机构、任何所有制形式组织的最高领导人以及法人和自然人，如触犯哈萨克斯坦共和国语言法，均应按哈萨克斯坦共和国法律承担责任。公职人员以不懂国语为由，拒绝受理公民的请求，以及对国语和其他语言在其功能范围内的使用制造任何障碍，应按哈萨克斯坦共和国法律规定追究其责任"。第六章规定了语言在与外国和国际组织关系中的使用。

二 "三语政策"

2004年，哈萨克斯坦总统纳扎尔巴耶夫首次提及"三语政策"这一构想。2006年10月，在哈萨克斯坦第十二届国民大会上，纳扎尔巴耶夫再一次明确提出："掌握至少三门语言对孩子的未来非常重要。"2007年，在国情咨文《新世界中的新哈萨克斯坦》中，纳扎尔巴耶夫提议开始逐步实施"三语政策"，并称："哈萨克斯坦理应在全世界被视为具有高教育水平的国家，这个国家的民众可使用三种语言，即哈语（国语）、俄语（族际交流语）和英语（顺利融入全球经济的语言）。"要大力发展国语、支持俄语、学习英语。自哈萨克斯坦总统纳扎尔巴耶夫2006年明确提出"三语政策"，即发展国语、支持俄语、学习英语以来，哈萨克斯坦国内的语言图景发生了较明显的变化。国语，即哈语的地位得到相应提高，俄语继续在科技及教育等领域发挥着重要作用，英语也得到较快发展，并越来越受重视。①

第三节　国家语言与官方语言的分立：吉尔吉斯斯坦语言文字立法

吉尔吉斯斯坦是一个位于中亚的内陆国家，其国语是吉尔吉斯语，官方语言是俄语。由于吉尔吉斯斯坦特殊的政治、经济、社会、文化和宗教背景，该国民众对语言的态度和语言政策也处于不断发展变化当中。苏联时期俄语在吉尔吉斯斯坦占据主导地位，大力推行俄语的语言政策虽然显著提升了中亚人民的文化水平，但也导致了语言冲突和语言矛盾。"不同民族之间的语言冲突往往是经济或文化冲突的表现形式。采用语言立法的方式来缓解语言冲突，已成为世界上多数国家或地区语言政策的重要内容。"② 1989年9月23日吉尔吉斯斯坦颁布了《吉尔吉斯苏维埃社会主义共和国语言法》，这是平衡吉—俄双语政策引领下的语言立法，根据该法，吉尔吉斯语为国语，俄语为族际交际语。

一　关于国家语言的立法

相较于俄语政策，吉尔吉斯斯坦的吉语政策显得很积极。1993年5

---

① 田成鹏、海力古丽·尼牙孜：《哈萨克斯坦"三语政策"及其影响分析》，《新疆大学学报》（哲学·人文社会科学版）2015年第1期。

② 周庆生：《一种立法模式，两种政治结果——魁北克与爱沙尼亚语言立法比较》，《世界民族》1999年第2期。

月 5 日通过独立后第一部吉尔吉斯斯坦宪法，宪法第 1 章第 1 节第 5 条规定吉尔吉斯语是吉尔吉斯共和国的国语。2004 年 2 月 12 日颁布了《国家语言法》，该法对于加大国语的推广力度及其在国家管理、教育以及传媒领域的全面实施做出规定。比如，该法第 5 章第 18 条规定，从幼儿园到大学，所有阶段的教育都应当以吉尔吉斯语为基本的授课语言。另外，2003 年、2007 年、2010 年宪法中均赋予并重申了吉语的国语地位，独立以来还颁布了一系列法令和规划巩固发展国家语言。①

吉尔吉斯斯坦政府在独立后展现出良好发展前景的 20 多年间，以修改宪法和出台法律法规、行政命令的方式一再巩固和宣扬吉尔吉斯语的国语地位。但是，吉尔吉斯语作为国语并没有得到应有的发展，没有达到政府和主体民族对其所寄予的高度传播和使用目标。加强吉尔吉斯语地位措施受挫的原因有很多，包括教学资源有限，财力、物力不足等，最重要的还在于经济因素，俄语作为族际用语，在国际商贸活动中自然也被广泛使用，商人都以俄语为媒介，俄语的地位无法被国语政策强行取代，在吉尔吉斯斯坦仍然保持着较高的使用率。

二 关于官方语言的立法

苏联解体后，中亚国家在语言上纷纷表现出"去俄语化"。吉尔吉斯斯坦独立之初，俄语在许多场合受到排挤，大量俄罗斯族和精通俄语的人才流失。为了缓和语言矛盾，吉尔吉斯斯坦政府不得不重新调整语言政策，将俄语定为官方语言，并于 2000 年 5 月 25 日出台了《官方语言法》，以法律形式确定了俄语的官方语言地位。② 该法第 13 条规定在中小学以及国立高等学校，官方语言是必修课。吉尔吉斯斯坦独立前后颁布了"国语法"和"官方语言法"以后，大力开展双语教育，促进了经济文化的发展。

三 吉—俄双语制的演进

在一个双语或多语的环境里，基于语言民族主义的极端立场，用一种

---

① 王辉主编：《"一带一路"国家语言状况与语言政策》（第一卷），社会科学文献出版社 2015 年版，第 51—58 页。
② 王辉主编：《"一带一路"国家语言状况与语言政策》（第一卷），社会科学文献出版社 2015 年版，第 51—58 页。

大民族语言强行替代别的民族母语的语言政策完全背离了语言平等的原则，将会制造族群矛盾，阻碍经济社会发展。反之，如果正确对待不同语言，恰当地处理主体民族与少数民族语言之间的关系，则能够推动社会发展和经济腾飞。[1]

俄语的社会价值导致了吉尔吉斯斯坦吉—俄双语现象的产生，双语制成为吉尔吉斯斯坦的最重要的文化特征之一。吉尔吉斯斯坦大部分居民有继续保持俄语现有的地位、使用吉—俄双语制的心理倾向，但是，俄语在吉尔吉斯斯坦的发展过程中仍然面临着民族、政治、文化诸方面的挑战。[2] 在语言实践中，表现为吉尔吉斯语与俄语激烈的语言竞争，双方之间的对比并不表现为常见的强势语言与弱势语言的关系。当下，社会现实制约着各种语言政策的实践，语言竞争的同时加剧了社会的不稳定。[3] 吉尔吉斯斯坦存在的多语言现象非但没有成为国家发展可资利用的资源，反而成为一个影响到国家的安全与稳定的政治问题。[4]

---

[1] 海淑英：《吉尔吉斯斯坦的语言政策及其双语教育》，《民族教育研究》2013年第1期。

[2] 刘赛、王新青：《独立后吉尔吉斯斯坦俄语发展现状研究》，《新疆大学学报》（哲学人文社会科学版）2013年第3期。

[3] 刘宏宇、池中华：《吉尔吉斯斯坦独立后的语言政策与实践》，《中南民族大学学报》（人文社会科学版）2013年第3期。

[4] 廖成梅：《中亚国家的语言政策论析》，《国际关系学院学报》2011年第6期。

第五章

东亚国家的语言文字立法

第一节 语言的标准化与多样性：日本语言文字立法

日本一个显著的特征就是民族、国民和语言的构成相对单一。由于社会生活的需求，日本通过国家语言政策强制推广国语，确定国语的地位，调节语言之间的关系和使用范围。探讨日本的语言政策和语言立法首先要认清日本的国语是怎么形成和发展的。日本语言文字与汉字渊源颇深，因此探讨日本语言文字政策中的语言权和语言法，还要明确日本如何实现汉字本土化，如何把多元语言归为统一的日语，如何实现语言国际化的要求，使国内语言政策的发展符合国际环境的要求。

一 日本的语言状况

日本早在绳文时代就有了自己的语言，生活在日本列岛上的日本人，使用不同的语言，日语、琉球语、阿伊努语、北奄美大岛语、冲永良部语、朝鲜语及方言，等等。① 日语，又称作日本语，属日本—琉球语系，是主要由日本列岛大和民族使用的语言。日本并未以法律明确规定日语为官方语言，但各种法令都规定需使用日语，在学校教育中作为国语教授的也是日语。日语是日本的通用语言，也是日本事实上的官方语言，类似于美国英语事实上的国语地位。

明治维新之前，日本书面用语纯用汉字，明治维新之后汉字加假名。日本在国家层面推广一种日语为国语（以下所称"国语"，指"日

---

① 加藤周一『現代世界を読む』（かもがわ出版、1993 年）、第 31 頁。

语"),实行单语制。语言单一化是日本语言文字发展的总体趋向。语言立法排挤日语以外的语言。1853年的佩里来航事件给日本社会带来了前所未有的恐慌。第二年,《日美和亲条约》的签订标志着日本持续了近两百年的锁国时代就此结束。从此,为了与西方列强保持平等的关系,建立一个近代国家,日本政府开始积极学习和效仿西方的"一国、一民、一语"原则,大力推行国语统一的政策。①

日语是由居住日本列岛及琉球列岛的1.26亿名居民日常使用的语言。就日语的使用人数而言,可说是世界上有影响力的语言之一;然而,就日语的分布层面而言,其具有"岛国语言"的特殊性。日本国内除日语外的不同语言,仅有约15万人使用朝鲜语,以及目前几乎不被使用的阿伊努语。另外,日语在日本以外的北美及南美的移民间亦被使用,但随着时间的推移,其所使用的日语不断地被北美及南美的当地语言所取代。再者,第二次世界大战殖民地教育下所残留的影响,使得中国台湾地区、朝鲜半岛、中国东北地区的部分特定年龄层者仍可理解日语。此外,随着战后日本经济实力的突飞猛进,美国、澳大利亚、亚洲各国亦对日本及日语的兴趣逐渐升高。

二 日本语言政策与国语审议会

在近代国民国家的形成过程中,国语担负重要作用,因此日本政府通过各种制度,理所当然地干预国语的发展。明治元年,日本国语处在编制时期,因此影响国语的不仅仅是国家的政策,还有很多学界的论争。1871年7月18日日本设置了文部省,推广作为近代化基础的教育制度。文部省翻译法国教育法规的同时,1872年8月2日发布了《学制》,因此确立了全国一致的教育制度。但是1879年9月12日公布了太政官布告第40号《教育令》,废止了《学制》。这个时期国语教育只限在学校内部,因此国语政策也不是面向全体国民的政策。另外,国语审议会以及文化审议会的作为国语政策的答复的具体内容也未必会直接出现在学习指导纲要之中。

日本语言政策主要通过语言文字的规范化过程推进。就是制定、维护、调整、纠正语言文字的标准,使语言文字符合其内在规律和外在要

---

① 韩涛:《佩里来航事件与近代日本语言政策转变的关系》,《日本问题研究》2015年第3期。

求，采取各种政策对于语言文字现象进行抉择、调整、干涉，使语言文字合乎现代社会发展，优化现有标准的同时增加新的标准，不断促进语言文字的发展。在这样的推行作为国语的日本语的过程中，其他语言及方言根本没有立足之地，逐渐退化。

就目前的日本宪法而言，并无任何有关保障、赋予义务或排除日本公共生活上特定的语言使用的规定；① 同时，日本在第二次世界大战后并未在任何法律上定义或明确规定语言关系上的权利或义务。

在日本的语言种类方面，除日语外，尚有阿伊努语及朝鲜语等其他语言被少数人使用。一般而言，日本不同于中国或俄罗斯等多语言国家，可说是单一语言国家；换言之，日本政府所采取的语言政策是将绝大多数的日本人平常使用的日语作为其国家语言，也即采取单一语言的国语政策。② 以下即针对日本语言政策具有绝大影响力的日本文部省文化厅辖下的"国语审议会"此一咨询机关及其相关的行政措施的影响过程加以介绍与评论。

1934年12月21日日本文部省设立"国语审议会"，研究文字改革，简化汉字等问题，在战后日本国语政策中发挥了重要的作用。虽然1949年经过改革之后，国语审议会成为咨询机关，但是讨论过很多国语问题。现在由文化审议会国语分科会继承其业务。改善日语审议会系基于1934年日本官制所设立。此一机关的前身是国语调查委员会（1902—1913年）及临时国语调查会（1921—1934年）国语审议会，皆是作为日本文部大臣的咨询机关。当时的咨询事项有日语的统制、汉字的调查、使用的假名改订、文体的改善等；因而，在1945年之前，基于上述的咨询，制定出《汉字字体整理案》《标准汉字表》《新字音假名使用表》，并再次针对汉语的整理与日语的横写等加以审议。尽管上述的审议结果皆未获得实施；然而，此一审议会在1945年以后提出一连串的日语改良政策的建议，例如，《当用汉字表》《当用音训表》《当用字体表》《当用别表》及《现代假名使用》等，皆获得政府的采用，即使在民间亦大多受到遵守。

"改善日语审议会"在1949年改组，并成为文部省及国语审议会下

---

① 船橋洋一「英語公用語論の思想——英語リテラシーは共存と信頼のテーマ」『言語』第八號、2000年、第26頁。

② 子安宣邦「〈國際語・日本語〉批判」三浦信孝編『多言語主義とは何か』（藤原書店、1997年）、第27頁。

所设立的机关，同时进一步合并 1950 年设立的罗马字调查审议会。当时，此一机关的主要任务是，针对日语的改善、国语教育的振兴及罗马字相关事项进行调查与审议，并对文部大臣与各相关大臣给予适当的建议。审议会是由 50 名委员构成，任期两年，乃由日本文部大臣自社会贤达有识之士与相关行政机关职员中加以任命，若有必要亦可增设临时委员或专门调查员。日本文化厅的文化部国语课则扮演着秘书处的角色；而 1948 年设置的日本国立国语研究所则为前述改组过后新审议会的附属研究机构。此新审议会所议决或建议的内容有：1950 年的《国语问题要领》（报告）、《法令之用语用字的改善》（建议）；1951 年的《关于人名汉字的建议》（建议）、《明确公文改善的主旨》《关于公文的左横写》（建议）；1952 年的《未来的敬语》；1953 年的《关于罗马字拼法的单一化》（建议）、《关于町村合并下新地名的书写方式》（建议）；1954 年的《关于法令用语的改善》（建议）；1955 年的《关于假名的教学方法》（报告）、1956 年的《关于口语的改善》（建议）、《关于正楷写法》《同音汉字的代替写法》《关于国语教育中的罗马字》（报告）；1958 年的《汉字假名标记法》（建议）；1962 年的《关于国语的改善》；1972 年的《当用汉字改定音训表》《改定汉字假名的标记法》（答复）、《关于国语教育的振兴》（建议）；1976 年的《关于增加人名用汉字》（答复）；1981 年的《常用汉字表》（答复）；1986 年的《改定现代假名的使用》（答复）；1991 年的《关于外来语的表记方式》（答复）；1993 年的《围绕着现代国语的诸问题》（报告）；1995 年的《关于对应新时代的国语政策》（经过审议报告）；1998 年的《关于对应新时代的国语政策》（经过审议报告）；2000 年的《现代社会的敬语表现》《表外汉字字体表》《对应国际社会的日语应有的状态》（答复）；2004 年的《关于以后时代所要求的国语能力》（文化审议会、答复）；2007 年的《敬语方针》（答复）；2010 年的《改定常用汉字表》（答复）；2013 年的《关于国语分科会今后全力以赴的课题》（报告）、《面向推进日语教育的想法及论点整理》（报告）。可以看得出日本的国语政策总体上走向重视国语教育及日语教育的发展方向。

　　为了推广国民国家的形成，国语政策通过学校教育培养国民，因此不管是战前、战后都设立有国语课，国语课的目标由《高等学校学习指导纲要》来制定。国语教育的目的在于，正确地表述国语，培养准确理解的能力，提高转达能力的同时，延伸思考力，丰富感情，磨炼语言感官，加深对于语言文化的关心，培养尊重国语，谋求其进步的态度。明确表明这种态度的就是 2002 年 2 月 20 日的文部科学大臣咨询文化审议会的《关于以后时代所要求的国语能力》，接受这个咨询之后，2004 年 2 月 3 日文化审议会进行答复，其内容着力阐释国语教育的意义："第一，国语应当发挥的作用与国语的重要性：（1）对于个人的国语；（2）对于全体社会的国语；（3）对应社会变化的国语。第二，未来所要求的国语能力：（1）提高国语能力为目标的理由；（2）组成国语能力等。第三，国语能力的具体标准：（1）国语能力的具体标准的表示方法；（2）听力、说话能力、阅读能力、书写能力的具体目标。"此外，文化审议会的答复还明确了关于适应未来需求的国语能力的政策方针，"第一，为具备国语能力的国语教育的应有的做法：（1）对于国语教育的基本认识；（2）学校的国语教育；（3）家庭及社会的国语教育。第二，为具备国语能力应有的做法：（1）对于读书活动的基本认识；（2）学校推进读书活动的做法；（3）家庭及社会推进读书活动的具体做法"。由此，日本特别重视作为国语的日语教育。2004 年承认"世田谷'日本语'教育特区"，作为构建国语改革特别区的典范令世人瞩目。这些都与文化审议会的讨论有关，强调国语能力的陶冶和培养。

三　日本语言标准化政策面面观

（一）汉字使用政策的确立与实施

日文是在汉字基础上产生的一种文字。被认为古代日语的书面语像早期的《古事记》《万叶集》等的书写文字均属于汉字。后来又从汉字演化出专门标记日语读音的平假名和片假名两套文字。其中平假名是在 10 世纪前后由汉字草体创制而成的，例如："あ"来自"安"的草体，"い"来自"以"的草体。片假名由汉字的某一部分构成，例如："ア"来自"阿"的"阝"偏旁，"イ"来自"伊"的"イ"偏旁等。片假名在 1900 年（明治 33 年）被日本政府批准为教学中正式使用的文字。这样日文就包括了汉字和假名。历史上日本政府进行过多次文字改革，已将平假名中的一音多字现象规范为现在的"五十音图"。日本政府和教育部门十分重视汉字教学。日本的学生一般从小学开始学习汉字，到中学还要学习古汉语，上大学仍有汉字和古汉语方面的考试。汉字在历史上一度作为权力和上层阶级特有的象征。

随着日本社会各方面的改革运动不断深入、科技教育事业不断繁荣，日本中的汉字和外来语也越来越多，甚至对国民的语言文字使用造成了一定程度的不利影响。日本文部省下属的颁布和制定语言文字法令与政策的国语审议会，于 1946 年 11 月 16 日颁布了《现代汉字表》。该表将日文中的汉字用量限定为 1850 个，同时规定了这些汉字的选用过程、使用范围和条件，甚至包括具体书写方式。还指定除此之外的情况下要用假名书写日语。1948 年 2 月 16 日颁布了《现代汉字补充表》，主要针对青少年的教学问题，将汉字的有关书写法和读法进行修改和简化。同时公布的还有《现代汉字音训表》，规范了每个汉字的读音（包括不同读音），指出汉字音读要用片假名记写、训读则以平假名标记，词汇前后顺序要遵循日语五十音图进行编排等。接着国语审议会召集有关人士，对汉字字体和书写法进行了全面调查和深入研究，在听取各方意见的前提下，于 1949 年 4 月 28 日颁布了《现代汉字字体表》。该表对那些同音同义词的不同写法进行了归纳和管理，统一了印刷字体和书写字体中的用字，对汉字有关笔画及书写形式也做了必要的修正和规范。

上述法令和政策，初步确定了日本日常用语言文字中使用汉字的范围，指出了这些汉字的准确发音、标准读法、字作笔画、书写规则等，使汉字的使用更为简易、方便，对于提高日本国民普遍的文化水平，提高社会生活交流的效率，减轻教育和语言文字学习上出现的不必要负担等均起到了应有的作用。这些法规和政策很快在政府法令、公文等中得以实施，在新闻报纸、广播电视、刊物通讯、一般读物和社会各领域内得到顺利采用和推广，自然也为日本社会经济的发展起到了不可忽视的推动作用。但是，由于《现代汉字表》内的一部分字，在现实生活中已不再使用，而人们在日常生活、工作中使用的一些汉字则未被列入表内，所以，日本国民要求政府拿出更加科学而切实可行的、符合日本国民及社会实际需求的汉字使用政策。[1]

在这一客观现实面前，国语审议会以国立国语研究所及有关部门的调查资料为依据，对国内汉字实际应用范围、问题、数量、字体、笔画形式等进行了全面的调查研究，1972 年 6 月制定了《现代汉字改定音训及改

---

[1] 中国社会科学院民族研究所"少数民族语言政策比较研究"课题组、国家语言文字工作委员会政策法规室：《国家、民族与语言——语言政策国别研究》，语文出版社 2003 年版，第 123—125 页。

定送假名》草案。1977年1月还制定了《新汉字表试行方案》。1979年3月又公布了《常用汉字表方案》等。一系列草案和方案出台之后，广泛听取了各方的意见，于1981年3月23日又正式颁布了《常用汉字表》。这是日本政府颁布的最有权威性，并照顾各方需求的日文中使用的汉字表。表内对所列汉字的字体、笔画、音训、书写形式及构词功能等均作了详细、全面的规定和说明。该表收入的1945个常用汉字在法令、公文书信、广播电视、报纸杂志、学校教学等方面得到普遍使用，但不包括科学、技术、艺术等领域的专用词及地名和人名方面的专用汉字。2010年11月30日内阁总理大臣颁布了《常用汉字表》（内阁告示第二号）。该表分为本表和附表，本表收入了2136个汉字，并表示了字体、音训、构词等。《常用汉字表》是将那些接受过义务教育，并具有一定社会阅历及学校生活的人作为对象而制定的，其目的是规范社会生活中普遍使用的汉字，特别是明确规定了汉字新增加的读音。主要是那些历史悠久、使用面较广，又有特定概念而难以用假名表示的汉字，同时也包括有关代词、副词、连接词等。

  日本语言文字政策中有关公文使用汉字方面的法令和规定也有不少。1951年10月日本国语审议会公布了《公文用字改善意见纲要》及《公文用字书写纲要》，1952年4月又颁布了《公用文写作纲要》。这些纲要主要提到公文中的汉字简化和规范化问题及文章的大众化用语用字问题等，指出了公文使用汉字的范围、汉字及假名搭配关系、法律及诸多专用名词使用汉字的条件、敬语和修饰语及汉字相互搭配使用的方法、汉语数学和阿拉伯数字的使用界限、公用文应左起横写的书写格式及其文中使用的标点符号等。1981年10月日本政府还颁布了《有关公文中汉字的使用》及具体处理方针等规定。更加具体而充分地论述了公文中汉字使用的要求的范围，并对《公用文写作纲要》等过去颁布的法令作出必要的补充和说明，在有关公用文字方面还进行了实例解说。[①]

  日本政府对法律方面的汉字也做过规定。1954年11月25日颁布过《法令用语改善实施纲要》；1981年10月1日还颁布了《法令汉字使用》等。其中，主要整理并规范了法律方面使用的汉字，规定了送假名的使用

[①] 中国社会科学院民族研究所"少数民族语言政策比较研究"课题组、国家语言文字工作委员会政策法规室：《国家、民族与语言——语言政策国别研究》，语文出版社2003年版，第124—125页。

条件，统一并删改了相当一批法律上用的同音字、同义字及语义结构复杂、书写烦琐的汉字，整顿和调节了在《常用汉字表》内没有涉及而在法律上常用的汉字，还要求法令上难用的汉字最好用假名来书写等。从而使法律用语变得语感通畅、表述清楚易懂。

（二）假名的规范化与有关立法

日本语言文字政策中假名的规范化跟汉字使用的规范化一样，占有非常重要的位置。日语中的假名使用是在13世纪，把汉字当作标音工具之时出现，那时假名被称为万叶假名。藤原定家为了保护《以吕波歌》而创制了假名。随后日本各地用不同读音的汉字自由地标记日语不同方言土语的现象多了起来。明治以后，该做法一直作为社会一般准则在公文和教科书等中广泛使用。1946年11月16日日本政府以内阁训令的名义颁布了《现代假名的使用》和《关于实施〈现代假名的使用〉》等政策，提出了33个现代假名使用条款及10条附则。还专门用四种不同格式的表格展示了四种形式的新假名使用方法。这33个条款对历来的同一假名的不同写法，根据其现代语言的音韵准则，同时结合标准口语形式进行了严格而科学的统一和规范，并附有实例说明，细致规定了假名的使用范围、内容及条件。1985年2月，国语审议会还公布了假名委员会试行方案，接着广泛听取了各方意见，反复进行了慎重而认真的审议，最后制定出《现代假名用法》。该用法的实施对日本国内语言文字学科的发展及国民文化知识的学习、提高教学、语言文字交流、社会生活效果改善等都发挥了很大作用。[①]

与此相关，日本政府还制定了送假名和振假名使用标准。其中送假名就是在汉字和假名同时使用的语句内，书写汉字时在汉字后面增加有关假名，注明其音读训读或者有关语法关系等。而振假名主要是在汉字和外来语旁边为注明其读法或语义而使用的假名。1981年颁布的《改定送假名标写方法》的前言中指出，送假名主要用于有活用形式词的活用部分，还可以用于由有活用形式词演化而来的名词、连接词、连体词的最后一个音节等。同时，送假名主要用于学校教学等方面，不适用于把汉字用作记号、汉字填写的表格、固有名词、科学技术及艺术专业等方面。

[①] 中国社会科学院民族研究所"少数民族语言政策比较研究"课题组、国家语言文字工作委员会政策法规室：《国家、民族与语言——语言政策国别研究》，语文出版社2003年版，第125—126页。

（三）敬语的规范化及有关政策、法令

敬语，是日语中的一大特征，也是日语、日文使用中的一大难题。敬语的过度使用会给人们正常的语言交流带来一些不利因素。日本国语审议会于 1952 年 4 月 14 日召开第 14 次全会，对敬语使用范围及其所表示的不同层次的语义结构进行了系统而全面的讨论，进而提出了具体改善意见和使用条件。在此基础上颁布了《从此以后的敬语》，其中对有关自称和他称、敬称、"们"的使用、敬语使用基准、对话中的敬语准则、动作行为语言的敬语尺度、形容词的使用条件、问候语中的敬语位置、学校用语中敬语的使用范围、报纸杂志及新闻用语中敬语使用范围、皇家用语中的敬语 11 个方面作出了具体规定，它的宗旨就是使社会中共同活动和生活的人们，包括一般公民和不同阶层的职员在内，在相互尊敬和平等的前提下适当使用敬语。这不只是为了日语、日文中的敬语使用起来更加大众化和亲切方便，同时也是为了使其规范化和实用化。关于敬语使用的这些规定，消除了社会全体成员在进行语言文字交流时敬语的使用而造成的不必要的障碍和不利因素，使人们的交流在相互尊敬的基础上，做到语言运用自如，语感通畅，意思清楚自然，对人们的语言交流和办事效率发挥了积极的作用。[①]

（四）外来语言方面的基本规定及政策

日本语言文字政策中涉及外来语使用和标写方面的规定也有不少。因为，随着日本科学技术的迅猛发展，日语和日文中的外来语越来越多，而且所包含的内容和领域也越来越广，这自然引起了日本有关部门的关注。日语中的外来语主要由汉语、朝鲜语、印欧语组成。但从汉语和朝鲜语借入的外来语由于历史悠久几乎已跟日语融为一体了。汉语的借入，从 15 世纪 40 年代的室町时代就开始了。日本政府曾就汉语方面的外来语使用问题颁布过一系列的政策和法令，前文已述。下面主要讨论日本政府关于借用印欧诸语名词术语的法令。

日本同西方的接触是明治维新以后的事情。随着接触的不断深入和扩大，日语中借入了相当数量的印欧语系词汇，其中主要有英语、德语和法语方面的借词，基本上属于科学技术名词。对于这些来自不同国家的词语

---

① 中国社会科学院民族研究所"少数民族语言政策比较研究"课题组、国家语言文字工作委员会政策法规室：《国家、民族与语言——语言政策国别研究》，语文出版社 2003 年版，第 126—127 页。

如何准确地标写和使用，确实很难处理。这方面的难题越来越多、越来越复杂，人们常常会见到一个借词的几种写法。这自然给人们的社会交流、教学甚至给报刊新闻用语和国际交往带来较大影响。在这一现实面前，日本政府组织有关部门和学术机构，对外来语的使用和标记进行了广泛而深入的调查和讨论，在此基础上提出：（1）尊重外来语的语音本色，最大限度地以相近或相同音韵进行标写，这对外国语学习者和教育者均有好处。（2）将来自不同国家的外来语，全部用日语音韵特征来标写，这样对国民和其他各领域使用外来语都很方便。关于这两个方案究竟哪一条适合日本国民的要求之问题，日本政府又连续讨论了多次。日本文部省于1952年7月成立了外来语标写部，首先制定了外来语标写原则。但由于科技术语的标写中还存在一些问题，因此，外来语标写部跟术语部联合，1952年10—12月再次审议了外来语方面的各种方案和各方资料，于12月18日将一份《外来语标写方案》提交到国语审议会审定。该方案得到国语审议会和日本政府的认可并予以颁发。这一规定明确指出，外来语要用假名标写，而且尽量用国语客观简明地标写。另外，还制定了《外来语的标写》这一规定，指出标写外来语的新的19项具体原则。

四　少数民族语言文字问题及有关政策

第二次世界大战前，日本政府将朝鲜语言和文字定位为二等国民语言，强迫他们将朝鲜名改为日本名，在学校里一律用日语授课、学习日文、不允许使用本民族语言文字。其结果是朝鲜语开始以惊人的速度日化。后来日本政府根据朝鲜人提出的强烈要求，在朝鲜人聚居区设立了一些朝鲜族学校，但不允许用本民族语授课，1948年1月24日由文部省颁布的法令规定，朝鲜族学校的教师要用日语教学、使用日语教材。这一规定迫使许多朝鲜族学校关闭，80%以上的朝鲜族学校被归并到正式的日本学校。结果是朝鲜族的第三代和第四代只会讲一口流利的日语，不会讲朝鲜语。

日本的少数民族对日本政府采取的语言歧视政策历来表示强烈不满和反对，进行过多次有组织的反抗活动。1946年日本阿伊努人成立了自己的民族组织，并采取直接行动，要求日本政府废弃不平等的保护条例，承认他们语言的合法地位，给予使用本民族语言的权利和自由。他们的行动取得了一定的效果。现在在私立民族班级和阿伊努内部，已经可以传授濒临消亡的阿伊努语了。在北海道每星期还播放一次 15 分钟的阿伊努语广播。日本的朝鲜人还成立了朝鲜人联盟，多方筹资重新建立朝鲜语学校，招聘朝鲜语教师用本民族语授课。日本的少数民族语言文字的使用虽然较过去有了更大的权利和自由，但仍处在危机状态中，许多民族学校学生注册人数呈下降趋势，日本政府在这方面要做的工作还很多。

五　语言权的确立

日本的语言政策长期以振兴和推广国语为第一要务，目的在于构建一套"简明、准确、美丽、丰富"的国语体系，而对于少数族群和外国人的语言权利和语言平等则比较漠视。日本国语政策的确立和推广体现在如下几个方面：

首先，在国家领域，以立法、司法、行政之三权为中心的国家机关或者自治体所使用的公务用语及文书用语均为国语。比如，日本《裁判所法》第74条规定："在裁判所使用日语。"其次，企业内部的工作用语、广告用语、产品说明书以及合同书使用国语。再次，市民在公共领域，如电视、广播以及报纸等使用国语。最后，在学校教育领域，公立或私立学校所用的教学用语及教材使用国语。

在将日语确立为国语的基础上，致力于国语的标准语化及共同语化，进行文法、语量、书写体系（限制汉语及送假名、假名使用）等的规范化，并通过国家机关、教育机关以及媒体予以普及。[①] 第二次世界大战以前，在中国台湾地区及韩国等地实行殖民统治，强制推行日语教育和普及日语。由于中央集权的同化政策，日本手语、地方方言、阿伊努语及琉球语等旧统治地区的语言被边缘化和矮化。[②] 这种国语万能主义思想，以及对少数语言的忽视和歧视，都带有时代的烙印和局限性。

第二次世界大战以后，随着日本经济起飞和国际化时代的到来，国语"一边倒"的思维方式在日本学术界开始受到严厉批判，并提出了语言权思想。语言权是语言的弱者自由使用自己语言的权利，同时也是确立民族

---

① 西原鈴子「日本の言語政策の転換」田尻英三・大津由紀雄編『言語政策を問う！』（ひつじ書房，2010年）、第33—49頁。

② 橘内武. 言語権・言語法―言語政策の観點から― [J]. 國際文化論集，2012（1）、第97頁。

自豪感的权利。① 关于语言权的法治保障，至少可由以下两个方面加以考察：第一，语言权乃是人权的一种。为使每个人都能公正地享受人本身所不可让渡的普遍的市民、政治、经济、社会、文化性权利，必须要有各种科学设置的基准，而语言权则是上述基准的一个要素。第二，对语言权的侵害将导致语言纷争。少数民族权利若受尊重，发生纷争的可能性将大为降低。少数民族语言权利问题常常引发语言冲突，而语言多样性则有助于消弭语言纷争。战后日本的语言权利保障主要聚焦外国人和少数民族的语言权利。

对于移民和外国人语言应该保障以下权利。第一，提供对于外国人的语言服务，特别是保障在司法、医疗、学校、行政、救灾等领域的顺畅交流，应当培养不同用语的通译人员，保障适当的权利。第二，配合就业人员的国际化和市场多样化，在企业内部应当推行语言多样化。第三，在市民的公共领域，应当提供多语服务。第四，在学校教育领域，适用外籍学生的义务教育，在把日语当作教学用语的同时，辅导外籍学生学习其母语。

对于少数民族语言权利的保障在很大程度上受到国际人权条约的影响。目前，在国际上将语言权加以成文化的努力有国际劳工组织等联合国专门组织、欧洲或非洲等区域国际组织。这些世界性或区域性国际组织通过国际人权宣言或公约等形式，促使各成员国在国内履行相关语言权保障义务。基本上，少数语言的灭绝或多或少与统治集团含有政治意图的政策有关。一般而言，语言上的不平等大都是在某种语言不受认知、边缘化或其资源遭受剥夺，或强迫个人或团体改换语言的使用之际产生的。此时，教育制度所扮演的角色，究其实质，不过是将语言上的少数者团体同化成支配者的语言或文化的政策而已，② 这一点在前述日本政府对阿伊努人，阿伊努语与在日朝鲜人、朝鲜语的关系上亦可得到印证。近年来，个人权利此一概念的构筑虽已定型，然而人们亦逐渐认识到权利若仅归属于个人，无法防止对少数者集体权利的侵害，同时集体权利与个人权利互为表里。亦即，特定语言使用的权利若不是以社会或集体性的方式加以实施，

---

① 橘内武．言語権・言語法—言語政策の観點から—［J］．國際文化論集，2012（1）、第97頁。

② Skutnabb‑Kangas and Cummins eds., *Minority Education: From Shame to Struggle*, Clevedon: 1988.

则个人的权利亦无法实现。① 随着关于人权的世界性与区域性条约的成立与批准的进展，关于语言权的法治化及其实施，在日本已累积了相当多的事例。

六　日本语言政策的统一性与多样性

社会发展会影响语言变迁，语言反过来也会影响社会发展，各国语言的统一性和多样性无不受到语言环境国际化的深度影响。现代国际社会中英语被确立为国际共同语，提升国民英语能力已成为国家发展的重要手段。日本明治维新以来一直推崇"一个国家、一个民族、一个语言"，因此在国际上如何调和"普及作为世界共同语的英语"及"多语言社会中的少数语言的保护"已成为日本语言政策中的大课题。日本自明治时期开始施行"作为标准语的国语"及"消灭方言"的语言政策，因此如何调整国语和英语教育、地区方言（如阿伊努语）、移民语言问题也成为大课题。

（一）日本语言政策的内在统一性——国语政策的缘起与沿革

首先必须指出的是，最早日本仅有语言而无文字，自五六世纪开始导入中国的汉字，作为日语的表音文字使用，一般称为万叶假名。9世纪后再发展为现今的平假名与片假名。简言之，平假名是将万叶假名草书化，而片假名则取自万叶假名的某些部分。在日本漫长的历史中，写字是特权阶级的一种权利，特别是使用汉文以及汉文训读音是文化精英阶层和政治家的特权，片假名只起辅助作用。平假名属于女性用语，被视为低于汉字。②

"国语"又称国家的语言，日本自明治维新开始推广统一日语。日语统一之前，由于各地的地区性方言与阶级性方言的差异极大，不同的社会群体难以对话。而且不管是汉文还是片假名，书写文字和会话用语完全不同，所以带来很多不便。从社会语言学角度，结合政治外交军事等其他因素，似可以将近代日本的国语推广史粗略划分为以下三个具有显著不同特色的阶段。

---

①　常本照樹「人権主體としての個人と集団」『リーディングス現代の憲法』日本評論社、1995年。
②　ソジエ内田惠美「日本の言語政策における統一性と多様性」"教養諸學研究"第125号、2008年、第52頁。

1. 明治初年到明治 28 年

1853 年美国黑船威逼日本打开国门，当时的统治阶级为求能与西方列强平起平坐，成为西方式的近代国家，因此根据西方所谓的"一个国家、一个民族、一个语言"的原则，断然实行了语言的统一政策。其内容主要是：废止或减少汉字的使用、书写文字与口语的一致、标记法的完善、制定标准语言。

日本国语政策推行西方文明至上主义，因此学习并模仿西方语言观念。当时西方从社会进化论的观点出发，认为语言也是阶层化的，用罗马字标记的表音文字是更优秀的形式，相反认为汉字等象形文字是野蛮又落后的文字。文明开化意味着脱离中国文明，主张废止及限制本来是特权文字的汉字。1866 年（庆应二年）前岛密向第十五代将军德川庆喜提出"废除汉字"的建议书，主张在国家富强的目标下，为求普及国民教育，应废除难以学习的汉字，以假名文字为国语。此外，在通过国家力量推动"脱亚入欧"之际，明治政府初代文部大臣森有礼提出日语的罗马字化，并得到了舆论界的支持。

明治时期的国语改良运动与教育制度相连接，1872 年（明治 5 年）配合国语改良运动，发布学制，在全国设置学校，教育制度开始逐渐走向完善。

2. 1895—1945 年（计 50 年）

1894 年，公费留学德国归来的国语主义者上田万年有感于欧洲诸国标准语统一，作了题为《国语与国家》的演讲，提倡日本需要有一套共通的语言，才能彻底解决各地无法沟通的问题，之后他就任东京帝国大学教授并致力于编订日本标准语和假名统一的工作，指导明治政府设立的文部大臣直属机关"国语调查委员会"，主持编写《大日本国语辞典》。国语调查委员会在日本进行大规模的标准语选定调查，提交了《音韵调查报告书》《口语法调查报告书》《疑问假名遣》，编纂了《送假名法》《口语法》《疑问假名遣》。东京方言因是政府机构所在，被选为标准语，并以山手地区为基础。

经过整合、编辑音韵、语汇后，明治政府于 1900 年宣布完成日本标准语读音编写，1902 年下令所有公文一律以日本标准语书写。1904 年起在小学推行的国定教科书《寻常小学读本》中使用新编成的日本标准语读音，这一教材成为现代日本标准语发音的基础。在此时期，全国 600 多万名学童皆必须使用相同的国定教科书,因此实质上由文部省掌握决定文字的书写与增减语汇的权力。① 1913 年日本政府公布了以东京语为基础的《口语法》,并实行"标准语励行""方言扑灭运动"等措施,除了实施惩罚政策,自 1926 年(大正 14 年)起进行全国日本标准语广播,从生活、教育等方面全面推行日本标准语成为全日本的唯一语言。第二次世界大战期间,对中国台湾地区与朝鲜半岛进行皇民化统治,推动普及日语教育,进一步将日语简易化,并要求朝鲜人必须学"国语",进一步落实上田万年提出的国语至上主义论,强化国家的单一民族与单一语言观。②

3. 1945 年至今

第二次世界大战结束后,在联合国军总司令部的监督下,保守势力失势,更加速了国语的改革,日本战败后仅 3 个月,即 1945 年 11 月,就召开了"国语审议会"第八届总会,审议"标准汉字表"。其后在一年中,其下属的"汉字主查委员会"召开了数十次会议反复讨论,终于制定出了"当用汉字表"。③ 1966—1972 年的六年中,相继召集了第八、第九和第十届国语审议会,主要完成了"当用汉字改定音训表"和"改定送假名的使用方法"的修订,提出了《关于振兴国语教育》的提案。该提案目的在于构建一套"简明、准确、美丽、丰富"的国语体系。这标志着战后语言规划的重点逐步转向了对语言使用和社会语言生活的重视层面。提案认为,国语是日本人的人格形成和自我充实、社会进步与历史文化传承发展的基本条件之一,是国民思想与文化的基盘,是整个教育体系的基础。基于这样的认识,提案具体规定了家庭教育、社会教育等几个领域的教育内容。④

1981 年制定的包含 1945 个字的《常用汉字表》、1986 年制定的《改订现代假名用法》皆是依照日本国宪法中的汉字平假名混用的口语体进行。宪法草案发表后的翌日,即决定今后的公文书与法令,皆依照宪法的用语使其平易化,首次出现统治阶级与被统治阶级共同使用的政治语言。总之,战后日本的语言民主化的内涵可说是由宪法所赋予的。

(二)日本语言政策的外在统一性——英语教育

1872 年(明治 5 年),明治政府第一位文部大臣森有礼,给当时美国

---

① 安田敏朗『「國語」の近代史』(中公新書、2006 年)、第 79 頁。
② 小熊英二『日本人の境界』(新曜社、1998 年)、第 197 頁。
③ 村井実『アメリカ教育使節団報告書 全訳解説』(講談社、1979 年)、第 57 頁。
④ 石剛「東アジアの近代と言語認識」"成蹊人文研究"第 22 号、2014 年、第 78 頁。

事务公使，亦是语言学者的怀特尼的信函中，指出应废除汉字与假名此种双重语言状态的日语，导入英语。1948年在联合国军总司令部民间信息教育局主导下，实施"日本人的读写能力调查"。结果是完全文盲率为1.7%，假名可读写，但不会汉字的不完全文盲率为2.1%，识字率之高出乎意外，因此决定放弃推动罗马字化。①

2000年废止国语审议会，新成立文化审议会国语分科会，针对国语教育进行检讨，结果大多数国民认为，唯有英语才是获得西方学问艺术宗教真理的最佳语言。2000年小渊惠三前首相委托国语分科会举办"21世纪日本的构想"恳谈会，提出将英语作为第二公用语的观点，引起论争。支持者船桥洋一指出，日本应借由英语作为第二公用语，不仅可提升与世界的对话能力（接收信息、交流与发出信息的能力），也与移民政策的推动有关。② 中村敬等反对者则批判将英语作为第二公用语的政策，只会伤害日本人的自我认同性。③ 论战的结果是并未采取英语作为第二公用语。

2002年文部科学省制定的《"会使用英语的日本人"培育行动计划》中，明白指出国家应改善英语教育的具体政策，文部科学大臣远山敦子表示，未来的世代若要在21世纪生存，使用国际共通语的英语沟通能力不可或缺，这对日本在国际社会的发展极为重要。同时，要求全体国民必须具备的英语能力是，"若是中学或高中毕业，即可用英语沟通"。并设定在国中毕业时，"问候与应对、日常生活相关的话题等可做简单的沟通"；在高中毕业时，"关于日常的话题可进行一般的沟通"，强调对话能力的必要性。专业领域的必要英语能力或国际社会活跃的人才等所要求的英语能力是"大学毕业在工作中可使用英语"，暗示培育英语精英。过去一直有英语对社会渗透会造成会英语的阶级与不会英语的阶级分裂的观点，但上述计划是要求全体国民具有一定程度的英语能力，朝向不会因英语能力造成分裂的社会迈进。

值得注意的大变革是，2009年度起在小学每年有35个单位时间（平均每周一次）进行"外语活动"讲授英语。根据日本新学习指导要领，

---

① 文化厅编『國語施策百年史』（ぎょうせい、2006年）、第237頁。
② 船橋洋一『あえて英語公用語論』（文春新書、2000年）、第116頁。
③ 中村敬『「英語公用語化」から「日本語」を守るのはいわば「國防」問題である』（中公新書、2002年）、第18頁。

学习目的是"借由外语,对语言或文化加以体验并深化理解,养成积极寻求沟通的态度,习惯外语的音调与基本的表现方式,培养沟通能力的基础"。必修的前阶段是,1998年开始的"综合学习时间"内,学习英语会话,作为国际理解教育的一环。根据其后的小学英语活动实施状况调查,几乎所有的学校都以某种方式实施英语教育,朝向必修化前进。

关于早期英语教育方面,其效果受到质疑,担心国语等其他科目的课程时间会减少,但随着欧洲与亚洲大多数国家将英语必修化,日本亦在小学进行英语必修化,中学亦增加英语授课时间;并规定学习目标:小学重视音调层面,中学则重视听说读写四方面的技能。

(三)日本语言政策的多样性——方言、少数民族语言与移民的语言

1. 日语方言

日语方言意指"某地域社会中的整个语言体系",包含词汇(如各地特殊用词"俚言")、语法、音韵、口音等各方面的特色。日本语言学者东条操将日本本土方言分为东日本方言、西日本方言、九州方言3块。东日本方言包含北海道方言、东北方言、关东方言、东海·东山方言,西日本方言包含北陆方言、近畿方言、中国方言、云伯方言、四国方言,九州方言包含丰日方言、肥筑方言、萨隅方言。东北方言进一步分为北奥方言与南奥方言,关东方言分为东关东方言与西关东方言,东海·东山方言分为越后方言、长野·山梨·静冈方言与岐阜·爱知方言等。日本各地的日语方言有很大差异,在异地往往有理解当地语言的困难。

明治时代以降,官方以东京方言为基础建立标准语并推动传播,方言遭到否定与限制。国语调查委员会研究全国的方言之后,1916年(大正5年)通过《口语法》规定当时东京上层社会受过高等教育所用之语为标准语。政府规定标准语就是说明排除其他语言,住在东京的有教养之人为语言统治阶级,具有特权,使用别种语言就会成为既落后又没有教养的保守之人,成为受到歧视的对象。第二次世界大战以后,日语"标准语"改称"共通语",日本开始寻求共通语与方言的共存之道,但实际上,各地传统方言已经迅速衰败。1998年的文部省学习指导要领中,不复关于口音或语病的项目出现。2009年的学习指导要领中规定,小学五、六年级的目标是"理解共通语与方言的差异,有必要时则说共通语";中学二年级则是"理解口语体与书写体的差异,以及共通语与方言发挥的功能、敬语的功能",在政治上采

取中立的立场。

2. 少数民族语言（阿伊努语）

日本自明治时代开始，模仿西方国民国家，对于少数民族采取了文化与民族的同化政策。以少数语言阿伊努语为例，阿伊努人本来生活在北海道、沙哈林岛南部、千岛诸岛、本州东北地方，主要以打猎为生。1869年（明治2年）明治政府在北海道设置管辖官厅之后，大量日本人移居北海道，阿伊努人因日本政府颁布的1872年地所规则土地被剥夺，强制从事农业。禁止阿伊努人使用本民族语言，并限定他们只能使用日语、日文。1899年又颁布了《前北海道土著居民保护条例》。1901年因《北海道土著居民教育规定》否定了他们在学校学习自己的语言及文化的权利，也因不熟悉日语而在经济上极为困难。在这以后的10年间，根据该条例的有关条款在北海道开办了21所日本语学校，学制4年，全用日语授课。严禁阿伊努人说本族语，违者将受到各种惩罚。

阿伊努语主要分布在北海道、桦太以及千岛列岛，在语言学上被称为"被孤立的语言"，它的存在过去几乎不太为人所知，直到20世纪80年代开始出现复兴阿伊努语的征兆。① 其中最令人注意的是，1983年的萱野茂曾经由日本社会党推荐并当选日本参议院议员，率先在日本北海道（约有25000个阿伊努人）的二风谷开设阿伊努语教室，此乃首次向阿伊努人教授阿伊努语的活动，其后逐渐扩大纳入北海道最大阿伊努人团体的北海道乌塔里协会事业中的一环，目前的发展是在北海道有十四个教学基地，并且受国家与北海道厅补助。

此外，1984年开始出现所谓推动阿伊努新法制定运动。此一运动起始于北海道乌塔里协会向北海道知事（行政首长）与北海道议会陈情，要求制定关于阿伊努民族的新法律，废除当时自1899年起即存在的土著居民（即指阿伊努人）保护法。② 此一要求虽有人赞成，但亦有持不需要立场者。加速此一运动蓬勃发展的契机是1986年中曾根首相的发言。亦即，"美国国内亦有如波多黎各人与黑人般知识水平低劣的人"，此一发言随即引起美国的抗议，中曾根即对此加以道歉，在其致歉辞中即提及所谓

---

① ジョン・C・マーハ＝川西由美子「日本におけるコリアン維持状況」『新しい日本観・世界観に向かって』（國際書院、1994年）、第116—131頁。

② 加藤一夫「『北海道舊土人保護法』——戦後五〇年の視座から」『アイヌ語が國會に響く』（草風館、1997年）、第71—88頁。

"日本的好处就在于是单一民族国家"的内容,① 因而招致北海道阿伊努人的愤怒,高度激起阿伊努人的民族意识,结果亦加速了阿伊努新法的制定。

新法运动虽经过各种曲折,但终于在1997年5月成立"关于阿伊努文化的振兴与阿伊努传统知识之普及与启发的法律"(以下简称为《阿伊努文化振兴法》)。关于《阿伊努文化振兴法》有以下四大问题。

第一,该法的起草阶段无阿伊努人参加,甚至无阿伊努语的研究者参加。例如,参与起草者司马辽太郎、元广子等专家,过去皆与阿伊努人无任何直接关系,亦完全不了解阿伊努语,而由这些人提出的《阿伊努文化振兴法》原始提案,当然是问题的所在。

第二,该法鲜有提及阿伊努语,仅将规范范围限定在对阿伊努文化事业的金钱援助上。

第三,此一首次在日本国内以特定民族为对象的法律,废除了1899年的土著居民保护法。同时,《阿伊努文化振兴法》并未在国会受到热烈的讨论,几乎见不到反对意见即快速通过,对于是否承认阿伊努民族为日本国内少数民族此一关键点,依旧模糊。

第四,《阿伊努文化振兴法》下设置了阿伊努文化振兴研究推进机构,该机构所运作的对象究竟是阿伊努语或阿伊努文化,是否能促进全体日本人理解阿伊努文化,仍处于不明确的状况。②

尽管《阿伊努文化振兴法》存在上述严重的问题,但是既然已制定了《阿伊努文化振兴法》,就不能忽视其所产生的功能与效果;再者,在实际参与者不断的努力之下,亦产生了值得给予正面评价的部分。例如,仅就阿伊努语而言,在其相关的机构项目上,阿伊努语指导者培育项目、阿伊努语高级讲座开设项目、阿伊努语广播讲座开设项目、阿伊努语辩论大赛开设项目等皆属之。虽非所有的阿伊努文化振兴项目都进展顺利,但亦取得了许多成果。

第一个成果即阿伊努语的播放讲座。③ 此讲座自1998年4月起开设,

---

① 北原きよ子「アイヌ——言语とその人々」『新しい日本観・世界観に向かって』(國際書院、1994年)、第16—21頁。

② 常本照樹「アイヌ新法制定への法的課題」『アイヌ語が國會に響く』(草風館、1997年)、第91—108頁。

③ 吉崎昌一「アイヌ文化講座を終えて」『アイヌ語が國會に響く』(草風館、1997年)、第165—172頁。

由日本札幌电视公司加以承接，仅在北海道播放，虽然是在周日早晨六点四五分到七点（日本时间）此种一般人非常难以收看的时间；但无论如何亦已出版了自己的教材，每周由阿伊努人讲师讲授阿伊努语。如此一来可说是建立了阿伊努人本身在正式场合上向北海道全区域教授阿伊努语的讲坛，并以三个月为一期轮流更换讲师的方式加以进行，而此处的讲师，亦即教授阿伊努语的人，皆在阿伊努人中挑选，此一结果自然形成对人才的培育，而此亦为播放讲座最能发挥其功能的所在。

第二个成果是阿伊努语指导者培育事业。前述阿伊努语教室此一项目事业成立的目的即是培育能讲授阿伊努语的人才。目前进行的方式是每个月一次三日的密集集训班，为期三个月共九日。阿伊努语教室的历史已超过二十年，通过对指导者的研修与集训，培育出许多优秀人才，其中大都是原本不会说阿伊努语的世代。此一阿伊努语指导者培育项目的最大成就即在于，将上述的人才集中在一处，提供一个能横向联系、互相交流的场所。

第三个成果是1998年10月20日在东京都有乐町朝日厅所举办的阿伊努文化奖的受奖典礼，表扬了对阿伊努文化传承有功的6名人士与22个团体。设立阿伊努文化奖最大的效果是，不仅受奖人有荣誉感，其家族亦同感喜乐。传承阿伊努文化最大的阻碍与问题在于，即使是会说阿伊努语的世代，家族本身对说阿伊努语也持消极态度，无法自然地谈论。然而，通过此奖项的设立并给予其家族过去的所作所为高度的评价，使其产生荣誉感，以继续传承阿伊努文化。此乃阿伊努文化奖设立所产生的最大效果。

基于《阿伊努文化振兴法》及其所设置的机构，每年虽有着庞大的预算，但如何将其善用在阿伊努语与阿伊努文化传承运动的实质发展上，仍是当前最大的课题。

3. 移民的语言

根据日本法务省入籍管理局统计数字，截至2019年12月31日，在日外国人总人数为293.3137万人，最多是中国人有759139人，其次是韩国人有450663人，其后依序是巴西人、菲律宾人、秘鲁人与美国人。

1965年日本承认在日韩国籍人士的永住居住权，1981年承认朝鲜籍人士的永久居住权。1972年日本与中国政府建交，开始接收从中国回日本的人。1979年日本批准《联合国国际人权公约》，1981年加入《联合国难民公约》，越南、柬埔寨的移民增加。1985年日本修订《国籍法》，由父系血统主义改变为男女平等的父母双系血统主义，国际婚姻所生的孩子可取得日本国籍。1989年修订《入籍管理法》，日裔外国人取得无活动限制的居留权后，巴西与秘鲁等南美洲出身者增加。

2006年日本总务省提出《多元文化共生推进计划》，该计划中提出外国人语言服务计划，一是将地区的政府信息加以多语言化，二是检讨关于日语与日本社会相关语言学习的援助，当外国人取得日本永久居住权时，应考虑提高其使用日语沟通的能力。

七 日本语言政策与立法对我国的启示

纵观日本语言政策的发展，可以说是首先重视统一共同语言，建立以国语为主体的基本体系，之后把国语推向世界化的道路，由此振兴日本文化的同时，推广日本文化与法律的国际影响力。一个国家的语言政策决定一种语言的兴旺，如果一个民族不实行发展和保护其语言的政策，此民族和语言终将会被淘汰，只会成为历史上的遗迹。

第一，日本长期推崇"一个语言，一个民族，一个国家"的语言意识形态，通过媒体和教育等途径强化作为国语的日语，同时却把英语视为国际化进程的重要工具。面对影响其文化至深的汉语和时下相对强势的英语，易于急躁的日本人陷入焦虑，于是在探讨日本国语政策、自我评价时陷入困惑，限定有关国语和国字的律法飘忽不定，随着其民族意识越来越强烈，先是排斥汉语汉字，太平洋战争后因其帝国主义霸权意识而排斥欧美语言及其文化，从而出现学习和禁止学习英语的反复。[①]

第二，对于因领土扩张及移民而必须对应的语言政策，仍然是以"外语"为对应，在教学与社会方面，英语确立为国际通用语，被视为国际化发展中必须掌握的语言工具，其教学得到政府的支持。但是其他语种只是为了满足国际需求，构建国际关系。日本一方面强行压制国际上失去使用价值的北海道土著人的阿伊努语等语言的发展，使其已经走向灭绝边缘；另一方面加强英语在日本社会中的地位。

第三，由于科技与语言政策的变化，必须强化汉字教育，制定语言规范。

第四，国际语言政策与国内环境的接轨。第二次世界大战后日本政府之所以不遗余力地推进日语的国际化，与日本政府将日语的国际化视作日

---

① 郝祥满：《日本近代语言政策的困惑——兼谈日本民族"二律背反"的民族性格》，《世界民族》2014年第2期。

本对外宣传和树立国家形象的重要手段有关，日本政府特别注重通过日语教育提升本国的"软实力"。[1]

在狭义上，日本可说是单一语言国家，日本人所说的日语或标准语（东京方言）即代表国家语言的"国语"，理所当然地作为通用的语言被使用，也即一般所谓的官方语言，为政府机关所使用的语言。尽管在日本有冲绳方言（琉球语）、阿伊努语、在日朝鲜人的母语，甚至是越来越多的外国劳工所使用的母语，已逐渐受到日本行政机关的重视，但一般而言，日本仍是单一语言的国家。日本国语审议会主要是针对日语本身的使用性与时代性来制定推广国语政策，如第二次世界大战前的加强日语的统制、汉字的调查、使用的假名改订、文体的改善；战后现代假名使用的修订等；以及近来因应国际化所提出的改良政策；等等。如果与我国《国家通用语言文字法》相对比，在实质意义上两者可说皆是一种国语政策的实施。在汉语语言文字标准化方面，日本的假名的规范化、敬语的规范化相关的政策、法令皆有可以参酌借鉴之处。

第二节　国语的确立与语言纯化：韩国语言文字立法

韩国语或韩语，又称为朝鲜语，是朝鲜民主主义人民共和国（朝鲜）和大韩民国（韩国）的官方语言，通行于朝鲜半岛及中国、美国、日本、俄罗斯等地的韩国人、朝鲜人、朝鲜族、高丽人聚居地区。朝鲜语在全球有约8000万使用者，是世界第13大语言。社会语言学中的国语和官方语言的差别在于一个是观念上的概念，另一个是工具上的概念。国语（族语）是涵盖政治、文化、社会概念的单位，其功能是确立国家的认同感、增强民族团结。相反，官方语言仅代表该语言在行政事务领域的权威性，其功能是以实用性为目的的，并无象征性意义。韩语既是韩国的国语，也是韩国唯一的官方语言。[2]

一　韩国的语言状况

韩国长久以来标榜自己为"单一民族、单一语言"的国家，尽管现在的韩国由于接受留学生、劳务进口、结婚移民等缘故，境内的外国人超

---

[1] 韩涛：《日本的语言政策演变路径研究》，《日本问题研究》2016年第2期。
[2] 변명섭. (2003).언어정책과 언어법제화의 양상.법과정책, 9 (0), 203-230.

过 200 万，达到总人口的 3.9%（韩国法务部，"外国人统计月报 2016 年 6 月号"），但相对于其他国家，韩国的语言政策仍较少受到民族语言矛盾的制约。语言文字立法主要以保护和发展唯一官方语言韩国语为目的。韩国的语言政策虽然可以对多民族语言的共融问题不加考虑，但作为朝鲜半岛的分裂国家，实现国家统一始终是韩国宪法的重要内容，也是影响韩国语言政策的重要因素。

  研究韩国语言文字立法有助于从宏观角度了解韩国语言文字的历史、现状以及未来发展趋势，学习韩国在语言文字立法的成功经验，为我国的语言规划和决策提供参考和借鉴，为丰富和完善我国的语言文字立法提供建设性意见。韩国与我国是近邻，又是世代邦交的国家，同属东方语言文化，两国文化互相影响、互相渗透，在文字上韩国更是长期借用汉字作为韩语的书写方式。两国在如何保护和发展自身语言文化、如何保障语言弱势群体（少数民族、常驻外国人）的社会权利、如何规范并治理网络语言现象、如何让语言为祖国统一服务等社会面临的语言相关问题比较类似。

  国际化、全球化潮流到来之前，韩语主要在朝鲜半岛以及周边地区使用。国际上对韩国语言文字的了解和认识一直不多，直到近代才慢慢开始对其关注和研究。古代朝鲜半岛只有语言没有文字，对语言的记录一直借助于中国的汉字。直到 15 世纪（1443 年），在朝鲜国第四代君王世宗（1392—1450 年）的倡导并主持下创造了韩文书写系统，即"训民正音"，于 1446 年正式颁布使用。

  进入 19 世纪后，西方传教士出于传教的目的开始关注韩语，少数西方学者也开始了对朝鲜语言文字的了解和研究。但是到了 20 世纪初，1910 年日本强占朝鲜半岛，开始了对其长达 36 年的殖民统治。日本禁止韩国人在学校使用韩语，强行推行日语教育。[①] 这使得国际上刚刚兴起的一些对韩语的认识与研究再次处于停滞状态。1945 年，日本战败，朝鲜半岛光复，韩语得以重见光明。

  进入 21 世纪以来，位于朝鲜半岛南端的韩国，在政治、经济和科技等方面的国力不断增强，在国际舞台上的地位也逐步提高，韩语的使用频率也随之上升。20 世纪 90 年代后期到 21 世纪，在日本、中国和东南亚

---

① 김성은. (2011).1940 년대 언어정책과 국민문학-잡지 매체를 중심으로- [J]. 일본근대학연구, 34 (0), 101-112.

国家掀起的以韩剧、K-POP 为载体的"韩流"一直扩散至欧洲、北美、南美,至今持续不衰。这对韩国语言文化的国际普及和推广起到了推波助澜的作用。随着"韩流"的不断扩散,韩国政府在对外文化传播方面加大了宣传力度,投入大量人力、物力,扩充组织机构,加强调研宣传。韩国政府提出韩语国际化战略,于 2005 年制定了《国语基本法》,得到了从上到下、从官到民的广泛支持,其在弘扬韩国的民族文化、推广和普及韩国语教育方面卓有成效。

本部分正是以此为起点,收集和梳理了韩国的语言文字相关法律法规以及有关韩国语言文字政策的研究文献,在遵循客观性原则和为我所用原则的基础上,以韩国的语言标准化以及全球推广政策为着眼点,重点对韩国语言政策的制定、实施和效果等进行全面深入的分析,考察相关立法及政策的效果,探讨韩国语言文字立法的优缺点,对比中韩两国在语言文字立法方面的异同,以便为我国语言立法、语言规划和语言战略提供一些启示。

二 韩国语言文字政策历程[①]

(一)韩语的恢复和根植期(1945—1983 年)

韩国于 1945 年结束了长达 36 年的日本殖民统治,对于刚刚光复的韩国而言,恢复因日本侵略而灭失的国语、剔除国语中残留的日语、整顿借用了几千年的汉字成为语言政策的当务之急。在此时代背景下,政府推动全国上下实施了纯用韩语运动、韩语横向书写、韩语日的法定假日化等以恢复国语为目的的一系列语言文字政策。直至 1983 年,韩国坚持以清除外来文化、恢复韩语主权为政策基调,该时期被视作韩语的恢复和根植期。

纯用韩语运动始于 1945 年,韩国教育审议会决议剔除教材中全部汉字、只得使用韩语,此后主张纯用韩语一派和反对废除汉字一派之间展开了激烈的社会争论。此后于 1948 年,触发了以"收复国语运动"为标志、以"韩语替代日语等外来语、固有词替代汉字词"为具体形式的韩语纯化潮。

同一时期,在韩国教育审议会的提议下,韩语摒弃了汉字和日文

---

① 한글이 걸어온 길 (韩文走过的历程) [Z]. 2015.

"自上而下、自右向左"的书写形式,采用自左向右的横向书写形式。同时于1946年,指定世宗颁布"训民正音"的农历9月10日为国家法定假日,巩固了韩语作为国语书写系统的正统地位。

韩国政府于1948年制定并颁布了首个语言法案《韩语专用法案》,全文为"大韩民国的公用文书应以韩语书写,但一定时期内在必要时允许并用汉字"。这在以韩汉文混用体为主流的当时来看,称得上一个划时代的举措,但由于后半部"允许并用汉字"的内容,其未能对韩语纯用取得实质性作用。该条法案后来被包括在2005年制定的《国语基本法》中。

尽管第一个旨在实现纯用韩语的法案未能如愿,但韩国政府在恢复韩语的路上从未停步,1958年制定并实施了"纯用韩语实践纲领",其主要内容是纯用韩文撰写公文相关具体规定,如汉字标记形式、机关牌匾的韩语标记等,是《韩语专用法案》的有效补充。1968年"纯用韩语研究委员会"成立,政府牵头将韩语指定为公文撰写的唯一文字,致力于恢复韩语在国民日常生活中的核心地位。文教部于1976年开设"国语纯化分科委员会",旨在清除韩语中的汉字标记和日式韩语,使韩语进一步普及于众。

1954年起,在文教部的主持下,扫盲运动在全国兴起。由于在日本侵占时期,作为同化政策的一环,韩语和韩文的使用被明令禁止,致使恢复主权之初,韩国12岁以上人口的文盲率高达78%。光复后,韩国政府通过成立"成人教育委员会"、设置"国文学堂"和"公民学校",普及了小学义务教育,在扫盲路上取得了初步成果。可惜的是,起初的扫盲运动很快便被战争打断。停战后,韩国政府通过制定并实施《完成义务教育6年计划》(1954—1959年)和《扫盲5年计划》(1954—1958年),整顿了教育体系,至1958年将全国文盲率降至4.1%。

(二)语文规范的酝酿和普及期(1984—2004年)

韩语书写系统直到15世纪才诞生。古代朝鲜半岛只有语言没有文字,对语言的记录一直借用汉字,汉字对韩语的影响之深远可想而知,数千年的历史沉淀使得韩语和汉字密不可分,仅凭高达60%—70%汉字词占比便可见一斑。1910年日本强占朝鲜半岛,开始了对其长达36年的殖民统治,其间日本人禁止韩国人在学校使用韩语,强行推行日语教育,日语对国民日常用语的渗透尤为明显。20世纪60年代起,韩国依托出口导向型发展模式，用短短 30 年一跃成为"亚洲四小龙"。经济建设期的韩国，由于技术引进、外向型经济等原因，其语言文化又深受西方发达国家的影响。

韩语的词汇分为三类，即固有词、汉字词、外来词。前述韩语的恢复和根植期，用韩语固有词代替日源词以清除国语文化中的侵略印迹，同时剔除汉字、纯化书写系统，成为语言政策的主要目标。出于历史原因，韩语的话语以及书写体系混乱不一、欠缺规范。1984 年，文教部发布了首个语言规范《国语的罗马字标记法》，至此，韩国的语言政策重点转向语言规范。

1984 年，国语研究所在政府主导下成立，旨在科学、系统地搜集和研究语言数据，为语言政策的制定提供依据。《外来词标记法》《标准语规定》《韩文书写规范》等均为国语研究所的成果。1990 年，国语研究所根据新的政府组织法获得 3 个研究部门共 35 个研究岗位编制，移交文化部管辖，并改名为国立国语研究院。国立国语研究院后于 2004 年 11 月更名为今日的国立国语院。成立的头十年（1990—2000 年），其主要职能是完善语文规范、编纂标准国语大辞典、调研国语及汉字使用情况、研究北韩语言、推动国语的纯化和信息化、推广和普及国语等。第二个十年（2000—2010 年），其职能为维护语文规范、编纂国语辞典、实施国语相关调研、深入国语信息化、提供国语生活救助、提高国民国语能力、促进国语的海外推广、研究南北韩语言统一方案、语言政策、国语发展规划等。

1995 年，"国语发展等计划的制定和实施""国语审议会的组织和运营""语文规范""语文规范的遵守"等四个语文规定条款正式纳入修订的《文化艺术振兴法》中，至此语文规范首次纳入法律体系，开始具备法律的形式。

为了应对 21 世纪信息时代的到来，韩国语言政策也开始考量语言信息化问题。为了进一步发展自身的语言文化，积极应对全球范围内的信息化潮流，培育文化产业和信息产业力量，制定了 10 年期的国语信息化战略——"21 世纪世宗计划（1998—2007 年）"。该计划包含建设国语和以国语为基础的信息社会、建立具备国际先进水平的国语基础语言库、构建标准化的电子词典系统、组建民族语言信息库、整顿语言信息化标准及工具五项内容。

其间，自 1992 年起，国立国语研究院着手编纂《标准国语大辞典》，并于 1999 年正式出版发行。该部辞典是韩国首部国家编纂的国语辞典，历时 8 年的编纂过程中，参与专家超 500 人，其中仅国语领域的博士以上专家就有 200 多人，收录了标准语和北韩语、方言、古语等 50 多万条词录，全书 7300 多页，是韩国迄今为止内容规模最庞大的一部辞典。

（三）国语政策的多元化发展期（2005 年至今）

通过实施近 50 年的以恢复和规范为导向的语言政策，作为韩国国语的韩语基本恢复元气，而经历 20 世纪 60—90 年代的经济腾飞期后，韩国也迎来了 21 世纪的信息时代，在互联网技术领域迎头直上，成为全球著名的 IT 强国，互联网普及率很高，相关基础设施相当发达。与此同时，由于人口负增长、劳动力短缺等原因，韩国开始大量接纳来自中国、东南亚、日本等周边国家的劳务移民。韩国社会也随之从单一民族文化社会向多元文化社会转型。韩国语言政策开始关注语言弱势群体的韩国教育问题。

2005 年，《国语基本法》颁布实施。该法旨在推动国语使用，为国语发展和保护奠定基础，发展国民的创造性思维，提升其文化生活质量，促进民族文化发展。随着该法的实施，《韩语专用法案》被废除，同时《文化艺术振兴法》中的语言文字条款也被收入《国语基本法》。《国语基本法》的实施象征着韩国的语言政策步入多元化发展期。

2007 年，依据《国语基本法》所示的"韩国语国际化战略"目标，《第一个国语发展基本计划》制定并实施。该计划包含三大重点课题和十大实施课题，具体为：三大重点课题是完善以提高国民国语能力为目的的教育培训体系、推动以东北亚为基础的韩语国际化、编撰支持多语种的韩语学习用在线辞典；十大实施课题是普及国家语言规范、扩大南北韩语言交流及搭建国际合作交流网络、加强针对弱势群体的语言福利措施、改善国语使用环境及促进国民沟通、鼓励国民提高国语能力、开展语言使用多样性调研、完善《标准国语大辞典》及编撰定向型辞典、组建国语信息网络及运营一站式信息系统、保护国语文化遗产和促进韩语的产业化应用、开展普及国语文化为目的的宣传活动等。

三　韩国语言文字立法现状

（一）《国语基本法》的主要内容

《国语基本法》于 2005 年颁布实施，旨在推动国语使用，为国语发展和保护奠定基础,发展国民的创造性思维,提升其文化生活质量,促进民族文化发展,共分5个章节27条规定,其主要内容如下。

明确了国家和地方政府在提高国民国语能力方面的职责,规定国家和地方政府应主动应对语言使用环境的变化,致力于保护和发展国语,例如努力提高国民的国语能力、保护地方方言等;与此同时国家和地方政府必须制定并实施相应政策,确保由于精神上或身体上的缺陷使用语言困难的国民能够正常使用国语(第4条)。文化体育观光部长官应制定并实施以落实国语发展基本规划为目的的具体计划(第7条)。

指明了语言政策方向,规定文化体育观光部长官应每隔5年制定执行国语发展基本规划,其内容应包括国语政策基调、语文规范的完善方向、有关提高国语能力和改善国语使用环境的方案、国语教育、国语文化的保护、国语的海外推广、国语的信息化、南北韩语言统一方案、对弱势群体的支援、鼓励民间的国语发展活动等(第6条)。

细化了公文写作的语言规范,规定公共机关的公文应使用符合语文规范的韩文书写(第14条),以方便国民阅读,但为了扫除歧义实在需要补充标注的,可以在括号里另外标注汉字或其他外国文字(实施令第11条)。

指明了加快国语信息化的方向,规定文化体育观光部长官应以丰富国语知识库和信息库、推动基于国语知识库和信息库的文化创新为其职责,想方设法方便国民在网络信息生活中使用国语、排除国民在信息服务领域因使用国语而面临的语言障碍(第16条)。

明确了语文规范适用范围。国家应对各领域的国语术语进行标准化和体系化管理并予以普及(第17条)。教育部长官在编写、验证及认定教材时应遵守语文规范(第18条)。

细化了国语推广对象和主体。国家应为想要学习国语的外国人和侨胞开发相关课程和教材、培养专家等积极开展国语普及活动。为了推动国语在海外的普及,国家设立"世宗学堂"财团,并将具体管理规定写入条款(第19条)。

明确了政策的平等原则。国家和地方政府实施国语相关政策时应保障国民公平获得国语能力提升机会(第22条)。为了帮助国民提高国语能力,解除国语相关疑惑,文化体育观光部长官可以指定符合规定的机构为国语文化院(第24条)。

（二）以《国语基本法》为首的语言法律体系

韩国的法律体系自上而下由宪法、国会审议通过的各类法律、根据法律授权由总统颁布实施的实施令（亦称"总统令"）、根据法律或实施令授权由总理、部门颁布实施的总理令和部令以及地方政府颁布实施的地方条例组成。总理令和部令统称为实施规则，而实施规则又包含训令、例规、告示三种行政规则。训令是上级部门向所辖部门指示行政权的一般形式命令；例规是上级部门基于对所辖部门的指挥权和监督权而下达的命令或指示；告示是行政部门在必要时公开对外宣布某种事项的形式。训令和例规通常是政府在行使权力过程中用来规定各部门内部的职责和义务的形式，除特殊情形外，一般不会对公职人员以外的民众产生约束力。

韩国的国语法律体系如表 5-1 所示，自上而下由《国语基本法》、《国语基本法实施令》（总统令）、《国语基本法实施规则》（部令）及其所辖的有关国语审议会、世宗学堂、行政术语、广播通信术语、电力术语、韩国语教育能力测评等七项行政规则以及庆尚南道地方政府的《庆尚南道教育厅国语书写规范条例》组成。

表 5-1　　　　　　　　韩国国语法律体系①

国语基本法 ［实施日 2013 年 3 月 23 日］［法律第 11690 号］
国语基本法实施令 ［实施日 2015 年 12 月 31 日］［总统令 第 26839 号］
国语基本法实施规则 ［实施日 2015 年 12 月 31 日］［文化体育观光部令第 241 号］
行政规则
国语审议会运营细则 ［实施日 2016 年 7 月 11 日］［训令 第 293 号］
世宗学堂政策协议会的组建和运营相关规定 ［实施日 2013 年 12 月 3 日］［训令 第 210 号］ 文化部组织行政领域术语标准化告示 ［实施日 2013 年 3 月 8 日］［告示 第 2013-9 号］
广播通信领域术语标准化 ［实施日 2015 年 7 月 8 日］［告示 第 2015-46 号］
电力领域术语标准化 ［实施日 2015 年 5 月 22 日］［告示 第 2015-96 号］
关于委托实施韩国语教育能力测评考试的告示 ［实施日 2015 年 5 月 1 日］［告示 第 2015-14 号］ 韩国语教育能力测评考试的运营所需事项 ［实施日 2012 年 6 月 19 日］［告示 第 2012-21 号］ 地方条例
庆尚南道教育厅国语书写规范条例 ［实施日 2016 年 8 月 4 日］［条例第 4179 号］

（三）韩国国内对语言文字立法的探讨

《国语基本法》颁布后，该法律体系内部以及与其他法律法规相矛盾的问题一度备受相关部门关注，特别是如何并用外国文字的规定，与《种子产业法》《海洋事故的调查及审判相关法律》《地雷等特定传统武器

---

① 此表为韩国法制处运营的"国家法令情报中心"平台检索所得。

的使用及转移限制相关法律》等法律的间接语言条款相冲突。① 此项争论后来促成《国语基本法实施令》中的补充规定，"以准确表达意思为目的时"和"使用高难度或生僻的专业术语或新词时"，允许在韩文后以加括号的方式并列标注汉字或外国文字。

第一，汉字的使用问题。长期以来，是否使用汉字书写韩文是韩国社会的热门话题，意见大致分为赞成派和反对派。赞成派认为朝鲜半岛有史以来使用汉字，包括大量的历史典籍均以汉字记载，汉字应被视作韩国不可或缺的文化；另外，作为中日韩三国文化沟通的桥梁，汉字更不应该被年轻人遗忘；而反对派认为韩文是承载韩语的专用符号系统、具有主体性，是国家身份的象征，而汉字属于外来文字，学习存在一定难度，对于非汉字使用人群会造成沟通障碍，国家语言政策应以保障国民语言平等为基础。

第二，语言的规范问题。这是韩国学界一直热议的话题，对于是否应该由国家出面相对强力地推行语言规范众说纷纭，但对于历史缘由复杂的韩国而言，认为需要国家用政策性手段适当干预的意见长期以来占据上风。另外，如何规范才能不打击民众的语言自由权这一前提也是各方关注的重点。② 有人认为政府对语言进行规范并予以告示的方式有国家过度干涉语言自由之嫌，不适合民主时代的韩国，应该将语言规范问题交由民间领域自律。

第三，公共语言问题。公共语言指"组织或个人以不特定多数社会成员为目标受众而使用的语言"，韩国有学者指出应重点治理四种公共语言问题，即晦涩难懂语言、不正确语言、低俗语言、歧视性语言等，认为晦涩难懂或不正确的公共语言会阻碍社会成员之间的沟通，而低俗和歧视性公共语言会降低社会成员的生活品质，都是语言政策应重点治理的对象。③

第四，弱势群体的语言教育问题。21世纪以来，由于人口负增长、劳动力短缺等原因，韩国开始大量接纳来自中国、东南亚、日本等周边国

---

① 박용찬. (2008).국어 정책 혁신 방향과 "국어 기본법" – "국어 기본법"의 법률로서의 실효성과 의의를 중심으로- [J]. 한말연구학회 학술발표논문집, 2008 (1), 11-35.

② 이광석. (2006).일반논문: 언어 (言語) 정책의 민간화에 관한 연구 [J]. 한국정책학회보, 15 (1), 121-147.

③ 조태린. (2010).논문: 공공언어 문제에 대한 정책적 개입 방식 [J]. 한말연구, 27 (0), 379-405.

家的劳务移民。韩国社会也随之从单一民族文化向多元文化社会转型。这一变化也使对语言弱势群体的语言教育问题成为韩国语言政策的特别关注点。① 认为从语言政策的角度考虑，可以把语言弱势群体分为两类：一是欠缺语言能力的人群即外来移民及其子女等，二是语言受歧视的人群如方言人群或返乡侨胞等，并指出现行政策大体上只关注提高第一类欠缺语言能力人群的国语能力，而针对第二类受歧视人群的政策相对空白。语言歧视问题应该从引导社会改变对方言的认识做起。

第五，外语教育政策问题。外语教育政策问题始终占据着舆论热点。韩国是个资源相对匮乏的国家，发展需要依赖与外界互通有无，因此始终认为国民的外语能力是国家的重要财富。可想而知，韩国对外语教育的需求和热情，外语教育政策也是牵动每个韩国人的重要事项。② 韩国教育部门根据使用范围和经济总量把世界各主要语种做了历时比较，对21世纪50年代各语种的全球影响力进行了展望，认为届时汉语、印度语、英语、西班牙语、阿拉伯语将成为全球五大语言，并提出韩国应该准备未来即将到来的语言环境，加大相关语言的教育力度。值得关注的是，指定英语为官方语言的问题一度甚至成为韩国社会热议话题。③

（四）法律体系内其他语言相关事项

1. 语言可介入的法律领域

赵泰璘通过对国内外关于语言立法研究文献的梳理，归纳出语言地位、立法、司法、公共行政、经济、教育、语言权利七个语言可介入的法律领域，当中立法、司法、经济三个领域均未在《国语基本法》中涉及。④ 赵泰璘的语言介入法律领域七分法可体现出韩国语言立法框架体系，具体如表5-2所示。

---

① 조태린. (2014).논문: 언어 소외 계층 대상 언어 정책의 현황과 과제 [J]. 한말연구, 34 (0), 287-316.

② 강현석. (2014).세계 주요 언어의 국제적 위상 변화 양상과 국내 외국어 교육 정책에 대한 함축 [J]. 언어과학연구, 69 (0), 1-22.

③ 민현식. (2000).주제: 공용어 문제와 언어 정책 / 공용어론과 언어정책 [J]. 이중언어학, 17 (0), 27-55; 박갑수. (2000).주제: 공용어 문제와 언어 정책 / 한국인의 언어생활과 공용어 문제 [J]. 이중언어학, 17 (0), 1-25.

④ 조태린. (2009).논문: 언어 정책에서 법적 규정의 의미와 한계-국어기본법 다시 보기- [J]. 한말연구, 24 (0), 241-265.

表 5-2　　　　　　　　　　语言可介入的法律领域

语言的地位	官方语言
	国语
立法	法律的制定和编辑所使用的语言
	法律的颁布和出版所使用的语言
	立法部门讨论及表决所使用的语言
	小众语言的参与比例
司法	逮捕阶段的口译
	审判前陈述阶段所涉及的口译和笔译
	审判过程中所涉及的口译和笔译
	收监过程以及其后的口译和笔译
公共行政	行政事务使用语言
	出版用语
	公共服务语言
	国家公务员选拔所使用的语言
	各种选举和投标中使用的语言
	公民权、永久居留权的获得所需的语言
	报纸、广播等媒体所使用的语言
经济	产品说明所使用的语言
	安全标志所使用的语言
	合同使用语言
	广告及牌匾所用语言
教育	母语的教育
	作为外语的本国语言教育
	双语教育
	第二语言和外语教育
	"小学、中学、高中"各阶段语言教育
语言权利	小众语言
	原住民语言
	地区语言及方言
	移民语言

从以上七个领域来看，《国语基本法》仅涵盖了韩语的国语地位、行政事务使用语言、出版用语、报纸、广播等媒体所使用的语言、国语作为

母语的教育和作为外语的教育、方言保护等 8 项内容，其余 22 项均未涉及。韩国长久以来使用韩国语这个单一语言，也并非传统意义上的移民国家，从韩国这一国情来看，并不涉及太多少数民族语言、土著语言、移民语言等问题。在韩国，只有国语即韩国语才拥有作为国家语言的语言权利，这也是《国语基本法》给予的保障。

2. 与外语相关的法律

从韩国国家法令信息数据库中模糊搜索"外国语"，显示共 198 个法令（含法律、总统令、部令等），经人工筛选整理的国会制定法律共 39 部，具体如表 5-3 所示。

表 5-3　　　　　　　　涉及语言的法律条款

序号	颁布号	法律名称	语言条例
1	第 14058 号	预防家庭暴力及家暴受害人保护相关法律	外国语服务（求助热线）
2	第 13797 号	设立济州特别自治道营造国际自由城市特别法	国家促进外语教育，提供设施补助等 外国语服务（外文文件认可）
3	第 14536 号	公共机关的所在城市转移以及建设支援创新城市相关特别法	以改善外语教育环境为目的的外教聘用
4	第 14127 号	高端医疗复合园区的指定和支援相关特别法	允许入驻外企行政许可申请文件的外文书写
5	第 13361 号	推进地区农产品的流通及鼓励农产品直接交易相关法律	不得使用诱导消费者的外文标志
6	第 12547 号	海洋事故调查及审判相关法律	外文证据材料应附上国语翻译件
7	第 14403 号	课外辅导机构的成立、运营及课外辅导相关法律	外籍教师聘用
8	第 14307 号	经济自由区的指定和运营相关特别法	外国语服务（外文文件认可）
9	第 14305 号	发展环保农渔业及有机食品相关法	进出口等相关产品的有机食品标志允许外文
10	第 13797 号	营造和发展国际科技商务带相关特别法	招商引资：外国语行政文件服务
11	第 13797 号	2018 年平昌冬奥会及冬季残奥委会相关特别法	招商引资：外国语行政文件服务
12	第 13599 号	医疗"走出去"及吸引外国患者相关法律	发展国际医疗服务所需的翻译人才培养及认证 允许在外国人专用场所进行外国语文字广告

（续表）

序号	颁布号	法律名称	语言条例
13	第13944号	特殊外语教育振兴相关法律	对53种人才紧缺外语语种教育机关的扶持等
14	第12599号	军事监狱服役人员管理相关法律	在军事监狱服役的人员除无法沟通的情形外不得使用外语
15	第14458号	资本市场和金融投资相关法律	无牌照机构不得在机构名中使用外文同义词
16	第11529号	关于履行海牙儿童国际绑架公约相关法律	向法务部提交的外文材料应附上国语翻译
17	第14480号	加快推进新万金项目相关特别法	招商引资：外国语行政文件服务
18	第13797号	特色区域发展限制特例法	招商引资：外国语行政文件服务
19	第14392号	公共教育正常化及预备教育限制规定相关特别法	第二外语和汉字被列为非限制对象
20	第11298号	在韩外国人待遇基本法	政府加强结婚移民人员及其家庭的国语教育
21	第12687号	教育国际化特区的指定、运营及培育相关特别法	外语教育和国际化教育为特色外语专用社区以及其区域内的外语行政文件服务 特区政府主导的各式外语教育项目
22	第14176号	仲裁法	仲裁过程中使用的语言由各方权益人协商决定，协商不成的由仲裁法院指定，仲裁法院未作另行指定的，以国语为仲裁语言。仲裁文书以外语制成的应附上国语翻译
23	第14061号	国际婚姻家庭支援法	针对结婚移民的外籍人员，政府可以在医疗、法律等方面提供相关的口译服务； 开通外语求助热线
24	第14183号	国家公务员法	允许外语岗位走特殊聘用程序
25	第12750号	消防公务员法	允许外语岗位走特殊聘用程序
26	第13797号	企业城市开发特别法	外教的聘用 外语行政文件服务
27	第13726号	户外广告牌管理及户外广告产业振兴相关法	允许特定区域并用韩文和外文广告牌
28	第14287号	翻译认证师法	翻译认证师资格认定运营资格

(续表)

序号	颁布号	法律名称	语言条例
29	第 12844 号	外交公务员法	外语能力考评 外语岗位的特聘
30	第 11690 号	国语基本法	规定有关国语的事项
31	第 13906 号	产业安全保健法	聘用外籍劳工的现场应张贴外语安全告示
32	第 12912 号	警察公务员法	允许外语岗位走特殊聘用程序
33	第 14264 号	化妆品法	说明文字允许并用汉字和外文
34	第 14205 号	盲文法	保障残障人士的语言文字权利
35	第 14371 号	专利法	专利申请文件为外文书写时须附上国语译本
36	第 14192 号	居民投票法	相关政府应该保障按照法律获得外籍居民投票权的人员的语言权利,提供相关外语服务
37	第 11823 号	公证认证法	公证文件原则上用韩文撰写,但申请人另有提议的可并用外文
38	第 14112 号	实用新型法	申请文件为外文书写时须附上国语译本
39	第 14183 号	地方公务员法	允许外语岗位走特殊聘用程序

资料来源:韩国国家法令信息数据库。

从以上检索整理结果可以看出,在语言立法上,韩语作为国语的地位是立法保障的重点。国语是韩国的立国之本,包括立法、司法、行政、经济、教育等一切领域均以韩语及其固有文字为基础语言,同时出于沟通需要或经济发展需要必须加大国际化力度的领域推荐并使用外语。普通外语教育具体实施方法并没有从法律层面给予规定,但 2016 年针对国家紧缺的外语语种颁布了一则《特殊外语教育振兴相关法律》,战略性培养紧缺语种的人才。除此之外,通过公务员考试中给外语人才设置开放型岗位的方法,激励国民学习外语。

3. 与翻译相关的法律

从韩国国家法令信息数据库中模糊搜索"翻译",显示共 55 个法令(含法律、总统令、部令等),经人工筛选整理的国会制定法律共 19 部,具体如表 5-4 所示。

表 5-4　　　　　　　　　　涉及翻译的法律条款

序号	颁布号	法律名称
1	第 10583 号	根据韩美互防条约第 4 条设立的设施、区域以及在韩国境内的美军权利协议实施相关刑事特别法
2	第 11690 号	打击毒品非法交易相关特别法
3	第 12547 号	海洋事故调查及审判相关法律
4	第 11306 号	刑事诉讼费用等相关法律
5	第 13426 号	家庭暴力犯罪的处罚等相关特别法
6	第 14441 号	结婚中介管理相关法律
7	第 14179 号	刑事诉讼法
8	第 14061 号	国际婚姻家庭支援法
9	第 14408 号	难民法
10	第 12844 号	国际刑事司法合作法
11	第 13722 号	军事法院法
12	第 14415 号	刑法
13	第 11551 号	民事诉讼费用法
14	第 11690 号	犯罪人员引渡法
15	第 11690 号	检察厅法
16	第 12897 号	宪法裁判所法
17	第 14106 号	出入境管理法
18	第 14112 号	实用新型法
19	第 13524 号	少年法

资料来源：韩国国家法令信息数据库。

韩国法律体系内的翻译相关法律条文均集中在保障因缺乏国语能力而无法得到人权等自身权益保障的情况，政策允许相关人员从保障自身权益的需求出发，获得口译或笔译服务。口译或笔译产生的费用归类为诉讼费用，按照相关规定执行，即责任人承担为原则，但责任人无能力承担时，由国家相关预算支付。

四　中韩语言文字立法比较

（一）立法背景

中韩两国隔海相望，同属东亚文化圈，有着很多相似的文化习俗，但国情很不相同，语言文字立法的背景也不相同。首先是民族构成不同。中国是一个多民族、多语言、多方言、多文种的国家，全国56个民族，53个民族有自己的语言，有的学者认为中国的少数民族语言有70多种，有的则认为超过100种，分属汉藏语系、阿尔泰语系、马来亚及波利尼西亚语系、南亚语系、印欧语系等五大语系。韩国是单一民族国家，韩语是韩国唯一的国语，虽然不同地区存在不同的方言。进入21世纪后，韩国从中国、日本、东南亚等周边国家输入了大量的劳务移民，与此同时由于国际留学生和跨国婚姻的增加，韩国才开始从单一文化社会向多元文化社会转变，也正是在这种背景下，韩国开始关注语言弱势群体的韩语教育问题。

其次是语言使用的历史背景不同。汉字一直是中华民族使用的文字，在历史传承上从来没有中断过。而韩国的情况比较特殊，历史上韩国只有语言没有文字，长期借用汉字作为韩语的书写方式，韩国直到15世纪才发明了韩文。而在20世纪长达36年的日本殖民统治时期，韩国人更是被禁止使用韩语和韩文，使韩语和韩文的保护和发展一度受到严重的破坏。

最后是语言文字立法的时间不同。中国《国家通用语言文字法》于2000年10月30日由第九届全国人民代表大会常务委员会第十八次会议通过，2000年10月31日中华人民共和国主席令第37号公布，自2001年1月1日起施行。韩国的《国语基本法》于2005年公布实施。在时间上，中国的《国家通用语言文字法》比韩国的《国语基本法》早了5年。

（二）立法宗旨

两国语言文字立法的宗旨和出发点不同。中国《国家通用语言文字法》的立法宗旨是"推动国家通用语言文字的规范化、标准化及其健康发展，使国家通用语言文字在社会生活中更好地发挥作用，促进各民族、各地区经济文化交流"（《国家通用语言文字法》总则第1条）。而韩国《国语基本法》的立法宗旨是"推动国语使用，为国语发展和保护奠定基础，发展国民的创造性思维，提升其文化生活质量，促进民族文化发展"（《国语基本法》总则第1条）。

韩国《国语基本法》不仅规范了国家和地方政府机构的语言文字行为，更规范了公民的个人语言文字行为，对公民的语言文字权利和义务做了详尽的规定；而中国《国家通用语言文字法》规范的是国家层面的语言文字使用，对个人的语言文字行为不做具体规定。

韩国《国语基本法》一个非常重要的目标是韩语纯化，即通过立法排除汉字和日文等外来语言文字对韩语和韩文的影响，通过法律树立和巩固韩语和韩文的国语地位。中国的《国家通用语言文字法》目标之一是保障各民族语言的平等地位，推动国家通用语言文字的规范化和标准化，促进不同民族、不同地区之间的经济文化交流。

(三) 立法过程

中韩两国语言文字立法都经历了较长的酝酿、发展和成熟阶段。

韩国的《国语基本法》经历了三个不同的发展时期，分别是韩语的恢复和根植期（1945—1983年）、语文规划的酝酿和普及期（1984—2004年）和国语政策的多元化发展时期（2005年至今）。

中国的语言规划和与语言政策以"文化大革命"为界分为两个阶段，第一个阶段的工作重点是文字改革和汉字规范化，当时文字改革的目标是走拼音化的道路，其步骤首先是简化汉字，同时通过推广普通话和制定汉语拼音方案为汉字拼音化做准备；第二个阶段的重点是推广普通话并保持现有汉字的稳定性。[①] "文化大革命"期间中国语言规划和语言政策工作全面停顿。

中国在《国家通用语言文字法》正式颁布实施之前，已经出台了多个语言文字应用管理的规范和标准，包括：《第一批异体字整理表》（1955年）、《汉语拼音方案》（1958年）、《部分计量单位名称统一用字表》（1977年）、《信息交换用汉字编码字符集·基本集》（1981年）、《普通话异读词审音表》（以1985年修订本为准）、《简化字总表》（以1986年新版为准）、《现代汉语常用字表》（1988年）、《现代汉语通用字表》等。[②] 此外，自1987年开始，国家语委会同有关部委（署、局）相继推出了六份行政规章，包括《关于地名用字的若干规定》《关于广播、

[①] 道布：《中国的语言政策和语言规划》，《民族研究》1998年第6期。
[②] 王铁昆：《试论语言文字的法制建设问题》，《语言文字应用》1995年第3期。

电影、电视正确使用语言文字的若干规定》《关于企业、商店的牌匾、商品包装、广告等正确使用汉字和汉字拼音的若干规定》《关于商标用字规范化若干问题的通知》《出版物汉字使用管理规定》《关于在各种体育活动中正确使用汉字和汉语拼音的规定》等。①

另外,《宪法》也对中国的语言政策做出了两条根本性的规定:"各民族都有使用和发展自己的语言文字的自由"(第4条)和"国家推广全国通用普通话"(第19条)。前一条表述明确规定了各民族语言文字享有平等的法律地位,保障各民族有选择使用符合自己需要的语言文字的权利;后一条将普通话作为全国的通用语言,两者相辅相成,是语言多样性和统一性的完美结合。②

(四)立法特点

中国《国家通用语言文字法》确立了普通话和规范汉字的法律地位,使语言文字的规范化更加有法可依,也是国际经济、文化和科学技术发展和维护国家统一的需要。中国《国家通用语言文字法》具有以下几方面的特点:一是中国第一部语言文字的专项法律,也是世界为数不多的语言文字法之一;二是硬性与软性相结合,主要是软性;三是科学性与求实性相结合;四是法律条文简明扼要。③ 韩国的《国语基本法》与中国《国家通用语言文字法》的特点相仿,但由于还同时配套了《国语基本法实施令》和《国语基本法实施规则》,语言文字法律体系更健全,操作性更强。

中国除了《国家通用语言文字法》,各省、自治区、直辖市也相应制定了本地区和本民族的语言文字政策,但仍缺乏专门针对少数民族语言文字的国家立法,使保护和使用少数民族语言文字缺乏应有的法律依据。

(五)少数民族语言文字保护

韩国从总体上看是一个单一民族、单一语言国家,外籍韩裔、在韩外国人和讲方言的韩国人等语言弱势群体直到21世纪初才开始受到关注,并在韩国《国语基本法》中对这些人的韩语教育问题做了明确规定。而中国拥有众多的少数民族语言、方言和文字,如何保障少数民族使用民族语言文字的权利,长期以来是国家和人民关心的问题,有多位学者撰文探

---

① 王铁昆:《试论语言文字的法制建设问题》,《语言文字应用》1995年第3期。
② 道布:《中国的语言政策和语言规划》,《民族研究》1998年第6期。
③ 陈章太:《语言文字立法是社会进步的需要》,《中国语文》2001年第2期。

讨少数民族语言文字立法的必要性、原则、依据、措施、步骤等。① 除了《国家通用语言文字法》，很有必要制定国家民族语言文字法，以实现民族平等，保护和发展各种民族语言。

中国在保护和发展少数民族语言文字方面取得了很大成就，其中最显著的就是各少数民族自治地区的语言文字立法。据不完全统计，截至2005年，全国已有22个少数民族自治区、州和县制定了针对本地区语言文字使用的法律法规。②

另外，中国的少数民族语言文字立法仍存在一些迫切需要解决的问题，如很多使用功能弱、规范程度低的少数民族语言逐渐被汉语所取代，处于濒危状态，另外国家层面尚缺少专门针对少数民族语言文字的法律，③ 因此有必要制定《少数民族语言文字法》。

（六）韩语纯化与汉字规范化

韩语纯化政策是一种语言规范化政策。其主要内容为最大限度地保护、整理、完善、推广和普及纯正韩语。④ 汉字和日语曾经对韩语和韩文产生过很大影响，汉字在韩语中的使用历史更是长达2000多年。为了减少甚至是消除汉字和日语等外来语言文字的影响，韩国自1945年起就提出了韩语纯化运动，以剔除韩文中的日文字和固化汉字，韩国政府于1948年制定并颁布了首个语言法案《韩语专用法案》，这对长期受汉字和日语影响的韩语和韩文来说是一个划时代的变革。1958年又制定并实施了《韩语专用实施纲领》作为对《韩语专用法案》的补充。1968年成立

---

① 参见廖青《关于我国少数民族语言文字法的立法研究》，《青海民族研究》1992年第2期；伍精华《如何进一步做好民族语文工作》，《中国民族》1992年第2期；王铁昆《试论语言文字的法制建设问题》，《语言文字应用》1995年第3期；加措、谢明琴《加强民族语文法制建设繁荣和发展民族语文事业——民族语文立法应遵循的主要原则》，《中央民族大学学报》2000年第1期；陈章太《语言文字立法是社会进步的需要》，《中国语文》2001年第2期；王远新《我国少数民族语言文字立法的必要性》，《民族翻译》2008年第1期；乌兰那日苏《我国少数民族语言文字法律保护现状及立法探讨》，《理论研究》2007年第3期；乌兰那日苏《我国少数民族语言文字权行政保护探讨》，《广播电视大学学报》（哲学社会科学版）2009年第2期；黄格胜《加快少数民族语言文字立法》，《中国社会科学报》2013年第3期。

② 戴红亮：《我国少数民族语言文字法制化的进程和特点》，《语言与翻译》2006年第1期。

③ 乌兰那日苏：《我国少数民族语言文字法律保护现状及立法探讨》，《理论研究》2007年第3期；包来福《试析我国少数民族语言文字的立法保护现状》，《呼伦贝尔学院学报》2009年第2期。

④ 崔丽红：《韩国的语言政策与国家意识探析》，《云南师范大学学报》（哲学社会科学版）2012年第3期。

"纯用韩文研究委员会",1976年文教部设立"国语纯化分科委员会"。由此可见,过去半个多世纪以来,韩国一直没有停止纯化韩语的努力,并通过一系列举措促进韩语的纯化。

但由于韩国的绝大部分历史文化是借用汉字书写的,完全摒弃汉字会对继承、发扬和研究韩国历史造成很大的不便,造成历史文化的断层。因此,韩国国内有很多反对废除汉字的声音,他们认为汉字已经成为韩国语言文化不可分割的一部分,在韩文中废除汉字属于违宪行为。

另外,语言不可能在真空中存在和发展,总是会与其他语言发生交流和碰撞,并在交流过程中不断地发展进化。伴随经济全球化和信息全球化的是语言之间交流、渗透和借鉴的不断增加,韩国在实施《国语基本法》的过程中也意识到了完全摒弃汉字、日文、英语等等外来语言文字是不符合实际情况的,有鉴于此,《国语基本法》增加了在特定场合并用汉字等外来语言文字的规定。

中国不存在被外国语言文字主宰的问题,中国的《国家通用语言文字法》强调的是规范而不是纯化汉字或汉语。在《国家通用语言文字法》颁布实施之前,中国社会生活中的语言文字使用比较混乱,主要问题包括:普通话普及率不够高,方言盛行,不少国家机关工作人员执行公务时使用方言,社会用字比较混乱,滥用繁体字、乱造简体字的现象比较普遍,出版物、广告、商标招牌、商品包装和说明书、信息技术产品等中外文混用等。①

《国家通用语言文字法》作为我国的语言文字基本法,其定位是一部指导性法律,而不是规制性及惩罚性法律,因此,难以规定详尽的实施细则,其贯彻实施有赖于各地或相关部门根据《国家通用语言文字法》制定具有实施细则特征的地方性法规或规章,截至目前,绝大部分省、自治区和直辖市制定或修订了地方语言文字法规或条例,保障了《国家通用语言文字法》的贯彻落实。

对于外语的使用,韩国的立法规定比较详细。而中国《国家通用语言文字》仅提到"汉语文出版物中需要使用外国语言文字的,应当用国家通用语言文字作必要的注释"(第二章第11条)。和"因公共服务需要,招牌、广告、告示、标志牌等使用外国文字并同时使用中文的,应当使用规

---

① 陈章太:《说语言立法》,《语言文字应用》2002年第4期。

范汉字",除此之外,没有更具体表述,使社会生活中的中外文使用缺乏具体的法律指引,中外文混用、乱用的现象至今没有得到很好的解决。

(七) 国语的国际推广

中韩两国都在努力扩大其语言文化的国际影响力,在具体实施手段上有相似之处,也有差异。韩国从多个途径实施韩语的国际推广,第一,跆拳道外交,韩国将跆拳道作为一种韩国文化和推广韩语的载体向世界推介;第二,免费培训世界各地的韩语教师;第三,世宗学堂项目,韩国在2007年启动"世宗学堂"计划,从2007年到2012年,韩国在世界各地共建设了90所"世宗学堂",2012年2月12日韩国文化体育观光部公布《第二轮国语发展基本计划》,提出到2016年将海外"世宗学堂"的数量增加到200所;第四,向无文字的国家和部族展开韩文分享运动,首选对象是印度尼西亚的吉阿吉阿族。① 另外,风靡全球的韩剧也是韩国推广其语言文化的重要载体。

在立法方面,韩国根据《国语基本法》中关于"韩语国际化战略"的目标,于2007年制定并实施了《第一个国语发展基本计划》,该计划包括了三大重点课题和十大实施课题,从教育、多语种韩语词典编撰、在线交流平台等多方面提升韩语的国际普及率和影响力。

韩国于2001年成立韩语世界化财团(又名"世宗学堂财团"),旨在推行"韩国语世界普及方案",该方案包括对内和对外两个阶段,对内阶段指对在韩外国人实施韩语教育,通过各大学实施教育;对外阶段指对在国外韩裔和外国人实施韩语教育。②

中国方面主要是通过孔子学院和中华文化外译项目推广汉语和中华文化。中国在2004年启动"孔子学院计划",时间上比韩国的"世宗学堂"早3年。截至2019年12月,中国在全球162个国家和地区共开设550所孔子学院和1172所孔子课堂,境外学汉语的人数超过1亿人。

近年来,中国文化外译项目是中国提升软实力和国际影响力的一个重要举措,也是学界关注的一个热点,但外译过程出现了很多问题,如外译的作品、译者、出版社的选择,外译作品的营销模式和途径,外译的效果等都需要进一步探讨和反思。从韩剧的流行看,韩国在文化软实力的国际传播方面似乎比中国更成功一些,也是值得我们学习借鉴的地方。

---

① 崔元萍:《韩国语言文字推广战略途径研究》,《当代韩国》2013年第2期。
② 崔元萍:《韩国语言文字推广战略途径研究》,《当代韩国》2013年第2期。

中国的孔子学院和韩国世宗学堂的宗旨都是推广本国文化和文字，提高其国际影响力，但在具体运作上却不尽相同。中国的孔子学院是由中方出资并委派自己的教师到当地任教；但世宗学堂则是由韩国出资，由所在地提供师资进行韩语培训，教学效果和质量难以保证。

（八）韩国语言文字立法对我国的启示

《国语基本法》《国语基本法实施令》《国语基本法实施规则》基本上构成了韩国的语言文字立法体系，规定了国家、政府部门以及公民的语言文字权利和义务，从法律上对于传承和弘扬韩国语言文字、文化给予了保证。韩国的语言文字立法自从2005年颁布实施以来，社会反响很好。随着韩国的科技产品、韩剧等韩国文化元素在全球的流行，韩语的国际推广也取得了骄人的成绩，韩国语言文字立法有几方面的经验值得我们借鉴。

第一，从法律上保证韩语的国语地位。国语是国家主权的象征，韩国在《国语基本法》中明文规定韩语既是韩国的国语也是唯一的官方语言，从立法上保证了韩语作为韩国国语的地位。中国的《国家通用语言文字法》将普通话和规范汉字定为"国家通用语言文字"，却没有对普通话和规范汉字进行定义，也没有提及普通话的国语地位。而之所以没有定义"普通话"和"规范汉字"，是因为学术界对普通话和规范字的定义本身存在不同看法，如果将两个定义写进法律，会陷入学术之争。[①] 但从另一角度看，法律条文的缺失也给法律的贯彻执行留下不确定因素，增大了其实施和执法的难度。

第二，以详尽的实施规则落实执行《国语基本法》的规定，如在韩语教师、韩语能力测试、学校的韩语课程设置、韩语国际推广等各方面有配套的实施方案，都有较强的可操作性。中国相关立法很多，但相对分散，分属不同的行政主管部门，而且不同地域和部门制定的法规或规章之间存在不配套甚至是互相矛盾的现象。因此，我们可以借鉴韩国的经验，将所有与语言文字立法相关的法律法规纳入某一个国家机关进行统一管理，对其中自相矛盾或不切合实际的法律条款及时予以修订。

第三，以发展的眼光看待语言文字立法。韩国《国语基本法》自2005年颁布实施以来，根据国情的变化和实际执行情况，适时对部分内容进行调整和增删。其中最具代表性的是有关汉字的使用问题，韩国从

---

① 魏丹：《语言文字立法过程中提出的一些问题及其思考》，《语文研究》2003年第1期。

1945 年的完全摒弃汉字发展到现在的对汉字采取辩证态度,体现了韩国人务实的精神和发展的眼光。韩国对英语等外语的态度也是与时俱进的。韩国人知道,英语在国际生活中具有重要地位,因而在外语教育、就业等方面进行了具体的规定,使外语的学习和使用有法可依。中国对外语也是采取了开放包容的态度,但是《国家通用语言文字法》只对中国境内汉语文出版物和广播影视中使用的外国语言文字做了原则性规定,而对其他领域的外语和外文使用没有具体规定。因此,地名、商店名、广告牌、标识语等中外文并用、乱用、混用的现象依然非常严重,尤其是错误百出的英文翻译对城市和企业形象造成了负面影响,这一方面仍有待相关法律法规的规范和指引。外来语,尤其是英语与汉语的混用,已经引起了学界的关注,有学者撰文呼吁修改《国家通用语言文字法》,以净化中国的语言文字。① 随着国际交流的增加和信息化程度的提高,公共场所的外语使用或中外文混用现象越来越多。针对这一现状,很有必要研究制定全国性的行政法规或部门规章——《外文使用管理规定》,以规范外语的社会使用。②

第四,平衡语言纯化和语言平等的关系。韩国的《国语基本法》保障韩语和韩文的地位,保护韩国公民和韩裔使用韩语和韩文的权利,推进韩国语言文化国际化战略等。韩国在实施《国语基本法》时,非常注重对国民语言权益的保护。中国在实施《国家通用语言文字法》及其各项相关地方法律法规时也需要保护好公民选择和使用本民族语言文字的权利,牢记推广普通话和规范汉字并不是为了消灭各种方言、民族语言文字,而是为了实现各民族更好的交流和团结,维护中国的国家形象。同时,国家和各级政府主管部门应该采取切实有效的措施保护和发展各种民族语言,从资金、政策、师资培养等各方面予以大力支持。不可否认的一个事实是,随着普通话和规范汉字在公共领域的推广和普及,一些使用功能差、使用频率低的少数民族语言和方言正在消亡,这种现象必须引起有关部门足够的重视,从学校教育入手,大力推广民族地区的双语和多语教育,让更多的年轻人学习、掌握和喜爱民族语言文字,使民族语言文字能够继续存续下去。

---

① 傅振国:《英语蚂蚁在汉语长堤上打洞》,《中央社会主义学院学报》2010 年第 1 期。
② 魏丹:《语言文字法制建设——我国语言规划的重要实践》,《北华大学学报》(社会科学版) 2010 年第 3 期。

第六章

非洲与拉美国家的语言文字立法

第一节 语言万花筒：南非语言文字立法

南非位于非洲最南端，历史上南非的官方语言历经变迁：在17世纪荷兰殖民统治时期，南非采用荷兰语为官方语言；在19世纪初英国殖民统治时期，采用英语为官方语言。① 目前，南非有11种官方语言，分别为南非语②、英语、南恩德贝莱语、北索托语、南索托语、斯威士语、聪加语、茨瓦纳语、文达语、科萨语以及祖鲁语。少于2%的南非人以非官方语言为母语，大多数南非人能讲两种及以上的语言。所有官方语言的地位都是平等的，但当中有部分官方语言更常用。根据2011年人口普查，南非人四种最常说的第一语言分别为祖鲁语（22.7%）、科萨语（16.0%）、南非语（13.5%）以及英语（9.6%）。虽然英语只位列第四，且在2011年时仅有9.6%南非人以其为第一语言，但英语是南非政界、商界及新闻传媒的最主要语言。此外，英语依然为南非事实上的通用语言。

南非还承认几种非官方语言，包括凡那伽罗、科尔语、罗必都语、纳马语、北恩德贝莱语、普地语以及南非手语。这些非官方语言可能会在其主要使用的区域中当作官方语言使用。南非手语在整个南非都通行，有时也使用手工编码语言。

---

① Sonntag S. K., *The Local Politics of Global English: Case Studies in Linguistic Globalization*, USA: Lexington Books, 2003, p.153.

② 南非语（Afrikaans），字面意思为"非洲语"或"非洲的"，但发展是基于欧洲语言而来，为南非境内的白人种族阿非利卡人的主要语言。也有人将其中文名译为南非荷兰语、阿非利卡语。南非语的历史发展过程以及其在当今南非社会的地位都备受争议。《大英百科全书》在介绍该语言时就这样陈述："很少有语言能够'像南非语一样'产生这么多的争议。"

一 南非宪法中语言政策的变迁与发展

自荷兰东印度公司在开普敦设立贸易站迄今 300 多年来，除 18—19 世纪的殖民政府外，20 世纪以后南非经历了南非联邦、种族隔离的南非共和国至 1994 年后种族隔离的民主南非多个阶段，而每个统治时期均在宪法中对语言政策有所着墨，尤其以目前南非宪法多语主义的精神最具特色。民主南非政府成立之后，面对过去数十年来，因为种族隔离政策所造成的非白人文化受压制的局面，开始思考如何恢复有色人种的文化尊严。本土语言和文化的复兴是南非后种族隔离时代语言教育政策中的重要议题和任务。[①]

南非宪法第 6 条明定 11 种官方语言，是全世界官方语言第二多的国家。它不仅摒弃了实行 80 多年的双语政策，更高举多元主义文化大旗，南非政府也想有所作为，但语言实践的发展，却未尽如人意，仅造就了后种族隔离时代语言的多样性。南非的语言发展仍旧摆脱不了"工具价值"与"经济价值"的制约，英语仍是最强势的语言，全球化趋势下这种现状必将持续下去，这对南非宪法彰显的语言多元主义价值而言，无疑是一种打击，但是南非宪法第 6 条提出的"所有语言必须得到公平对待，同等尊重"的语言平等理念，仍应受到肯定。

二 制定语言政策的依据

语言政策可能触及一个社区或是一个国家所有语言的实际状况、语言的信仰和语言的经营。在一个国家的语言政策下，在其实际的推动运作过程中，要采用何种语言作为国家语言或官方语言，则是语言规划所要了解与关注的。语言引起的冲突是屡见不鲜的，以南非为例，学生抗议政府将半数课程以南非荷兰语（又称阿非利卡语）教学的政策，引起黑人学生不满，于 1976 年 6 月 16 日造成后来扩及全国的索威托暴动。此暴动催化了黑人武装革命的道路，加剧了社会的不安定。故在多语族的国家中，国家语言政策的制定轻则影响到族群团结，重则造成族群冲突和国家分裂，不可不慎。

20 世纪 80 年代末 90 年代初开始民主过渡以后，南非政界、法律界、

---

① 汪欣欣、谢净寅：《南非语言教育政策对中文教育影响研究》，《比较教育研究》2021 年第 4 期。

语言学界及其他学术领域掀起一场关于南非语言问题的激烈争论。《南非共和国 1993 年临时宪法》和《南非共和国 1996 年宪法》中有关语言问题的条款，集中反映了这场争论的核心问题和结论性成果，这也是南非制定语言政策的主要依据。

（一）语言是一种基本人权

在公平合理的国度，不应该禁止人们使用自己所选择的语言。如果出现了妨碍公民行使自己语言权利的状况，国家对公民语言权利的实现应负保护义务。南非历史上的种族隔离制度及其以前的宪法和相关法律都明确保护白人的语言权利，对广大非洲人的语言权利则采取忽视和压迫的政策。在南非民主转型过程中，争取非洲人语言权利的斗争已成为这一进程的重要组成部分。宪法中的语言权利和语言平等条款成为南非进行语言立法的核心和依据，其中宪法第 1 章第 3 节关于南非语言问题的表述最为重要。据此，1995 年 12 月南非艺术、文化、科学和技术部正式宣布成立南非语言规划专职小组，负责语言立法的前期研究工作。

（二）多语社会亟须语言规划

由于没有一个全国性的通用语言，南非语言和文化种类异常庞杂，长期无法实现种族和解。在这种历史背景下建设新型的民主国家，必须妥善处理语言文字问题。语言规划和语言政策在多民族国家建设过程中的潜在作用主要体现在以下三个目标上：实现政治的统一、社会平等和保持文化的多样性。

促成政治统一的先决条件是，南非人彼此之间能够进行充分的思想交流以便能建立共同的价值观、信仰，从事共同的社会实践等，摒弃陈旧的观念、偏见和陋习，重新形成相互尊重，这就要求政府确立一种全国通用的语言。像南非这样一种语言和文化极端复杂的社会，如何确立全国通用的语言，如何保持语言和文化的多元性，是需要进行全面规划的。

为了促进社会平等，南非政府必须制订一种强制性的语言平衡计划，其目标是使每种语言都有一种价值感，一种对社会发展具有潜在意义的感觉。实现这种目标应采取一种语言政策，承认国内主要语言为全国通用语言，解决全国性的真正与语言有关的问题，促进互相的尊重或宽容，禁止以语言为前提的歧视行为。

（三）语言政策应促进民主政治建设

在存有语言问题的国家，语言政策是政治、经济和文化战略中不可分割的一个组成部分。语言政策本身不过是一个脆弱的工具，只有在其他社会领域得到强化时才能发挥作用。比如，如果讲某种语言的人们无法获得收入丰厚的工作，原因在于这些工作岗位不对讲该语言的人们开放的话，那么，语言平等就只是一句政治正确的空话。

在民主参与方面，南非目前的状况由于语言结构问题而不能令人满意。首先，目前在各级议会进行政治辩论的语言只有英语。这表明南非总人口的80%或更多的人听不懂这些争论，不能评估政治家的观点，难以影响政治决策。其次，由于全国大多数人没有完全掌握行政部门使用的语言（阿非利卡语和英语），公民与行政部门之间无法进行有效沟通。况且，所有的公共服务部门（行政部门、保安服务部门、卫生保健部门和农业部门等）均由讲阿非利卡语的人控制着。为了能使大多数公民有效地参与政治生活，新的语言政策必须确保各种土著语言在议会、行政部门、保安服务、法律体系、教育、大众传媒和通信行业等公共领域发挥更大的作用。

（四）应确定促进和保护全国公民语言权利的战略

语言权利是民主国家必须予以尊重和保护的公民权利。同样，南非过渡宪法和1996年宪法明确承认了公民的各种语言权利。这些权利包括：在所有官方交往中按自己的意愿使用语言的权利；在教育中按自己的意愿使用语言的权利；在法庭按自己的意愿使用语言的权利，听懂与自己有关的任何辩论的权利；为行使公共社会的权利、特权、地位和权力而选择自己的语言的权利；推广普及自己语言的权利；学习其他语言并使用这种语言从事研究的权利；自己的语言受到尊重的权利；自己的语言不受歧视的权利；自己选择某种语言从事自己的文化实践的权利。

（五）语言是一种可资利用的社会资源

众所周知，语言可以成为个人和社会发展的一种资源，可以利用语言获得教育资源、经济机会，进行政治参与、社会交往和从事文化活动。一种语言的资源价值依赖于这种语言资料的整理开发成果、该语言的地位及其在社会中的普及程度。在一个多种语言并存的社会，多种语言不仅具有直接的经济意义，比如工作场所的语言交流是顺利进行生产的条件；还具有广泛的社会意义，语言是了解多元文化的途径，从而成为国家建设和民主建设的重要工具。

在南非，阿非利卡语和英语是广泛使用的语言，已经高度标准化和技术化了，并进行过严密的典籍编撰（拥有词典、专门名词总词目和标准语法）。其他主要语言的标准化程度和编撰程度均较低。阿非利卡语和英语也是教育的主要语言，通用于读写课程、所有学科的教学大纲、教科书、科学和技术报告或出版物、参考文献和百科全书。在不太正式的领域，即口头文学和文化活动中，土著语言确实起着一定的作用。

（六）促进民族融合和语言的多样化

追求多种文化和多语言的和谐相处，是南非所有进步势力共同努力的目标。奥利弗·坦白博在莫桑比克召开的莫桑比克解放阵线第四次代表大会上的演讲构想了一个未来新南非的面貌，"其主权将来自全体人民，而不是来自为维护少数人的权利而由班图斯坦或由种族与部族集团所构成的组合"①。

在南非人民过去所经历的种族隔离制中，语言往往是划分族群的唯一标志。许多南非人已将这种族标记和种族象征内在化了。因而，南非在根除人们思想中种族隔离制遗留的消极影响方面的任务还很艰巨，其语言政策应为此做出相应的努力。政府应采取规劝、鼓励的政策来促进各种语言的使用，而不应采取压制的政策。

保持文化的多元性与加强族群团结是对立统一的关系：一方面，在南非的社会政治历史背景下，为了建立族群团结的社会，必须明白无误地限制语言和文化差异的作用，以控制种族民族主义的抬头；另一方面，承认和弘扬自身的文化能够促进文化多样性。目前，南非最紧迫的任务应是承认多元性原则以遏止种族同化的趋势。

南非教育部于 2014 年颁布了《学后教育与培训白皮书》，其中的语言教育政策旨在促进族群融合，保障宪法规定的语言政策目标。然而一年后，南非爆发了后殖民时代最大的学生运动。南非《学后教育与培训白皮书》的实施效果表明：语言教育政策只有基于整个社会的历史条件和现实情况，从语言生活国情出发，最大限度地反映社会变迁，才能切实起到民族融合的作用。②

---

① 张轩铭：《南非的民族管理机制——从班图斯坦制度到民族身份的淡化》，《科学与财富》2017 年第 7 期。

② 梁砾文、王雪梅：《民族融合视域下的南非语言教育政策研究——以"学后教育白皮书"为例》，《民族教育研究》2018 年第 4 期。

三　语言政策的革新方案及其具体规定

为了按照临时宪法中的语言原则进行南非语言立法工作，1995年10月，艺术、文化、科学与技术部部长恩古伯内博士任命了语言规划专职小组核心委员会的7名成员。恩古伯内部长同时强调，语言规划专职小组的任务是制定一项全国语言规划。该规划应声明南非在语言政策问题方面的需求和重点，至少应该实现如下目标：（1）所有的南非人应通过学习一种自选的适于广泛社会环境的官方语言，使自己掌握该语言口语和书面语的水平达到一定程度，能够参与南非社会各领域的活动；（2）所有南非人不仅应有机会学习其母语，还应有机会学习其他语言；（3）受到过去语言政策不利影响的各种非洲语言应得到开发和保持；（4）应建立平等的和广泛的语言服务机制。

1995年11月9日，语言规划专职小组正式成立，1996年7月底就南非国语规划问题向恩古伯内提交建议报告。语言规划专职小组下辖若干分组委员会，分别负责语言规划的主要问题。1996年8月8日该小组向恩古伯内部长提交了一份名为《南非国语规划》的总结性报告。本节的论述和分析主要依据南非语言规划专职小组及其下辖的分组委员会提交的建议报告。

（一）语言规划的宏观方案

1. 语言地位的规划

在南非旧语言政策中，只有阿非利卡语和英语才能享有崇高的地位。由于种种历史原因，英语的地位更高；除了是从事国内外重要的经济、教育和社会活动的主要语言外，它还是进行反对种族隔离制斗争的主要应用语言，因而成为自由解放运动的鲜明象征。其他主要的非洲语言广泛用于个人交往，总体上社会地位低下。殖民地时期和种族隔离制时期的语言政策与各自时期的社会经济和社会政治政策共同形成了不平等的语言等级制。它代表着南非社会特有的不平等的种族和阶级结构。先是英语继而是阿非利卡语的主导地位得到系统的维护，以加强白人在各个方面的主导地位。这些做法产生的必然结果是众多的土著语言，非洲人族群以及诸如奴隶、外来移民和聋哑人的各种语言的地位都十分低下。

语言规划专职小组下属的各分组委员会认为，政府亟须通过政治、经济、社会、文化和其他干预措施改变这一情势，以推动和巩固南非的民族进程。这一必须完成的任务实施起来困难重重。改变人们现行的语言态度或"使人们的思想意识非殖民化",已成为南非实现平等的语言机制进程中至为重要的一步。因而所有的分组委员会都认为,承认通用于南非的9种非洲本土语言的官方地位是一大进步,但还远远不够。继而,他们建议这些语言和其他语言可以发挥较高社会地位的功能。诸如,在议会辩论中,在从学前教育到大学和职业教育的所有领域的语言教学中,在印刷与电子媒体中以及在国内商业交往中得到应用。

各分组委员会总的倾向是建立一个能实际发挥作用的多语制,但它不是指因社会地位的不同而讲两种语言的多语制,因为在这种情形下,语言注定永远仅限于某一领域使用。这种多语制应该是一种兼容并蓄的行之有效的方法,并在宪法层面强调政府的保护义务。

2. 语言编撰规划

在语言规划专职小组成立时,恩古伯内部长除了谈到语言地位规划、语言工具书规划和公民掌握语言规划这三者之间的内在联系之外,非常明确地要求语言规划专职小组考虑"发展并保持过去语言政策所含的非洲语言"。

此外,语言规划专职小组的报告完全明确指出了必须做什么以及如何去做。在明确了基本情况的改变只有在获得大量拨款和一定条件才能发生后,该报告指出,明确的专业基础体系仅仅有利于阿非利卡语和英语,应该创立并扩展适用于其他语言的专业基础体系并在一定时期内进行系统的运用。用于培训教师、笔译翻译、口译翻译、术语专家、词语专家和语言专业工作者所急需的设施、项目以及必要的设备,应该着手筹划并积极予以支持。大学和技术学院应该加紧设立培训项目和批准培训课程,非政府组织也应承担起创造性的工作。

为了完成这一使命,编撰词典、术语汇编和专业术语词典的任务十分紧迫,因为这些辞书是口译、笔译、科学家和技术专家们的重要工具,常被看成语言发展水平的一种标志。语言规划专职小组建议立即修改《阿非利卡语词典法》,并在国家支持的词典项目方面更平等地对待各种官方语言。

3. 语言学习规划

在语言教育和学习规划方面,大多数分组委员会认为有三个决定性因素:长期形成的语言心态;为具有特殊目标的个人或群体习得特殊的语言而创立或增设各种鼓励性措施；对语言教育和培训工作者的高质量培训。读写能力的重要性及其界定，是关于语言问题争论的核心问题。尤为重要的是培养读写能力的规划决策，应考虑各年龄段读写能力的培养、运用和开发。人们从家庭到工作再到更广泛的社会文化生活的各领域需要懂得阅读和书写，读写能力在其生活中具有丰富的意义。在南非，需要发展运用非洲本土语言的读写能力。这种规划为在家庭生活和社会生活中制定开发读写能力的培训计划提供了条件。

大多数报告有建立语言服务中心的设想。语言服务中心将不仅为口语、书面语和手语的学习提供服务，而且将凸显语言的社会经济意义，体现语言专业机构在解决社区、城镇语言交流问题和创造就业机会方面的潜力。

（二）语言规划的具体建议

语言地位平等是现代法治国家的价值共识。但南非的历史发展进程和长期存在的社会斗争，包括殖民征服、种族歧视和种族隔离制等，使英语和阿非利卡语成为南非居支配地位的语言。

目前，南非中央政府秉持的语言态度显而易见是支持英语，议会中的翻译服务仅限于英语和阿非利卡语。英语在南非广播公司电视节目中完全居于支配地位，而且中央政府对此尚未表示将采取什么措施加以改变。在省级部门，除英语外，其余官方语言均未引起人们的注意，而且发展趋势是各种会议只用英语。大众对语言所持的态度也是功利主义的，大多数人支持英语是因为英语作为一种国际语言十分重要，同时大多数人还认为南非的其他语言也应该得到支持，尤其是作为学校课程或作为艺术表现方式的那些语言。

为了真正实现语言地位平等，语言规划专职小组提出了相应的策略和建议。

首先，建立关于语言应用和语言分布的切实可行的数据库。这就要求立即进行有关方面的调查和研究。这类研究项目的设计和实施应在咨询相关社会群体的基础上进行。如果数据资料不准确，尤其是关于农业社会群体的数据资料有误，就有可能犯战略性错误。

其次，关于财政资助问题，语言规划专职小组强调教育和学习方面的资源保障极为重要，需要提供学习和掌握全国所有官方语言的平等机会。该小组特别指出，政府需要在普及少数民族社会群体的语言以及为其提供财政资助方面做出特别努力。为了促进语言的平等和多语制的实现,应在全国范围内建立一些语言服务中心。

最后,加强唤醒语言意识的舆论宣传。包括迅速向社会发布语言政策和语言规划方面的信息,宣传多语制对国家建设的重要意义,为充分利用所擅长的专门语言提供就业指导等。南非国家语言委员会应率先从事普及语言平等的工作,还应均衡调配各种必需的资源。南非独立广播公司建议,公用广播系统要平等对待和开发南非所有的 11 种官方语言,对此前遭冷遇的语言重点保护。高等院校应鼓励教授非洲本土语言,还应通过某些措施加强这些语言的社会地位,例如建立每种语言的各自独立的学术部门等。

(三) 语言开发

语言开发的目的在于建立一整套标准的拼字和拼写系统,词汇的简练化与现代化,构建专业语法和词汇。南非语言规划专职小组就语言开发问题提出的建议包括:(1) 编写关于构词法和文体的教科书是一项紧迫的任务。(2) 做出各种努力以改变人们对使用非洲语言的态度。(3) 语言的开发应得到统一的管理,也就是说语言开发交由一个单一的机构(例如南非国家语言委员会的专家委员会)来完成,以前的语言委员会应予取消。字典编撰和术语编撰工作同样进行统一管理,这方面可资利用的资源(包括编撰成员)应适当增加。非洲语言必须建立计算机化的全国性词库,创造新词时应强调非洲语言之间的共性。(4) 必须推动广大群众参与语言的开发,鼓励学校、大学、报纸、地方当局等向国家专有名词管理局通报新创立的专有名词;同时,必须巩固方言与标准语并存的权利。

四 教育与公务部门的语言规范

(一) 教育语言

南非语言规划专职小组的报告根据临时宪法的原则确定了教育语言政策的如下目标:促进获得具有实际意义的教育;促进多语制;促进非洲语言的编撰及现代化;在国家建设战略背景下促进人们对语言多元性的尊重;在南非学校和其他教育机构中促成新型的多语机制。

为了加快教育部门的语言规划,1997—1998 年度收集了以下几种数据资料:(1) 关于语言使用情况的实际数据资料,包括使用诸如手语等特色语言作为主要语言或家庭语言的教育者和学习者的数量,能够在教育过程中某一特殊阶段用自己的语言讲授某种特殊课程的教师人数；(2) 南非公民对语言的态度，尤其是父母为子女选择的学习语言和教学语言的偏好；(3) 全国、地区和地方范围内所有相关语言可以获得的教育资源，包括课本、音像磁带、大照片和其他的可视材料、词典、术语汇编等，多种语言的资料尤为重要；(4) 培训语言专家的设备，尤其是培养翻译用的教材；(5) 多语教育的课程、评估意见和实践情况（强调根据全国资格参照标准的灵活的累积学分和承认优先学习的原则，分别评估语言学习者的口语、读写和认知能力的实际效果是重要的）；(6) 在咨询南非国家语言委员会的情况下，监督和实施全国、地区和地方范围的语言规划和语言政策的文件和立法的状况；(7) 语言教育的课堂教学情况，尤其是在多语并存的课堂上，完全以家庭语言为启蒙、培养读写能力和教学用语的情况。失去听力的群体的语言必须与其他所有语言同等对待。

遵照这些原则，语言规划专职小组建议，制定切实可行的目标和时间表，培训教师，解决课程中的语言问题，并且至少用两种语言教授专业课程；提高培训设施；编写、出版和发行教材；采用和推广合适的语言教学大纲。

虽然宪法规定了南非有11种官方语言，但这本身只能是良好的政治意愿，因为11种语言的开发成本实在太高，不大可能实现。另外，宪法规定，中央和地方政府在政府事务中必须至少使用两种官方语言，但没有明确规定应使用哪两种官方语言，各级政府自然就默认使用英语和阿非利卡语为行政用语的现状。2002年11月，南非教育部出台了高等教育语言政策，它号召全体南非人民，尤其南非高等院校师生确保官方语言都得到同等尊重；提倡高等教育多语制，以促使那些想借助高等教育实现自身潜力的人们具有平等入学和就业晋升的机会。但从现状看，南非过去十年的发展已经证明，南非高等教育并没有实现向多语制的方向发展。相反，单语制倾向已日益彰显，已经对实施语言政策构成严重威胁。

这不仅是因为非洲土著语言及其他语言没有发展成为学术语言，而且绝大多数接受高等教育的学生也没有熟练掌握英语和阿非利卡语。这与宪法规定的所有官方语言必须得到公平对待、同等尊重是相悖的。[1]

目前，南非多语制的政策主张和高校的语言实践存在很大的差异：英

---

[1] 李旭：《南非高等教育语言政策管窥》，《西亚非洲》2006年第2期。

语的地位日益显赫，阿非利卡语的地位不断下降，而非洲土著语言被边缘化。语言实践中的单语倾向日趋明显。①

（二）公务部门的语言问题

南非民族团结政府公务部门和管理机构的语言政策的目标是：（1）实施量化的管理和有效的行政管理；（2）通过成功的内部交流和外部交流，为有效的公共服务和公共项目提供同等服务机会，确保公众满意；（3）确保所有的南非人公平地分享政府掌管的资源，改善政府和国家的公共形象与政治形象。

为了制定公共服务部门的语言平等战略，语言规划专家小组列举了如下重要信息：（1）在涉及公共服务和公共项目时要考虑公民的语言条件，实际上政府已同意由艺术、文化、科学与技术部建立全国范围的电话翻译服务。（2）调查公务员的语言技能。（3）调查中央和省级所有政府部门、国防军、警署和所有国有机构对外进行书面语和口语联络的现状。（4）分析管理服务部门内部文件的翻译编辑。（5）提供多元化的全国通用语言的服务，包括高级专业翻译、编辑、口译和术语服务；在公共服务部门推动语言意识觉醒运动，增加公共服务部门使用多种语言的人员数量；利用信息技术解决语言便捷服务的供求关系矛盾。（6）有计划地培训所有的公务员，使其能够为讲多种语言的公众提供合格的服务；强调制定全国培训战略的必要性，以使非洲语言的笔译和口译水平达到一定的标准；强调建立一个接受南非国家语言委员会监督的全国认可的语言工作者组织的必要性。（7）启用会讲多种语言的公务员来为讲多种语言的公众服务，且这样的公务员每年应领取一定的补贴。

五 传统语言、手语和特殊交际方式

南非的传统语言，是指国内通用的非洲语言、亚洲语言、欧洲语言、教会语言和手语。有些南非人，听力基本未受损失或者根本没有失去听力，但他们不是通过口语而是通过手语进行交际，语言学家将这种交际方式定为特殊交际方式。南非宪法审查委员会曾建议，将手语作为第12种官方语言正式写进宪法。泛南非语言委员会表示，手语和其他语言一样是一项基本人权，应该被平等对待。

---

① 张屹：《南非高等教育语言政策的演变与现行多语制政策的实施困境》，《比较教育研究》2010年第4期。

遵循宪法原则，语言规划专职小组确定了语言规划方面的目标：培养南非公民对传统语言和特殊语言系统的尊重；促进这些交际系统在适宜的环境下得到应用；推动这些语言的开发。语言规划的潜在目标还包括以某种特殊方式尊重人的尊严、尊重基本的人权等。语言规划的总体目标是，确保每个传统语言使用者和每个特殊交际方式的使用者及其潜在的使用者，在最大范围内有机会实实在在地参与南非的社会生活。这种目标符合语言作为一种社会资源的方针。

在开发这些特殊语言方面，南非政府尤其是以前的教育系统无视传统语言和特殊语言系统的开发。为此，南非语言学者们欢迎教育部在有关语言政策的讨论中提出的建议：调动各种资金和资源，保持并普及相关社会群体的语言。

第二节 从本土语言到殖民地语言：秘鲁语言文字立法

秘鲁共和国是南美洲西部的一个国家，总人口估计为 3200 万，民族包括美洲原住民、欧洲人、非洲人和亚洲人。秘鲁是一个多语种的国家，官方语言是西班牙语，约有 84% 的秘鲁人口讲西班牙语（也称为卡斯特拉诺），这是迄今秘鲁使用最广泛的语言。它也是秘鲁政府、媒体和教育系统的主要语言。一些地区通用盖丘亚语和其他印第安土著语言，盖丘亚语是秘鲁第二大最常用的语言，也是使用最广泛的母语，约有 13% 的人口使用这种语言，主要是在秘鲁的中部和南部高原地区。秘鲁宪法第 48 条明确了国家的语言多样性，该宪法正式承认："国家的官方语言是西班牙语，但依据法律规定，盖丘亚语，艾马拉语和其他原住民语言，在作为当地主要语言时也可以作为官方语言使用。"

一 社会语言状况

12—16 世纪，秘鲁是印加帝国所在地，1533 年沦为西班牙殖民地。盖丘亚人和艾马拉人等同西班牙殖民者展开了长期斗争。秘鲁有 14 个较大的语群，其中 11 个分布在亚马孙河流域的热带丛林中，即所谓"森林语"。剩下的 3 个分布在整个安第斯山地及亚马孙河流域的部分地区。

在秘鲁，西班牙语和盖丘亚语是国语。大部分人使用西班牙语和盖丘亚语。艾马拉人有本族语，约有1/5的人会西班牙语，森林印第安人有本族语。秘鲁人通用的西班牙语中，许多新词来源于盖丘亚语和艾马拉语。现代标准的盖丘亚语使用拉丁文拼写。

二 共和国时期的语言政策

共和国时期推行的是语言同化政策，在理论上，西班牙语化是通过学校进行的，但是在正规的学校中收效甚微，因为社会上的强制性语言学习还起着较大的作用。随着经济的现代化，通信手段的完善和发展以及向海岸移民运动的开始，东部的多语现象急速发展起来。这不仅加剧了盖丘亚语和艾马拉语对西班牙语的从属地位，而且导致了许多语言转用和一些语言的完全消亡，如在共和时期，普基纳语、莫齐卡语、库里语等语言都消失了。关于莫齐卡语，米登多夫在1880年说，从埃腾到费雷尼亚费的铁路开通后，年轻人开始以讲他们自己的语言而害羞，在陌生人面前，一律使用西班牙语，只有在亲戚朋友之间才说自己的民族语，而且夹杂着越来越多的西班牙语词汇。尽管如此，双语者使用的西班牙语仍然受到歧视，因为统治社会要求新的西班牙语使用者能够流利地使用更为复杂的学术性和文学性的语言形式。

在整个共和国时期，统治者倡导的多语教育，不是为了推动原始土著语言的发展，而是要达到使这些语言西班牙化的目的，统治者甚至鼓励土著人遗弃自己的语言和文化，最终使得这些语言成为无法活用的博物馆的馆藏语言。

三 秘鲁的双语政策[①]

目前，秘鲁安第斯山社会和丛林社区的部落组织结构正在逐步瓦解，这是殖民主义和共和国统治结构长期发展的结果。虽然秘鲁宪章承认盖丘亚语、艾马拉语和西班牙语同为法定的官方语言，但是在很多情况下，特

---

① 中国社会科学院民族研究所"少数民族语言政策比较研究"课题组、国家语言文字工作委员会政策法规室：《国家、民族与语言——语言政策国别研究》，语文出版社2003年版，第55—57页。

别是在西班牙语已有很多立足点的地区,盖丘亚语和艾马拉语是一种低阶地位的语言,使用人口逐渐减少。在秘鲁双语使用现象极为普遍,西班牙语的影响日益增长。1975年5月27日颁布的21156号法令,规定盖丘亚语为官方语言,但这只是一纸空文,而且只维持了4年。1975年颁布的21156号法令被1979年宪法所取代。该宪法规定西班牙语为唯一的官方语言,允许盖丘亚语和艾马拉语在正式场合使用,这两种语言是一定区域内的法定官方语言。这说明在现今秘鲁社会中,西班牙语作为官方语言的主流地位是不可动摇的,而盖丘亚语和艾马拉语的从属地位则难以改变。语言会转化为身份的象征和文化的载体,一旦它消亡,整个文化也会有随之消失的危险。尽管秘鲁政府正在努力拯救这些濒危语言,但事实上,因使用西班牙语以外的其他语言而被污名化的现象相对普遍,这些本土语言无法获得资源(主要用西班牙语书写)来保持其活力。

在这种社会结构中,讲西班牙语的人不断增加,讲土著语言的人则日渐减少。在现实社会生活中,讲盖丘亚语或艾马拉语就意味着向人们宣布自己是印第安人。在秘鲁的西班牙语中,"印第安人"这个词的贬义色彩很浓,在秘鲁乃至整个美洲,是印第安人就意味着被人看不起,无论是他们的体质特征,还是他们的语言、衣着习俗都受到社会的歧视,以致在官方语言里用"农民"作为印第安人的委婉称谓。

原住民人口比例降低和土著语言消亡并不代表民族整合的成功,秘鲁土著语言政策经历了同化到多元一体化的变迁,适当的土著语言政策是实现民族整合的重要保障。[①] 秘鲁的双语教育由来已久,最早可以追溯到印加帝国时期。到了殖民地时期,西班牙殖民者出于西班牙语化和传教的目的,开启了秘鲁现代意义的双语教育。秘鲁的跨文化双语教育由于土著语规范化程度不够,土著区从双语教师到民众对本族语根深蒂固的轻视,以及教师、教材和教学方法的不足,从而变成了本土民众学习西班牙语的单向教育,脱离了"跨文化"所内含的双向教育的本质。秘鲁跨文化双语教育应在一个包容性的社会体系中寻求一种既使社会机会平等又能保护语言多样性的模式。这也将对我国双语教育起到借鉴作用。[②] 也就是说,减

[①] 李艳红:《民族整合进程中的秘鲁土著语言政策研究》,《民族教育研究》2013年第5期。

[②] 蓝博:《秘鲁双语教育的历史与现状问题研究》,《江苏师范大学学报》(哲学社会科学版)2020年第1期。

缓母语消亡进程的最好办法是消除对土著人因讲西班牙语以外语言而产生的歧视。

四　从本土语言到殖民语言

语言的本土化涉及将本土语言的复兴、重建和采纳为官方语言的活动。① 从殖民统治时期开始，到摆脱殖民者的统治获得国家独立再到建立共和国，从安第斯山高山地区和亚马孙丛林地带印第安人的语言推广政策，再到赞同用西班牙语取代印第安语的政策发展表明，安第斯山语言将来的发展前途和命运是十分严峻的。40多年前，近一半的人口使用盖丘亚语或其他母语。如今，仅有13%的秘鲁人使用47种本土语言中的一种。自16世纪开始殖民时代以来，随着西班牙语成为官方语言，37种本土语言逐渐消失。目前秘鲁有17种语言濒临灭绝，其中4种处于灭绝的严峻形势中。

面对这种濒危语言的危局，首先应使这些原始土著语言适应现代社会的需要。秘鲁文化部已组织译者对47种濒危语言中的36种进行翻译，以帮助使用者在只有西班牙语的官方程序中使用。教育部还设立了20000所双语学校，以确保新生代不会遗忘其母语，还指示秘鲁的公共广播电台转播盖丘亚语的新闻节目。此外，濒危母语的活化关键在于使这种语言现代化，走出农村生活和家庭内部，广泛用于其他领域。在秘鲁，这一工作不会轻而易举，但也不是完全不可能的。这种语言要想承担起文化的功能，必须补充表达当代科学和技术的概念。②

西班牙语在秘鲁兼具历史性和现代性双重优势，强行剥离西班牙语作为国语的地位不仅荒诞，而且违背现实发展的规律。发展土著语应遵循的是，在一个包容性的社会体系中，找到一个恰当地解决秘鲁语言冲突和尽可能保存土著语言的办法，这是秘鲁的跨文化双语教育项目的真正目的，即要超越以往教育中使用本土语言教学以利于过渡的典型模式。③ 从这个

---

① Cobarrubias J., Fishman J.A., *Progress in language Planning: International Perspectives*, Berlin: Mouton, 1983.Poon, Anita Y.K., *Medium of Instruction in Hong Kong: Policy and Practice*, Lanham: University Press of America, 2000.
② 普忠良：《官方语言政策的选择：从本土语言到殖民语言——秘鲁语言政策的历史与现状问题研究》，《世界民族》1999年第3期。
③ 普忠良：《官方语言政策的选择：从本土语言到殖民语言——秘鲁语言政策的历史与现状问题研究》，《世界民族》1999年第3期。

典型的例子中，不能不引发后人对殖民地化国家遗留的语言政策的思考，并得出这样的结论：与能够成功地选定，并推行土著的斯瓦希里语作为国家官方语言的非洲原英属殖民地坦桑尼亚相对照，秘鲁是一个不能成功地选定、推行本土语作为官方语言的典型的国家，其主要原因在于秘鲁上层集团关注个人事业和利益，不关心土著语言及其使用者的事业和利益。①

---

① 中国社会科学院民族研究所"少数民族语言政策比较研究"课题组、国家语言文字工作委员会政策法规室：《国家、民族与语言——语言政策国别研究》，语文出版社 2003 年版，第 56—57 页。

第七章

国外语言文字立法比较研究

多语共存是世界上大多数国家或地区共同面临的文化现象。语言共存现象在导致文化、个体和族群丰富多彩的同时,也带来重大的语言问题和语言冲突。因为在特定地区的语言接触中,某些语言处于不平等、不稳定和不安全的境地。诚如有论者指出,放眼世界,任何国家都面临着语言问题,单语国家可能要花大力气让本国人民学习其他的语言,多语国家则着力于使国民掌握一种可以顺畅交流的通用语。① 国外语言立法的基本目标,大多是通过从法律上确定某种语言的地位、规定其使用范围,从而在某种程度上解决因语言接触、语言冲突和语言不平等而产生的语言问题,并通过法律对语言义务和语言权利加以规定,优先保护或推行一种或几种指定的语言。② 各国语言政策越来越多地依靠法律工具来干预语言问题,催生了一个新的法学分支——比较语言法学的产生。该学科的研究对象是世界范围内的语言法,也包括对法律语言和法律与语言之间关系的研究。③ 本章拟从比较语言法学的视角,探讨各主要代表性国家语言文字立法的共性和差异性,把握国外语言文字立法的历史、现状与走向,以期对中国语言文字立法提供某种启示和借鉴。

第一节 主要代表性国家语言文字立法的共性分析

基于不同的文化、社会、政治与经济背景,主要代表性国家的语言文

---

① 李英姿:《美国语言政策研究》,南开大学出版社2013年版,第149页。
② 周庆生、王洁、苏金智主编:《语言与法律研究的新视野》,法律出版社2003年版,第38页。
③ [加拿大]约瑟夫·图里:《语言立法类型学》,载周庆生主编《国外语言政策与语言规划进程》,语文出版社2001年版,第262页。

字立法各具特色，但语言文字立法也需尊重语言自身发展演变的规律，在调整对象、规范内涵、规范强度、法律效果等方面仍有若干共性可循。

一 语言文字立法的调整对象特定

语言文字立法主要调整官方和公共领域的语言问题。传统自由主义国家依循公、私领域概念来处理多元和差异的问题。① 区分公域和私域的意义在于公权力介入是否具有正当性，国家对于规范和管制公领域的事务和活动被视为正当且必要，而私域则是排除公权力的干涉，保留给个人自主发展的场域。② 在官方领域，官方语言使用被看作最重要或最应该进行严格限定，而在非官方领域，语言的使用则被认为最不重要或最不值得进行严格限定。各国不断采取措施，针对官方或公共领域（立法、司法、政府机构或教育）的语言使用，并确立特定的语言法，但不大涉及非官方的或个人（文化、交际、劳工和商贸）等语言使用领域。③ 因此，从公权力的视角来看，语言法的介入领域是有限的。例如，法国《杜彭法案》以维护法语主权地位并对抗全球化背景下英语的强势入侵为立法目的，该法第 1 条第 2 款规定："法语是教育、劳动、交际和公共服务部门使用的语言。"很清楚，法国的专门语言法的规范对象仍设限于公共领域。再如，《哈萨克斯坦共和国国内语言法》第 2 条规定："本法调整的对象是在国有和非国有组织及地方自治机关的活动中，因使用语言而产生的社会关系。本法不规定私人交往和宗教团体中的语言使用。"

基于调整对象的特定性，国外语言文字立法大致可分为三类：（1）官方语言立法；（2）公共机构的语言立法；（3）标准化语言立法。官方语言立法旨在规定一种或多种语言为国语或官方语言，一般在立法、行政、司法和教育领域使用。该类立法最为普遍。公共机构的语言立法旨在规定非官方语言在文化、交际、劳工和商贸等领域使用。该类立法不普遍。标准化语言立法旨在规定一种或多种语言在官方或非常专业技术化的

---

① 林火旺：《公民身份：认同和差异》，载萧高彦、苏文流编《多元主义》，"中研院"中山人文社会科学研究所 1998 年版，第 383 页。

② Hila Shamir, "The Public/Private Distinction Now: The Challenges of Privatization and of the Regulatory State", 15 *Theoretical Inquiries* L., Vol.1, No.5, 2014.

③ ［加拿大］约瑟夫·图里：《语言法的理据》，载周庆生主编《国外语言政策与语言规划进程》，语文出版社 2001 年版，第 258 页。

领域使用，遵守一定的语言标准。这种立法较为少见。①

二 语言文字立法的规范内涵有限

目前，在经济贸易全球化、文化全球化和一体化的急速发展态势下，世界各国均陆续采取措施以保证本国顺应时代的潮流，紧跟形势的发展，而其中一项重要的举措即加强语言规划。语言规划指的是政府或者社会团体及权威机构对于社会语言生活中的行为进行干预和管理，包括语言地位规划和语言本体规划，其中语言立法是语言地位规划的一个重要组成部分。② 一般来说，国家在宪法或相关法律中会对语言做出简要立法规定，主要涉及语言地位规划和语言权利保护。此外，世界上还有部分国家专门制定了语言法。

语言社会学者最早提出了语言本体规划和语言地位规划的界分。语言本体规划，即关注语言本身或语言内部结构的规划，其内容包括为一种语言的口语设计一种书写系统，从事拼写法改革或文字改革，创造新词术语，出版语法书籍等。语言本体规划的核心是建立统一的语言标准和规范，实现语言标准化。地位规划旨在为某种语言配置一些新的功能，通过实施规划，使该语言成为教学媒体用语或者成为官方语言等，该规划影响到一种语言在社会中所起的作用。③ 此外，还有学者提出了语言习得规划，是指在语言学习、语言推广和语言普及方面的规划。④ 从国外语言立法来看，对作为自主语言系统中的语言，也就是"语言本体"，甚少作出规范，即便进行规范，也受制于民众隐性的语言态度和拼读书写习惯，很难具有时效性。比如，德国的新正字法就遭受公民的"不合作"。⑤ 对作为一种社会制度的语言，则是各国语言立法关注的焦点。此外，对于语言习得规划，基于提升公民语言能力的需求，成为国外语言文字立法新的增长点。具体而言，国外语言文字立法的规范内容有以下几个特点。

其一，语言立法主要为书面语立法，很少涉及口语。一般而言，口语

---

① 周庆生、王洁、苏金智主编：《语言与法律研究的新视野》，法律出版社 2003 年版，第 38 页。
② 陈章太：《语言规划研究》，商务印书馆 2005 年版，第 5 页。
③ ［加拿大］海因茨·克洛斯：《语言规划的十种类型》，载周庆生主编《国外语言政策与语言规划进程》，语文出版社 2001 年版，第 393—395 页。
④ 周庆生：《国外语言规划理论流派和思想》，《世界民族》2005 年第 4 期。
⑤ 俞宙明：《德国正字法改革的困境和出路》，《德国研究》2006 年第 3 期。

是典型的自由选择领域，不受任何有关的社会强制因素的制约。

其二，语言立法关注的焦点在于语言的数量或语言的存在（按照语言社会学术语叫"语言地位"），一般不关心语言的质量或语言用法的正误（语言社会学术语叫"正规语言"）。语言的质量如句法和语法（语言的词汇或词库并非语言"本质"的必要组成部分），属于树立样板的学校和媒体关注的范围。国外语言标准化立法之所以极为少见，在于各国大多奉行语言的自由和创造精神，谨慎地避免成为可悲的语言原教旨主义和语言纯化论者。①

语言作为一种沟通系统，其内容是随着语言使用者之间的交流与时间而变化与发展的。同时语言的使用者会迁移，语言使用的地域也并非必然与地理边界一致。换言之，语言的边界充满了不确定性，即使知道语言不仅包括符号、语音与规则，而且必须在特定时空脉络下，才具有意义。但语言作为规范对象的困难在于语言是变动的、偶然的。这使得语言这个概念在需要明确主客体的规范体系中，难以被定位和定形。

其三，语言立法一般只关心语言形式而不关心语言信息。语言信息一般由并非专属语言的法律涵盖。如果某个词在某种语言中较易理解，那么，不论该词在语言学中是否"正确"，是否是"固有词"或"外来词"，在法律上都视为该语言的一个组成部分。1991年6月18日，欧洲法庭皮特判决中关于消费品的标签用语阐释得很清楚。② 如果认为某个词不是某种语言的一部分，则应说明该词在另外一种语言中的意义，并将该词翻译过来。最后，在语言学中属于绝对中性或相对中性或人为的一切现象，自然超出了语言立法的范围。

三 语言文字立法的"软法"特征明显

目前，在世界各国的语言文字治理中，难以形成系统全面的具有强制法律效力的"硬法"，"软法"治理以其特有的治理结构、方式、进程，在治理语言问题方面发挥了重要作用。关于软法，通常认为"软法是

---

① ［加拿大］约瑟夫·图里：《语言法的理据》，载周庆生主编《国外语言政策与语言规划进程》，语文出版社2001年版，第259页。
② ［加拿大］约瑟夫·图里：《语言法的理据》，载周庆生主编《国外语言政策与语言规划进程》，语文出版社2001年版，第259页。

法……软法是非典型意义的法（非严格的法）"①。国外语言法制经验表明，法律制裁是不宜在语言事务中使用的。语言文字立法在针对某些术语和表达方式制订具有法律约束力的语言认同标准时，除非有例外，一般都是相当谨慎并留有余地的。一般没有明确界定语言权利和义务用于何种人。如，根据法国《杜彭法案》，不会主观地说："法国人必须用法语书写工作合同"，而是客观地说："工作合同用法语书写。"再如，1996年起草的《世界语言权宣言》规定："所有语言社区都有权支配一些必要的人力和物质资源，这些资源可以确保他们的语言以他们想要的方式在他们属地内的不同教育层次存在。这些资源包括：经过正规培训的教师、适宜的教学法、教科书、资金、房屋和设备，以及传统科技和创新科技。"

语言立法让一种或多种语言得到强制性使用，同时允许使用其他语言，很少从法律上对"违法"使用语言文字的行为进行禁止和惩罚。国家可以通过指导、鼓励、激励等措施来确立某语言为官方语言，或对少数语言做出特别保护。因此，语言文字立法属于典型的"软法"，是倡导性法律，不是惩罚性的法律，一般不轻易使用国家强制力，其功能是教育和引导性的。② 语言领域的制裁常限于较低额度的罚款或赔偿。

首先，国外的语言文字立法从合作治理的理念出发，强调在相关语言规则制定过程中官方与民间的沟通、协商、参与和合作。在现代国家，多种语言文字共存已成常态。多数语言与少数语言、母语与官方语言、本国语言文字与外国语言文字之间，难免出现碰撞、冲突与挤压，呈现出语言文字不平等的现状，进而会影响不同语言文字使用者的社会地位和经济资源分配。因此，在语言问题背后是族群间政治、经济、社会地位的不平等问题。一方面，在国外语言法制定过程中，需要协商民主下规范形成的平等参与权利，可将语言权的保障聚焦程序性的平等。如此，则可以让各个语言族群通过公开透明的政治与社会途径，持续推动语言共识的形成和语言权内涵的演变。另一方面，可以保持语言规范的弹性以避免语言冲突。

在家庭等私人领域的使用是语言保持活力的关键。政府对语言的支持是少数语言存续的前提，但自上而下的政策不能弥补自下而上支持的缺

---

① 姜明安：《软法的兴起与软法之治》，《中国法学》2006年第2期。
② 黄德宽：《〈国家通用语言文字法〉的软法属性》，《语言文字应用》2010年第3期。

乏，确保语言在家庭中代际的传递更为重要。① 因此，在合作治理行政法新理念的引领下，可以考虑吸纳市场主体、公益组织、社区居民等多元主体广泛参与，从而凝心聚力，形成多元共治、协力保护的合作行政机制。一方面，应该确保特定语言社区的公民能够直接参与地方语言政策和语言立法过程，通过民主途径形成社会共识，将语言保护聚焦程序性的平等。另一方面，在国家语言治理视域下，可以采取公私合作的"契约式"语言保护进路，② 通过非正式的协议、规范、市场机制、第三方监督、专家代理甚至正式的契约，就语言的记录保存、补贴资助、商业化使用等形成合作机制，从而增强各级政府、各地语言学者、各种语言母语者的责任性。

其次，国外语言立法的规范强度较弱。语言事务中的法律规定不像语法规则那么严格。究其缘由：一是语言法律法规越少越好，非官方的语言使用中尤其如此。二是语言是个体或集体表达和交际的工具，是一种基本文化现象，在本质上难以通过法律进行规定。三是法律规定就像社会语言学规则一样，只有在尊重地习惯用法以及通情达理的情况下，才能使用并且适当。四是作为法律制裁的刑事制裁和民事制裁，通常比语言制裁严厉。③ 在公民语言权利与国家语言管理权之间，应当区分"公域"与"私域"，在公共领域，公民使用语言的自由受到一定程度的限制，主要是基于公共治理和效率的考虑。但对于少数语言使用者，国家负有提供公共服务的义务，如在诉讼中和其他公务活动中提供翻译服务等。以欧盟为例，针对各成员国在各领域所设定的限制欧盟公民流动自由的语言要求，欧盟法院依据"比例原则"进行审查，这一做法值得借鉴。具体而言，对欧盟条约所保障基本自由行使的限制，必须满足：（1）符合非歧视原则；（2）该措施目的必须是与公共利益关联的优先性理由；（3）手段和目的间有一定关联性；（4）达成目的之手段必须为最小侵害手段。只有在完全满足这四项条件的情况下，限制措施才具有正当性。④ 在私人领域，则

---

① ［英］苏·赖特：《语言政策与语言规划——从民族主义到全球化》，陈新仁译，商务印书馆2012年版，第225—226页。

② ［美］朱迪·弗里曼：《合作治理与新行政法》，毕洪海、陈标冲译，商务印书馆2010年版，第440—441页。

③ ［加拿大］约瑟夫·图里：《语言立法类型学》，载周庆生主编《国外语言政策与语言规划进程》，语文出版社2001年版，第264页。

④ ECJ, Case C-424/97, supra note 100, para.57.

以消极不干预为宜，公民有使用少数语言和方言的自由。此外，对于少数濒危语言，还需积极履行国家保护义务，采取抢救、资助措施保存少数民族语言文字，开展少数民族濒危语言抢救保护工作，以维系语言文化多样性。

在规范手段的选择上，柔性化的行政指导等手段成为优选。在相应的法律不存在或不完备的情况下，行政指导能够根据情势变化采取灵活性的手段，借助行政相对人任意的合作而迅速达成行政目的。① 语言保护正是相关法律规范体系极度匮乏的领域，亟须引入行政指导机制，由各级语言委员会牵头，联合文化、工商、旅游、交通、民航、新闻出版广电等行业主管部门，以"劝告""建议"和"协商"等柔性方式实施语言抢救、保持和复兴计划。

再次，国外语言立法中的语言权几乎难以主张请求司法救济。从各国语言规范体系作整体考察，大多数国家只是赋予立法者将语言基本权利具体化为法律的义务，但并非公民可以向国家请求救济的权利。弱势语言群体的主张要获得实现，应该通过民主程序形成相关的法律，确保在程序上被平等对待，而非实质地赋予语言司法保障地位。

最后，国外语言文字立法的"软法"特点还体现在法律实施效果上。语言文字立法是显性的语言政策，即通过法律以及规章条例等明文规定的政策，其实施效果如何，受制于隐性的语言政策，即包括公民的语言态度、立场、观念等在内的和语言相关的意识形态，也可以称为"语言文化"。如果公民采取漠不关心或心理排斥的态度和立场，语言文字的规范效力便会大打折扣。

不过，随着国外语言立法理论与实践的发展，在各国语言立法中开始出现强制性条款，公民也逐渐将语言问题引发的纠纷诉诸法院而寻求司法救济，语言文字立法逐渐"硬化"。从国家法中的语言权利保障观之，语言法的"软法"特点也非常明显，但随着国际法中各种软法规范的不断丰富发展以及广泛运用，软法规范也将逐渐"硬化"，最终发展成为国际习惯法乃至国际条约等国际"硬法"，从而更加有效地塑造和推进全球语言治理中的"硬法"治理。

---

① ［日］市桥克哉等：《日本现行行政法》，田林等译，法律出版社2017年版，第153页。

四 语言文字立法的重心体现为语言平等与语言权利保护

在"语言—权利—法律"的规范化进路下,承认并保护语言权利已成为国外语言立法的基本趋势,尽管有时表现得相当内敛和含蓄。在时间和空间上,语言权利受到越来越多的承认和保护,这为发挥个人、家庭、社会、国家和国际社会的创造力提供了前提。[①] 语言权利是一个在立法实践领域非常具有吸引力的概念,在许多国家的国内立法与国际人权法中,语言权利以显性或隐性的方式频频出现。例如,明示或默示地表述为可以在任何场合使用某种语言、官方语言地位、语言存续保障,等等。但学说上对于"语言权"概念一直存在模糊性与歧义性。下文拟以权利功能分析为视角,探析国外语言文字立法对语言权利的保护机制。

(一) 语言权利的防御权功能

语言权利在消极意义上具有防御权功能,基本权利的防御功能在于"个人能够享有不受干预的自由空间"[②]。当然,任何权利都是有限度的,但对权利的限制本身也应当受到限制。在法治国家理念下,国家对语言权利的限制或干预必须提供充分的正当性理由,以确保在宪法秩序下最大可能地实现语言自主性。比如,《哈萨克斯坦国内语言法》第7条规定:"在哈萨克斯坦共和国禁止以语言特征为由损害公民的权利。"该法第24条第2款进一步强调:"公职人员以不懂国语为由,拒绝受理公民的请求,以及对国语和其他语言在其功能范围内的使用制造任何障碍,应按哈萨克斯坦共和国法律规定追究其责任。"这些条款的立法目的均在于排除国家及其公职人员对语言权利的不当干预。

从语言权利保护的视角来看,国家究竟应扮演何种角色?应采取消极容忍或是积极作为的态度?语言权利不是绝对的,特别是在官方语言使用的领域。与此相反,在非官方领域,使用任何语言的权利原则上不受限制。然而,对于具有要求理解、被理解和提供语言服务的权利,因考虑到地区文化环境和双边、多边的语言状况,一般被限制在一种合理的方式中。

---

① [加拿大] 约瑟夫·图里:《语言立法类型学》,载周庆生主编《国外语言政策与语言规划进程》,语文出版社2001年版,第262页。
② 李建良:《基本权利理论体系之构成及其思考层次》,《人文及社会科学集刊》1996年第3期。

(二) 语言权利的受益权功能

随着社会经济的发展,基本权利的防御功能已不足以回应公民的需求,从防止国家侵害扩张至要求国家为一定积极给付,即基本权的给付功能。语言权利的个人防御权,固然可处理因语言造成法律地位受歧视或者禁止特定语言使用等状况,但当问题延伸到在自由竞争社会中特定语言的存续以及语言族群间的实质平等时,语言权其实往往是尚待立法者具体化的权利,因为其主张的内容无不涉及国家对于特定语言的优惠待遇或积极权利的保障。

此种义务可以被视为德国行政法学家福尔斯托霍夫提出的"生存照顾的义务",即国家应当提供金钱、物质或者服务,以提高或者改善人民的物质或者精神生活的质量。[①]语言权利的受益权功能针对的是国家的给付义务,也就是国家提供基本权利实现所需的物质、程序或者服务。[②] 比如,《哈萨克斯坦共和国国内语言法》第 4 条第 6 款规定:"为哈萨克斯坦共和国全体公民自由无偿地掌握国语,创造一切必要的组织物质技术条件。"该法第 7 款规定:"为散居在外的哈萨克族的母语保护和发展提供帮助。"

此外,语言权利可以分为个体语言权利和集体语言权利。"语言权的早期历史主要关注少数群体的语言权,近阶段语言权的研究范围已经逐渐从少数人群扩大到一般人群,也就是由群体语言权的研究发展到个体语言权的研究。"[③]对于少数民族的语言权利,传统的自由主义论者主张国家应恪守中立的角色和追求形式上的平等原则,对语言权采取"善意忽视"的态度。多元文化主义对形式主义的平等观做出反思和扬弃,主张承认非主流和边缘文化的存在,必须更进一步采取积极的措施,予以特殊或优惠性差别待遇,以期确保多元价值的共存和延续。忽视差异的平等观强调免于歧视的自由,并不足以保障少数民族与主体民族处于平等地位,必须采取察觉差异的平等观点,国家必须采取积极性的措施,让每个族群拥有同等的尊重和承认。从多元文化主义的视角观之,除了确保少数民族在生活领域使用其固有语言的自由外,更重要的是在公共领

[①] 蔡进良:《给付行政之法的规制》,《宪政时代》1998 年第 1 期。
[②] 张翔:《基本权利的受益权功能与国家的给付义务——从基本权利分析框架的革新开始》,《中国法学》2006 年第 1 期。
[③] 苏金智:《语言权保护在中国》,《人权》2003 年第 3 期。

域内，国家必须积极地推动少数语言的保障，以其语言提供公共服务和参与公共事务。

少数族群的语言人权有助于防止语言灭绝，避免人们语言被迫同化，推动国家制定有关少数族群语言的积极政策，进一步保护全球语言多样性，进一步防止冲突，推动民族自决。① 少数族群语言人权的实现依赖国家积极的作为，要求政府承担积极的给付义务主要意味着设置濒危语言保护区、提供少数语言公共服务和财政支持，等等。1987年澳大利亚的《语言问题国家政策》提出了多元文化主义观念，新西兰的《毛利语法案》对毛利语的留存保护与活态保护，德国的索伯人语言保护政策，日本对少数语言如琉球语、阿伊努语的保护等，均体现了语言权利的受益权功能。

(三) 语言权利的国家保护义务

不同于上述基本权的防御和给付功能是赋予公民的主观权利，从基本权利的客观价值面向生发出基本权利的国家保护义务功能，是指当公民权利遭受私人侵害时，国家有义务采取积极有效的保护措施。② 作为一种客观价值秩序，虽然对国家没有请求保护的主观权利，国家对个人的语言自由却有尊重和促进义务。

基本权的适用，不只限于国家因行使公权力而产生的法律关系，原则上对私人相互间的法律关系也适用。③ 国家对来自主流语言对方言造成威胁的行为，也应采取必要的防范措施。因为，对语言自由的侵犯可能来自国家，也可能来自社会与私人。比如，学校对校内说方言的学生进行惩罚，公司对讲方言的员工不予录用或辞退等就业歧视行为，均需要国家创设出法益冲突的调和机制。履行国家保护义务首先是立法机关的任务，私人主体间出现利益冲突时，国家应当制定一般法层面上的保护规范，从而使得行政机关能够依照规范防止和保护个人不受他人侵犯。

语言权的规范问题最终集中在立法实践上，消极的语言权保障，在目前的社会中并非纷争的重点。对语言的尊重至少在形式上被承认，现在争议中的语言权，主要是积极意义上的语言权，即要求语言的官方地位、使

---

① [美] 托马斯·李圣托编著：《语言政策导论：理论与方法》，何莲珍、朱晔等译，商务印书馆2016年版，第276页。

② 陈征：《基本权利的国家保护义务功能》，《法学研究》2008年第1期。

③ 许育典：《文化基本权与多元文化国》，元照出版公司2014年版，第337—338页。

用位阶、公共领域使用等，要求国家积极介入维持语言存续。

第二节　主要代表性国家语言文字立法的差异性分析

　　国外语言文字立法均是对各自语言问题的法律回应。由于产生语言问题的政治、经济、社会、文化、民族宗教等诸多外部环境不同，语言问题的侧重点与语言文字立法思路也必然呈现差异性。比如，具有多语社会传统的加拿大、澳大利亚等国，相较于"单一国家、单一民族、单一语言"的日本与韩国，在语言政策和语言立法方面就呈现出更多的差异性。此外，即使面临相同的语言问题，基于传统与现实的考虑，各国的应对之道也会大相径庭。比如，同样是面对英语的强势入侵，法国的应激反应是在宪法中确认法语是法国的唯一官方语言，随之制定《杜彭法案》来重申和确保"语言主权"。面对同样紧迫的英语入侵问题，在德国则引发了德语是否需要用法律来保护的讨论。有语言学者认为，"要求立法保护德语"的倡议荒诞且在许多方面不易执行。2001年"德语协会"的大会报告针锋相对提出，语言保护是必然的，为了下一代的教育、德语文化保护、避免英语影响、防止缩写滥用等原因，立法保护德语是非常必要且有深远意义的。迄今为止，"德语作为联邦德国的官方语言"写进宪法这一议题仍是众说纷纭、莫衷一是。

　　国外语言文字立法的差异性非常显著。比如，并不是所有国家都有专门的语言法，只有法国、俄国、韩国等少数国家有专门的语言法典。英语语系国家，除了加拿大有官方语言立法外，基于英国的不成文法传统，普遍没有专门的语言文字立法来确立官方语言。加拿大与比利时在宪法上确定官方语言，并且以联邦制的方式区分语言族群，用以解决了该国的语言冲突。凡此种种，皆显示出语言文字立法受到本国历史文化传统和政治经济状况的深刻影响。从比较法角度观察，国外语言文字立法的差异性主要体现为以下几个方面。

一　语言文字立法模式各异

　　从形式上看，有专门语言立法的国家是少数。但从实质上看，只要存在语言冲突和语言问题，就必然存在解决语言冲突和问题的规范体系，只不过在大多数国家，语言规范散见于众多法律法规之中。因此，国外语言文字立法模式可分为专门立法模式与分散立法模式两种。

一般来说，单一民族作为国家主体民族的国家，宪法中不需要专门的语言条款，也不需要专门的语言立法。比如，在德国，语言问题常常被纳入平等权的范畴进行思考，从而实现对语言上少数派的保护。语言问题上的平等权运用则主要通过"歧视禁止"实现对少数派的保护，使其不因语言而受到不平等的对待。① 因而，德国没有专门的通用性语言法，但基于宪法平等权的要求，语言平等的保障散见于各具体领域法中。

而在多语社会的国家，宪法中往往需要专门的语言条款来化解语言冲突。如比利时，为了应对语言地位的不平等引发的诉求，以法制化的方式划分语言区，建立各方都能接受的语言平等环境，从而有效地化解了族群间的语言冲突。再如，瑞士、比利时模式一方面规定语言区；另一方面要求国内人民互相学习不同的语言，会议上多语并行，不分轩轾。但这个语言区方案有个限制，就是不同语言的人口比例及语言的威望不能相差太远，所谓人口比例及语言的威望有客观的标准，不是主观认定的。在一个语言复杂的国家，如果承认境内所有的语言一律平等，这将违反"畅通民族间的语言沟通渠道"这个原则。瑞士虽然有四种语言并存，但也不承认人口稀少的罗曼什语作为官方语言。新加坡虽然把马来语规定为国语，但实际的国语却是英语。

二 语言文字立法的理论基础不同

语言政策和语言立法可以分为三种类型：同化、分化与多元化。② 指导同化主义模型的是单一语言制，目的在于使社会语言均质化。少数语言群体虽然得到容忍，其成员也被给予同等待遇，但以同化为政策取向的战略却并不鼓励维系非官方的少数人群语言。例如，一些国家的教育政策便规定，公立学校一律用官方语言进行教学。分化（或排斥）主义模型的语言政策虽然同样出自单一语言制的理念，具体做法却又不同，那就是系统地排斥居于少数地位的语言。在有些情况下，事情并不做得特别极端，

---

① 张慰：《宪法中语言问题的规范内涵——兼论中国宪法第19条第5款的解释方案》，《华东政法大学学报》2013年第6期。

② Inglis, C., *Multiculturalism: New Policy Responses to Diversity* (Most policy Papers No.4), UNESCO：Paris, 1996.

居于少数的语言群体可以用自己的语言开办诸如学校和私营媒体那样的平行机构以及组织社团，却通过将这些机构和社团边缘化的做法，使得这些族群的成员难以进入主流社会机构。就其寻求承认居于少数的语言应当参与公共生活领域这一点而言，文化多元主义的语言政策有两个分支。其一是地区性的分支，它接受利赫法特关于协商民主体制（consociational democracy）的想法，力求按行政地区划分、联邦体制和多层次结构在政治代议方面作出安排以期排除歧视，保证平等对待，促进语言少数人群的认同。其二是社会—文化分支，它旨在保护和促进少数语言群体的认同，许可和鼓励这些人群创建平行机构（学校、媒体、市民社团），并在公共生活领域中赋予它们同等地位。为了给公共领域提供共同的交际工具，它提倡在教育和媒体中实行双语或多语制。① 国外语言文字立法的规范内容和规范强度各有不同，这在很大程度上归因于不同的理论基础。

（一）非歧视原则

语言问题的症结在于不同语言所带来的政治、经济与社会地位及资源的差异，因而产生语言不平等。语言不平等具体表现为：语言地位不平等导致出现政治、经济或社会地位高低，无法在公领域使用，语言认同度低，没有足够的教育资源培育新一代语言使用者，等等。因此，语言立法规范的重点在于语言平等问题。在平等权意义上，如我国汉语方言相对于作为汉民族共同语的普通话，居于少数语言和弱势语言的地位，应当受到法律的特别保障。②

语言平等的第一层含义是反对语言歧视，实现对少数语言、弱势语言的保护，使其不因语言而受到不平等的对待。"歧视禁止"意义上的平等权主张语言不受外力干预任其自由发展，认为语言的维系全赖社区自身的力量，不涉及政府法规的制定，也不要求政府提供公共资源来落实。基于此，行政主体往往对方言等少数语言采取"善意忽视"的态度，从而减小自身侵害公民语言权利的可能性。

（二）多元文化主义

与同化和分化主义的战略相比，多元文化主义语言政策也为处置族群

---

① ［德］马蒂亚斯·柯尼格：《文化多样性和语言政策》，冯世则译，《国际社会科学杂志》2000年第3期。

② 参见张慰《普通话推广的祛魅化——以国家新闻出版广电总局的通知为研究对象》，《人大法律评论》2015年第2辑。

语言冲突提供一种较为可行的战略。然而，这一战略能否在实践中取得胜利，关键在于能否妥善处理对于特定语言认同的承认与现存的经济和政治制度的要求这二者之间的关系。就多语言社会的民主治理而言，尊重"单独的"和"共同的"这两个领域之间的差异是至关重要的。文化多元主义语言政策的社会—文化模型既然公开支持地区性和移民的少数群体语言认同，面对大规模移民的国家，特别是加拿大和澳大利亚，首先采用它也就不足为奇。

在加拿大，移民的大量增加已经导致强制以英法两种语言一统天下的政策受到抨击，1971年终于通过了"双语框架中的文化多元主义政策"，并以1988年的《多元文化法案》加以肯定。在教育领域，这一政策始终以流畅使用母语和两种国语中之一种作为目标，实施的方式是既注重国语教育，同时以移民语言教育和双语教育作为补充。通过文化多元主义的语言政策，加拿大大体上加强了分属多种不同语言背景的移民的社会整合。但在这之后，魁北克的语言事件却表明，以双语为框架实行的这样一种政策仍存在若干问题。20世纪70年代采用的多元文化主义语言政策削弱了法语而加强了英语的地位，因为后者有利于移民以及魁北克当地族群文化社区成员提高其社会地位。尽管魁北克的语言政策恢复了法语的优先地位，但这项以维护"法语地区的显著特色"为目标的政策，仅仅获得了有限的成果。

在澳大利亚，采取文化多元主义意味着放弃严格的单一语言同化主义政策，转而承认当地土著以及语言背景多样化的移民的语言权利。公共政策的这一变化，是由于体会到亚洲语言作为国际贸易工具的重要性，直到20世纪80年代才终于认识到承认各个语言群体的认同要求、促进国内文化和语言的多样化，这二者乃是社会整合的基础。以法律方式列入国家语言政策中的文化多元主义语言政策的战略，其目标是提供种种条件以便利英语和移民的多种语言的教学，以及文化多样化的教育，建立多语种媒体，例如特别广播计划，用63种语言传播信息和娱乐节目；而在公共生活领域则为非英语群体的成员提供公共服务，例如设立书面和口头翻译局。但是，早从80年代中期起人们便已经观察到，既然作为澳大利亚国语的英语仍然是主要的交际工具，那么，"以族群为依归的另类方案"，亦即单纯地提倡少数群体的认同，便不可避免地存在加强经济和政治领域中现存的权力分化趋势的危险。因此，澳大利亚的公共政策已经发生变化，采取更加复杂的文化多元主义语言政策模型，既提倡使用少数群体的语言，同时也推广和提高人们对使用较广的另一种语言的运用能力。①

奉行自由主义理念的国家，依循公、私领域的二元化来处理多样性和差异性问题，国家对于规范和管制公领域的事务和活动被视为正当且必要，而私领域则排除公权力干预，保留给个人自主发展。换言之，奉行自由主义传统的国家以中立性原则和宽容论来面对多元现象，② 认为不干预、不插手、放任自流，语言平等权就自然实现了。多元文化主义超越了自由主义的形式平等观，认为确保免于歧视的自由，并不足以保障少数群体的实质平等，必须采取"正视差异"的平等观念，即国家必须采取积极性的措施，让每个族群拥有同等的尊重和承认。③ 从多元文化论的角度观之，除了承认每个族群语言的不同和差异性，确保其在生活领域使用其母语的自由外，更重要的是在公共领域，国家必须积极地推动少数语言的保障，以其语言提供公共服务和参与公共事务。只有国家积极建构语言权保障的制度体系，公民才能享有免于歧视的语言自由，个人防御权的享有必须通过国家积极义务的履行才能付诸实现。面对少数语言，文化多样性论者认为包容中立的形式平等观是不够的，还需进一步施以积极性的措施，给予特殊或优惠性差别待遇，通过"反向歧视"确保多样性的共存和延续。

针对盲人、聋哑人等特殊人群，也需要国家提供语言服务，为他们提供无障碍环境，实现实质平等，这也是国家对残疾人进行生存照顾的重要方面。美国许多州立大学把美国手语作为一门外语来对待，新西兰以及一些其他国家把手语作为一种官方语言来对待，例如，南非正在考虑把南非手语提升为它的第 12 种宪法语言。在很多国家，人们普遍认为政府民政部门应该为失聪者提供手语翻译服务。如，我国《残疾人保障法》第 55 条第 1 款规定："公共服务机构和公共场所应当创造条件，为残疾人提供语音和文字提示、手语、盲文等信息交流服务，并提供优先服务和辅助性服务。"

---

① ［德］马蒂亚斯·柯尼格：《文化多样性和语言政策》，冯世则译，《国际社会科学杂志》2000 年第 3 期。

② 参见萧高彦、苏文流主编《多元主义》，"中研院"中山人文社会科学研究所 1998 年版，第 489 页。

③ Robert Dunbar, "Minority Language Rights in International Law", 50 *Int'L & Comp.L.Q.* 2001, pp.90-93.

从多元文化主义的立场出发，超越自由主义的形式平等观，认为确保免于歧视的自由，并不足以保障少数语言群体的实质平等，必须采取"正视差异"的平等观念，"实现强弱之间的比例平等"①。即政府必须采取积极性的措施，让每个语言族群拥有同等的尊重和承认，因而行政主体须积极提供给付，提供某少数语言保护所需的经费、人员、空间等资源。比如，国家有义务采取特别的平衡措施，通过广播电视节目的强制性时段分配比来保障少数语言发声的可能性。

三 语言文字立法的功能多元化

从国外语言文字立法的功能来看，主要有语言通用化、语言多样性和语言规范化三大功能。处理好语言多样性、平等性与语言通用化、规范化的关系，是各国语言文字立法的着力点。语言文字问题并不只是语言学上的争议，而更应该被关注的是，究竟发生了怎样的语言冲突或者矛盾。比如，方言属于语言的分支或变异体，因其并非所谓"正统"语言，通常不被公共权力所承认和接受，在以语言文字规范化、通用化为目标的语言政策和语言立法中，往往成为限制和规范的对象。但基于语言文化多样性的考量，"没有乡音就没有乡愁"，方言对于特定地域人群而言，除了传承着丰富的文化基因之外，还是沟通的工具、情感的纽带、乡愁的归属。

（一）语言立法的通用性功能

通用语言，是一个国家或地区甚至世界范围内普遍使用的语言。一般情况下，官方语言也是一个国家（地区）的通用语言。语言居于沟通系统的核心，就国家运作的需求而言，不管国家内部族群多元与否，通用语言是不可或缺的，至少在实践中不可能不选择特定语言作为国家机关与公民沟通的渠道。因此，由于语言在人类社会沟通上的必要性，以及语言学习的成本考量，国家必须采取某种或者多种语言作为"国语"②或者"官方语言"，进而在行政、立法、司法等国家运作实务上使用该语言。加拿大的《官方语言法》、法国的《杜彭法案》、中国的《国家通用语言文字法》，均主要属于彰显语言通用性功能的立法。除了专门立法外，此类具有工具性功能的语言规范，常见于诉讼法、组织法、公务员法等领域。另

---

① 杨解君：《行政法平等原则的局限及其克服》，《江海学刊》2004 年第 5 期。
② 国语，是一个民族国家的母语，是在本民族原始语言基础上逐步完善和发展而来，并为本民族所通用的语言。

外，在医疗法领域中出现的作为医生职业资格的"语言能力"，也是此沟通工具意义下的语言规范。

语言的沟通功能，使得多元语言族群中语言的使用不能仅仅考量到特定族群的利益，而必须要考量整体国家各个族群的共同利益，一个或多个可以使全国人民相互沟通的语言，对于国家机关运作的成本与效率而言是不可或缺的。此外，语言的沟通功能还要求国家在公共领域提供通译服务，如法庭、公共交通工具、广播电视等领域。

基于沟通性功能的官方语言立法，对于其母语并非国家选定的语言的公民而言，必然会给个人语言自主权的行使产生一定程度的妨害。在此过程中，政治优势群体的语言选择，便往往产生国内因为语言使用而造成的不平等状况，这也成为语言弱势群体诉诸语言权来反对语言歧视的缘由。

(二) 语言立法的文化功能

语言不仅具有沟通的功能，同时也可以作为人类历史文化的载体，而使得个人和群体产生归属感。文化多样性时代是语言权利宪法保护的现实依据。如同生物多样性对于自然界的重要性，文化多样性承载着人类丰富多彩的文明，是人类可贵的财富。国家在现代多元开放的社会中，对于多元存在且互具竞争性的各式文化事务的开展、接受及支持，应自我节制，保持中立地位，应尊重和宽容少数或弱势的文化社群的文化差异并保护其发展。[1] 语言的建构主义者认为，语言是人们通过社会化融入社群的主要手段，是人们表达意义的主要方式。[2]

一种只以沟通为目的的语言，一种没有文学和历史"素材"、无法让接受者产生任何共鸣的语言，只能永远局限在最简单最技术的交流情境内使用，一门服务性语言无法拥有身份。[3] 不同文化之间的相互尊重和理解是促进文化交流和发展的前提，多语言、多方言是国家宝贵的社会文化资源，不应被看成国家统一和社会经济发展道路上的阻碍。因此，语言文字立法应以底线思维来对待语言文化多样性，考虑如何构建一个尊重"底线自由"的制度来呵护多元文化的生长，而制度底线的前提是一定的文

---

[1] 许育典：《文化国与文化公民权》，《东吴法律学报》2006年第2期。

[2] [英] 苏·赖特：《语言政策与语言规划——从民族主义到全球化》，陈新仁译，商务印书馆2012年版，第5页。

[3] 参见 [法] 海然热《反对单一语言——语言和文化多样性》，陈杰译，商务印书馆2015年版，第129—133页。

化共识。

亨廷顿指出了文化和价值观对社会进步的重要意义，也指出了政治对于文化的作用。他引用丹尼尔·帕特里克·莫伊尼汉的话说：对一个社会的成功起决定作用的，是文化，而不是政治。但政治可以改变文化，使文化免于沉沦。① 文化、价值观和信仰对一个社会的经济和政治发展起着不可忽视的基础性的重要作用，而国家对于文化和价值不是无所作为的，而是可以进行治理、干预、引导而使之改变的。② 语言传播意味着文化传播，语言交流意味着文化交流，因此在语言频繁地接触和矛盾冲突作用下，语言已经开始对民族文化的健康发展和持续推进产生重要影响。

（三）语言文字立法的规范化功能

语言作为现代民族国家的前提事实条件，强调单一语言的必要性，国家的内部语言同一性开始出现被规范的要求，进而形成国家内部语言纯化的规范目标。语言标准化是特定语言中达到很高标准化程度的语言变体。③ 为了能够使用，标准语必须达到某种知识化的水平，该知识化水平允许标准语承担参与功能和声望功能，并且还有获得某种灵活性又不失稳定性的水平，该水平允许标准语承担参照框架功能。语言标准化过程还有一种可能性是基于口语而不是基于文字，标准语有如下五种功能：（1）统一性功能。无论有无方言或其他差别，标准语具有语言文化统一性功能。（2）分离性功能。标准语具有将一种语言社区的认同与其他语言社区分离开来的功能。（3）声望功能。授予拥有标准语的社区或掌握标准语的个人某种声望的功能。（4）参与功能。标准语允许语言社区使用自己的语言参与现代社会文化、科技和其他发展的功能。（5）参照框架功能。标准语主要在语言正确性问题上同时也在其他方面起到参照作用的功能。④

德国的新正字法，日本的《现代假名的使用》《关于实施〈现代假名

---

① ［美］塞缪尔·亨廷顿、劳伦斯·哈里森主编：《文化的重要作用——价值观如何影响人类进步》，程克雄译，新华出版社 2002 年版，前言第 3 页。
② 刘智峰：《国家治理理论——国家治理转型的十大趋势与中国国家治理问题》，中国社会科学出版社 2014 年版，第 191 页。
③ ［美］波尔·加文：《语言标准化研究的理性框架》，载周庆生主编《国外语言政策与语言规划进程》，语文出版社 2001 年版，第 413 页。
④ ［美］波尔·加文：《语言标准化研究的理性框架》，载周庆生主编《国外语言政策与语言规划进程》，语文出版社 2001 年版，第 418 页。

的使用〉》《改定送假名标写方法》等政令，中国的《现代汉语通用字表》《简化字总表》《标点符号用法》《汉语拼音方案》《汉语拼音正词法基本规则》《中国地名汉语拼音字母拼写规则（汉语地名部分）》等，均属于体现语言规范化努力的准语言立法。

四 语言文字立法的规范内容不同

世界各国语言问题的种类样态，分别植根于具体的历史传统和社会脉络中。有些形态通常被认为是相似的语言问题，或者相对普遍常见，例如移民与原住民的语言权利，随着各个族群接触的历史脉络、经济发展与产业结构的状况、国内政治权力的势力分布等差异，类似的语言立法分类可能有不同的成果或影响。从规范领域来看，国外语言文字立法的规范内容也各有不同，各有侧重，分别体现在以下几方面。

（一）官方语言地位

官方语言是一个国家（地区）的公民与其政府机关交流或沟通时使用的语言。因国家和地区范围界定不同，官方语言只是个相对概念，具体而言，是一个国家通用的正式语言或认定的正式语言。它是为适应管理国家事务的需要，在国家机关、正式文件、法律裁决及国际交往等官方场合中规定一种或几种语言为有效语言的现象。官方语言也是一个国家的公民与其政府机关通信时使用的语言，一个国家的官方语言一般从该国使用范围最广或使用人数最多的语言中选择一种或几种，如，中国为汉语（规范汉字和普通话），日本为日语，法国为法语。有的国家只有一种官方语言，如德国；有的国家有几种官方语言，如印度；有的国家没有法定的正式的官方语言，如美国。

世界各国的语言立法政策中，惯常以法律确立语言地位。其中最常见的两种语言地位就是"国语"与"官方语言"。所谓的"国语"，其实并没有一定的定义。一个国家可能只有一个国语，但也可以有多个，甚至有观点认为只要是国民所说的语言，都是国语。但也有认为国语代表了一定区域或一定族群的身份认同，也有些定义中把国语与官方语言混同，认为国语就是国家机关运作使用的语言，同时也有认为国语一般代表国家独立和主权完整的象征，让民众通过国语对国家产生认同。[①] 无论采取何种定

[①] 施正锋、张学谦：《语言政策及制定"语言公平法"之研究》，台北前卫出版社 2003 年版，第 89 页；蔡芬芬：《比利时语言政策》，台北前卫出版社 2002 年版，第 118 页。

义，国语共通点在于其代表了特定的国家认同，承认"特定语言的使用"是该国国民的特质之一。

至于官方语言定义相对明确。一般认为官方语言就是在特定国家或行政领域、管辖权范围内的某种法律地位，通常官方语言就是国家在国会、法院、行政运作等公务范围所使用的语言。官方语言并不一定是公民所使用的语言，在定义上，官方语言只是"国家"所使用的语言。①

国语与官方语言在很多情况下是重叠的，然而两者并非等同。最主要的差别在于：国语不一定是一种法律地位，但官方语言必然需要法律规范的支持。两者有一定程度的象征意义，但官方语言具有法律地位，其在公共领域有被使用的强制性。

对于语言问题的解决，以法律赋予官方语言地位是否必要？答案是否定的。尤其是官方语言的地位，很多时候只是象征性的宣示而已。如爱尔兰，虽然爱尔兰语是该国宪法明文规定的国语，也具有官方语言的法律地位，但事实上该语言的使用范围相当有限，有名无实。反之，美国宪法对于国语和官方语言完全没有规定，也并非所有州都赋予英语官方语言的法律地位，但实际上使用的官方语言是英语，有实无名。从各国的例子来看，官方语言的地位对于语言的存续有相当的影响，至少通过赋予官方语言与国语地位，有助于提升特定语言的族群自尊以及使用偏好。

世界上，大多数国家（约 90 个）在官方语言上采取单语制，约 30 个国家采取双语制，约 10 个国家采取三语制或多语制。英语是世界各国最常用的官方语言，约 51 个国家将其列入其官方语言，但只有 4 个国家在宪法上表明英语是本国的唯一官方语言。此外，还有 17 个国家也把英语当作是本国唯一的官方语言，但没有宪法声明。有 12 个国家在宪法上把英语列为本国的第二官方语言；还有 11 个国家把英语列为本国的第二官方语言，但没有得到宪法的支持；另有 7 个三语制国家也把英语作为本国的第三官方语言。有 18 个伊斯兰教国家在宪法上把阿拉伯语作为本国的唯一官方语言，有 2 个国家在宪法上把阿拉伯语作为本国的第二官方语言，其中一个是以色列。法语往往出现在单语制国家中，前法国殖民地国家独立后都采取法语为本国唯一官方语言的政策，有 18 个国家把法语作为本国的唯一官方语言。第四常用的官方语言是西班牙语。有 17 个国家

---

① 施正锋、张学谦：《语言政策及制定"语言公平法"之研究》，台北前卫出版社 2003 年版，第 89 页。

在宪法上采纳西班牙语为本国唯一官方语言，它们主要是位于拉丁美洲的前西班牙殖民地国家。①

（二）少数民族语言权利保护

语言是少数族群的核心要素，因为正是语言让该群体得以维系日常交流，表达愿望的需求，反映该族群世界观的本质，语言尤其容易成为族群主义的象征。②有许多国家的宪法包含了一条或几条总则之外的语言条款，详细说明了有关少数民族语言权利保护的问题。接受警察调查或法庭指控时，有权明白调查或指控的内容是什么。拉丁美洲国家（如巴西、哥伦比亚、厄瓜多尔、萨尔瓦多和巴拿马）的宪法开始出现了有关认可本国少数民族语言的内容。在非洲，喀麦隆、刚果、加蓬、埃塞俄比亚、纳米比亚、南非和乌干达等国宪法都出现了对本国少数民族语言认可的条款。挪威宪法有一个关于本国萨米语认可内容的条款。芬兰宪法认可本国的萨米语和罗姆语少数民族语言，并把它们与芬兰语和瑞典语官方语言一起来看待。在亚洲，印度、印度尼西亚、蒙古国、尼泊尔、巴基斯坦和菲律宾等国宪法中包含了少数民族语言条款。

中国是一个多民族多语言、多文化的国家，在语言政策与国家整体发展目标基本一致的前提下，应该考虑国情和地区差异，以及不同地区的发展需要。一方面要继续加强国家通用语言文字的推广和国家民族认同，警惕民族分裂主义，避免发生以维护少数民族语言权为借口的分裂国家的行为；另一方面也要通过有效的语言政策缓解语言冲突和民族矛盾，采取语言立法等措施明确少数民族语言的传承方式，回应少数民族对于保护自己本族语言的诉求。③

（三）语言教育政策与立法

对于教育政策的重视，是世界各国语言立法中的共同焦点，也具有许多细节。几乎所有关于语言复兴或是语言存续的政策设计都包含母语教育法案。相关法案都赋予了少数语言群体一定程度的教育权利，设计符合该语言族群需求的课程与方式。为了提高使用母语的动机，在脱离基础教育

---

① ［以］博纳德·斯波斯基：《语言管理》，张治国译，商务印书馆2016年版，第203—204页。

② ［英］丹尼斯·埃杰：《语言规划与语言政策的驱动过程》，吴志杰译，外语教学与研究出版社2012年版，第15页。

③ 周灵霞：《当代西欧少数民族语言政策研究——以加泰罗尼亚、巴斯克、威尔士和苏格兰地区为例》，《云南师范大学学报》（哲学社会科学版）2019年第2期。

后，也有些语言政策通过特定的优惠性法案，赋予少数族群语言作为高等教育中的加分学科，以奖赏制度推广语言。

语言教育法案的争议，首先来自其所造成的强制性。与义务教育一样，语言教育政策有可能违反不同语言族群的学童的学习意愿。由于语言族群的分布并没有绝对清晰的边界，如何分配不同语言族群的教育资源，不只是平等的问题，也是自由的问题。语言正义的问题，不仅存在于当下，过去的不平等政策所造成的语言衰退结果，可能是现今补偿式的语言教育法案的根源。

（四）语言区立法

通过修宪或者重新划分行政区域等方式，以语言为区分标准划分语言区域，也是常见的化解语言冲突的做法。例如，比利时、加拿大都是采取这种做法以区分国内两大主流语言族群的使用区域。从效果上来看，语言的混合性与持续变动性，使得不同语言共处于同一地区与使用阶层时，必然产生竞争现象。为了确保不会因为语言竞争导致强势语言对弱势语言的蚕食鲸吞，通过领土主义区分不同语言的领域，不仅最符合语言的特性，减少因为接触而使得语言竞争激烈化，同时也因为语言区的做法通常会划出一定政治权力的领域，供少数族群得以自主管理其语言政策，而减少语言霸权的争议。

（五）语言标准化立法

语言学家认为，标准语言是指通过选择、标准制定、扩张和接受某些语言变体后产生的规范正字法、语法和字典。① 语言标准化关涉语言本体，故很少进入语言立法者的视野。但基于沟通效率和教育等目的，语言标准化立法的尝试也时有发生。比如，1968 年，美国路易斯安那州立法机构声明，法语是本州的官方语言，同时建立了路易斯安那州法语发展理事会。在发展何种法语上产生了分歧，是路易斯安那法语、海地克里奥尔语，抑或拥有标准声望的国际法语？② 如语言学家布朗所说："一方面是立法者希望找到一种有声望的规范；另一方面是地方社区成员明白他们的

---

① Haugen, E., *Language Conflict and Language Planning: The Case of Modern Norwegian*, Cambridge, MA: Harvard University Press, 1966.

② ［美］托马斯·李圣托编著：《语言政策导论：理论与方法》，何莲珍、朱晔等译，商务印书馆 2016 年版，第 292 页。

母语是不准确和不合适的。"① 换言之，语言标准化立法大多希望通过教育将一种标准语言变成方言社区的母语，最终的结果往往难以如愿，除非能获得方言社区的体认和接受。

第三节　国外语言文字立法的发展趋势

国外语言文字立法的前沿趋势，主要表现为三个方面：一是语言文字作为文化资产保护的立法专门化；二是语言文字立法的宪法化；三是语言文字立法的国际法化。

一　文化（语言文字）资产保护的立法专门化

将语言视为文化资产，以促进多元文化发展的理念保障语言权利，成为国外语言立法的趋势之一。在联合国《保护非物质文化遗产公约》和我国的《非物质文化遗产法》（以下简称《非遗法》）中，均有关于"语言"的规定。《保护非物质文化遗产公约》中"非物质文化遗产"所包含的"口头传统和表现形式，包括作为非物质文化遗产媒介的语言""表演艺术"均涉及方言；《非遗法》的规定也包含了"传统口头文学以及作为其载体的语言""传统美术、书法、音乐、舞蹈、戏剧、曲艺和杂技"。②

当语言问题延伸到特定语言的存续以及语言族群间的实质平等时，弱势语言群体的主张就会涉及国家对于特定语言的优惠待遇或积极权利的保障。例如，语言教育资源的分配、广播电视领域的保障、濒危语言的拯救，等等。就少数民族语言权利保护而言，要求政府承担积极的给付义务主要意味着设置濒危方言保护区、提供方言公共服务和财政支持等。

语言文化资产保护的另一重要内容是濒危语言保护。作为文化的载体，每一种语言都承载着一种独特的文化，语言的消亡会给文化多样性和人类文明遗产带来不可挽回的损失。③ 当前濒危语言的保护主要是由学者

---

① Brown, B., "The Social Consequences of Writing Louisiana French", *Language in Society*, No.22, 1993, pp.67–101.

② 参见《非物质文化遗产法》第 2 条：本法所称非物质文化遗产，是指各族人民世代相传并视为其文化遗产组成部分的各种传统文化表现形式，以及与传统文化表现形式相关的实物和场所。包括：（一）传统口头文学以及作为其载体的语言；（二）传统美术、书法、音乐、舞蹈、戏剧、曲艺和杂技……（六）其他非物质文化遗产。

③ 田鹏：《集体认同视角下的欧盟语言政策研究》，北京大学出版社 2015 年版，第 64 页。

们及相关部门、机构通过建立语音数据库或档案的方式予以保存。然而，缺少国家主导的语言抢救工作常让语言工作者和志愿者感觉力不从心。毕竟，对语言的抢救既需要前往各地实地调研，又涉及各类技术设备，需要专业知识，更要耗费巨大的人力、财力，是一项规模宏大的语言工程。

　　语言作为文化的"活化石"，其存在的价值在于语言的文化功能。因此，寻求语言值得法律保护的正当性理由，须遵循语言自身的发展规律，从其文化属性上加以分析。第一，语言文化的自主性。在文化艺术发展中，语言具有不可替代的作用，故而，公权力在语言治理过程中应遵循职权法定原则，恪守公权力的边界，为语言的使用保留合理空间。第二，语言文化的无形性。语言文化具有非物质性，使得语言的传承与保护需要借助物质形态和物质条件，公权力主体可以动用公共文化资源，服务于语言传承、保护与复兴的物质条件建设。比如，可以通过地方规章设立若干濒危方言保护区。第三，语言文化的公共性。语言文化并非专属于私人之财产，而是整个国家和民族的"公共财"。语言作为公共文化财产，可归属于行政法上公物的范畴，为能合乎公共使用目的，发挥特有文化效用，相关语言主管机关对语言负有管理、维护和促进的义务。

　　自1961年国际博物馆协会将"教育"加入博物馆的定义和目的之后，博物馆的教育和宣传功能越来越受到重视，2007年国际博物馆协会将"教育"调整到博物馆业务的首位，博物馆被越来越多地赋予教育使命，甚至被视为公众的终身教育平台。[①] 据此，通过博物馆将其收藏、保存的濒危语言对观众开展教育和宣传，完全符合博物馆自身功能定位和《博物馆条例》的规定。除博物馆外，档案馆、图书馆均能发挥大致相同的作用，在《档案法》的修订和《公共图书馆法》的起草制定过程中，皆可列入对方言的记录、保存、存档以及教育等静态与动态保护方式。

二　语言文字立法的宪法化

　　世界上，125个国家的宪法提到了本国的语言问题，其中约100个国家指定了一种或多种语言为本国的官方语言或国语，官方语言和国语在使用方面都享有特权。立法上，既有国家立法机关制定法律并确定官方语言的情形，也有由地方政府机关（州级或省级）来决定当地公共标牌使用

---

① 参见王莉《博物馆的社会使命与服务内涵》，《人民论坛》2011年第17期。

何种语言的情形。

率先在宪法中提出语言权的国家是奥地利，1929 年修订的奥地利联邦宪法第 8 条规定："在不违反联邦法律赋予少数民族有自己语言的权利的情况下，德语是共和国的官方语言。"随后，瑞士联邦宪法第 18 条①、白俄罗斯宪法第 50 条第 3 款②、波兰宪法第 35 条第 1 款③等也都明确规定了专门的"语言自由权"；而德国、美国及大多数国家宪法中没有单独规定语言基本权利，其中有 29 个国家和地区对语言立法持沉默态度。④ 大多数国家和地区则仅仅是在平等权的脉络下规定了对语言歧视的禁止，并紧紧围绕作为人权组成部分的语言权保护个体人格形成与展开这一核心内涵。⑤ 南非宪法则确立了国家的语言权利保护义务，即国家应当采取切实可行的积极措施促进语言的多样性。⑥ 由此，现今世界上大多数国家和地区的宪法中规定了语言条款，语言立法的主要目的在于化解同一国家内多元并存的不同语言使用者之间产生的冲突和差异，以实现所有公民的语言公平，维护语言的多样性。

三 语言文字立法的国际法化

语言权发轫于国际人权法。目前，在国际条约的框架中，语言权概念仍处于未定型阶段。国际法承认语言权利同时具有两个层面的意义：一是

---

① 瑞士宪法第 18 条规定了"语言自由"。

② 白俄罗斯宪法第 50 条第 3 款规定："每个人都享有使用本民族语言、选择交际语言的权利。国家根据法律保护选择教育和学习语言的自由。"

③ 波兰宪法第 35 条第 1 款规定："波兰共和国应确保波兰民族或少数民族人的自由，以保持和发展他们自己的语言，以维持他们的习俗和传统，并发展他们自己的文化。"

④ 美国学者芬戈尔德根据有无"官方语言""民族语言"及"语言规定"三个指数，将各国宪法对语言权的态度分为"插手法"和"放手法"，通过对世界上 187 部宪法进行筛查、甄别和分析，按照指数分类：29 个国家和地区（约占 15%）属于"放手法"，158 个国家和地区（约占 85%）属于"插手法"。参见［美］E.D.芬戈尔德《世界宪法中的语言权利和语言公平》，王梅译，《国外社会科学》2005 年第 4 期。

⑤ 参见张慰《宪法中语言问题的规范内涵——兼论中国宪法第 19 条第 5 款的解释方案》，《华东政法大学学报》2013 年第 6 期。

⑥ 南非宪法除第 6 条第 1 款关于官方语言的规定外，第 6 条第 2 款规定：承认我们人民的土著语言的使用权和地位曾在历史上受到限制和贬损，国家应当采取切实可行的积极措施，提高这些语言的地位，促进它们的应用。第 6 条第 5 款：通过国家立法建立的泛南非语言委员会必须促进所有官方语言、科依语、纳马语和桑语，以及手语的开发和使用，并为其开发和使用创造条件；促进并确保尊重由南非各群体使用的所有语言，包括德语、希腊语、古吉拉特语、印地语、葡萄牙语、泰米尔语言、特卢固语和乌尔都语，促进并确保尊重南非用于宗教目的的阿拉伯语、希伯来语、梵语和其他语言。

工具性功能，即语言作为一种沟通媒介，二是文化性功能，即语言作为一种身份标志。① 由于语言具有文化象征性功能，当人们开始意识到文化霸权所造成的单一性问题后，语言权利就与文化多样性的保护一样受到重视。将语言权利与文化多样性的观念相连接，是基于"语言为人类文化的资产"的理念，一种语言的消失将损及文化资产和文化多样性的保存，这也是对现今已濒临灭绝的语言为何要加以保护的正当性基础所在。《欧盟条约》第165条第1项规定欧盟需"充分尊重各成员国文化和语言的多样性"，通过此种思维，1992年制定的《欧洲区域或少数民族语言宪章》更是以"语言保护"为宪章主轴的国际条约，其序言提到"文化多样性和语言多样性的价值"。

语言权保护的国际条约包括以"个人权利"为权利主体的国际条约和以"集体权利"为主体的国际条约。前者意义上的语言权可从平等权、文化权、表达自由权推导而来。

(一) 以"个人权利"为权利主体的国际条约

1. 平等权

从国际条约的语言权架构来看，涉及语言权的相关条款，均以"非歧视原则"为规范形式，明确宣示禁止以语言为差别待遇的标准。可见，国际条约的语言权规定偏向消极平等，限于个人使用自身语言而免于歧视的权利。这只是形式平等的要求，不具有实质平等的意涵。

实质平等观要求国家必须积极作为，必要时容许对语言弱势族群采取"反向差别待遇"，以达到实质平等的目标。因此，语言平等不仅是针对个人，更是关乎少数族群语言的维系与保存。从实质平等的观念出发，国外许多国家或地区对区域或少数语言采取特殊的保护措施，以改变弱势语言所面临的濒临灭绝的现状。

2. 文化权

"文化权"概念及其基本定义首见于《世界人权宣言》第27条②，

---

① Robio-Marin, "Language Rights: Exploring the Competing Rationales", in Will Kymlicka & Alan Patten eds., Language Rights and Political Theory, 2003, pp.52-56.

② 《世界人权宣言》第27条："一、任何人有权自由参加社会的文化生活，欣赏艺术，并共享科学进步及其利益；二、任何人对其本人的任何科学、文学或美术作品所获得的精神与物质利益，享有获得保护的权利。"

《经济、社会及文化权利国际公约》第 15 条①进一步就其内涵作出界定。1994 年 11 月，欧洲理事会通过的《保护少数民族框架公约》为首个重视特定文化身份权利的区域性国际组织规范，虽然未对文化权利内涵作出明确定义，但该公约第 5 条第 1 项规定提及 "维护和发展少数族群认同和其文化身份的基本要素为宗教、语言、传统和文化遗产"，将语言作为文化的要素之一。同时，还制定了多项赋予国家必须确保少数族群语言权利的义务规定。语言权利保障是展开特定文化身份权利的基础，语言权利紧扣参与文化生活和塑造特定文化身份，因而，确保享有语言权利是落实文化权的基本要件之一。

语言的掌握与运用，除了负载文化认同的固有价值，是文化的具体表现形式之一外，也是接近和创造文化的重要渠道和基本条件。语言权作为文化权的一环，语言权的被侵害或被剥夺，连锁反应可能导致文化陷入消沉歇绝的危机，以致其参与或享有的文化内容不复存在，此即破坏文化多样性最剧烈的表现。诚如有论者所言，语言权利与文化权是唇齿相依的关系，如果语言使用权受到限制，则 "文化权权利主体无从接近和参与文化生活，其实践文化权的机会受到侵害，甚而遭到剥夺。因此，实现文化权内涵必须立基于确保文化多样性，而其同时也是文化权实现的成果和态样之一，文化权和文化多样性乃为密不可分之关系"②。

3. 表达自由权

有关表达自由权，《公民权利与政治权利国家公约》第 19 条第 2 项明文规定："人人有发表自由的权利，此种权利包括以语言、文字或出版物、艺术或自己选择的其他方式，不分国界，寻求、接受及传播各种信息及思想之自由。" 语言作为思想和意见表达的形式之一，限制某种语言在特定领域或场合的使用，可能侵害其自由表达权，因而语言权利的使用可以从表达自由权中推导出来。

---

① 《经济、社会及文化权利国际公约》第 15 条："一、本公约缔约各国承认人人有权：（甲）参加文化生活；（乙）享受科学进步及其应用所产生的利益；（丙）对其本人的任何科学、文学或艺术作品所产生的精神上和物质上的利益，享受被保护之利。二、本公约缔约各国为充分实现这一权利而采取的步骤应包括为保存、发展和传播科学和文化所必需的步骤。三、本公约缔约各国承担尊重进行科学研究和创造性活动所不可缺少的自由。四、本公约缔约各国认识到鼓励和发展科学与文化方面的国际接触和合作的好处。"

② 徐挥彦：《从欧盟文化政策之发展与实践论文化权之保障：以文化多样性为中心》，《欧美研究》2008 年第 4 期。

(二) 以"集体权利"为主体的国际条约

随着时代和人权观念的演进,学者提出了所谓的第三代人权,以集体的团结和连带关系为基础,以集体为权利主体,向国家争取权利。[①] 建构"集体权利"对于基本权利理论来说,最大的功能和重要意义在于"保障少数或弱势族群或团体"。因应"少数民族语言权利"使用问题而制定的相关国际条约,主要采取"身份认同的建构"的观点。联合国于1992年通过《隶属于少数民族或宗教和少数语言族群的权利宣言》,用以补充《公民权利与政治权利国际公约》第27条的规定,该宣言积极地认为缔约国不仅应保护少数族群的语言认同,更应提升其认同。相较于其他地区,规范语言集体权利的国际条约最多的地区为欧洲。以集体权利为权利主体制定的国际条约中,在语言权保障方面以保障"少数族群"的语言权为首要目的。

第四节 国外语言文字立法的经验教训与启示

国外语言文字立法既有成功的经验,也有失败的教训。大多数国家能够从该国国情出发,制定符合该国历史文化传统和现实需要的语言政策与语言立法,从而形成消弭和缓解语言矛盾和冲突的长效机制。但也有少数国家没有尊重历史与现实,其语言政策和语言立法要么抱残守缺、因循沿袭;要么凌空蹈虚、不切实际,不仅未能有效解决该国语言问题,还治丝益棼,频添新乱。比如,加拿大的英法双语政策和相关语言立法;比利时语言区的划分;法国制定专门语言法捍卫"语言主权";澳大利亚顺应时势所需,从同化政策转向多元文化主义;新加坡以英语为主导的双语制政策;日本对内实行单语制,对外推行实用主义的语言政策;等等。均在一定程度上取得了正面和积极的语言治理效果。相反,苏联加盟共和国把语言立法用作分离主义运动的工具;爱尔兰通过立法赋予爱尔兰语官方语言地位,推行爱尔兰语复兴政策,立意可谓高远,却最终败给了市场力量和全球化趋势;印度纵使通过宪法强化印地语的官方语言地位,由于无视现实,不断发生一系列语言问题,甚至引发激烈的语言冲突。

此外,即使同一部语言法,在实施过程中也是瑕瑜互见。例如,法国

[①] 李震山:《多元、宽容与人权保障:以宪法未列举权之保障为中心》,元照出版公司2007年版,第293—294页。

的《杜彭法案》确定法语为国语并大力推广，提升了法语的声望，取得了显著的经济效益和社会效益，但其强硬的语言政策忽视了语言文化的多样性，压制了方言和少数民族语言。① 再如俄罗斯的语言法，符合俄罗斯的战略利益，被视为国家安全的重要组成部分，但也存在有些术语行文模糊、缺乏有效的实施机制等问题。

一　国外语言文字立法的经验

国外语言文字立法在确立一种或多种语言的官方语言地位、强化少数族群和特殊人群的语言权利保障、维护语言文化多样性、提供公共语言服务、实现语言文字规范化等诸多方面，发挥了至关重要的作用，其成功的经验值得我们参酌借鉴。以加拿大为例，长期以来，魁北克语言问题成为引发宪法争议的火药桶。该国《官方语言法》的出台，有效地推动了其双语政策的实施和发展，缓解了英法后裔族群之间的矛盾，为加拿大的双语政策和双语文化的发展奠定了坚实的法律基础。再如，法国在确立法语的官方语言和通用语言地位，抵制英语入侵，捍卫"语言主权"的过程中，《杜彭法案》的引领作用厥功至伟。下文拟对国外语言文字立法的成功经验作出归纳、提炼与总结，以资裨益我国的语言文字立法。

（一）"通用性""规范性"与"多样性"的三重变奏

国外语言文字立法，从功能主义的视角观察，无不是在语言文字的"通用性""规范性"和"多样性"之间寻求均衡保护。一般而言，在官方层次，民族的建构、身份认同的塑造以及对语言不公平的纠正可能是语言规划者重要的动机，但个体性语言行为的动机似乎更主要是工具性的。②

1. 增强语言通用性与捍卫语言主权

大多数国家或地区在宪法或专门语言法中确立一种或多种语言为官方语言。确立与推行官方语言或主要语言，这种工具性的语言立法，一方面，可以大大降低公务运行成本，提高语言沟通效率。如，法国的《杜彭法案》规定公立学校教学语言必须是法语；工作场合使用法语；政府

---

① 戴曼纯、贺战茹：《法国的语言政策与语言规划实践——由紧到松的政策变迁》，《西安外国语大学学报》2010年第1期。

② ［英］丹尼斯·埃杰：《语言规划与语言政策的驱动过程》，吴志杰译，外语教学与研究出版社2012年版，第113页。

的官方出版物和涉及公共利益的出版物必须用法语印刷；广播、电视等媒体要为保护和传播法语做贡献。这些法律条款有利于增强法语的通用性，减少沟通成本。另一方面，可以大大增强民族凝聚力，维护民族团结和国家语言安全。不仅如此，法国《杜彭法案》第1条规定："根据宪法，法语是法兰西共和国的语言。法语是法兰西品格和遗产的基本要素。"该条款在于宣示法语为国语，意在捍卫语言主权，抵制全球化进程中英语的强势入侵。工具性的语言立法，在语言的交流价值和身份价值间寻找折中。①

2. 倡导语言规范性与标准化

语言的规范化与标准化虽然不是国外语言文字立法的重点，但在单一民族的日本、韩国、德国等国，在语言文字标准化方面的立法着力较多。如，日本假名的规范化，德国的新正字法、韩语的纯化等。这些语言文字规范化、标准化方面的立法对于我国汉字标准化立法颇有借鉴意义。

3. 推行语言多样性与语言平等

随着语言人权理念的兴起，语言人权作为阻止语言灭绝的必要措施，逐渐被国外各国语言立法吸纳。② 例如，新西兰1987年制定的《毛利语语言法案》，用法律形式将毛利语确立为新西兰的官方语言，体现了语言政策的多元化和包容化。但值得注意的是，英语仍是新西兰事实上的通用语言，毛利语持续边缘化，几乎成为仪式语言，其生存困境并没有得到解决，虽拥有官方语言地位，却只能分享本来就极其有限的政府资源。因此，尊重和倡导语言文化多样化，仅仅赋予少数民族语言官方地位或使用自由权是不够的，必须引入制度性保障，通过落实语言权利的保障，使得各语族享有自由使用母语的选择权利，将母语蕴含的深厚文化底蕴传承下去，让文化多样性的现象和价值得以延续。换言之，少数族群语言的使用者应当被赋予至少一部分多数族群语言已经享有的保护和制度支持。③

（二）促进语言平等与语言和谐

国外语言立法在促进语言平等与语言和谐方面，发挥了重要作用。比

---

① 祝捷：《台湾地区族群语言平等的法制叙述》，《福建师范大学学报》（哲学社会科学版）2014年第3期。
② ［美］托马斯·李圣托编著：《语言政策导论：理论与方法》，何莲珍、朱晔译，商务印书馆2016年版，第270页。
③ ［美］托马斯·李圣托编著：《语言政策导论：理论与方法》，何莲珍、朱晔译，商务印书馆2016年版，第256页。

如,加拿大的《官方语言法》在很大程度上调和了英法后裔语言族群的纷争,缓和了魁北克地区的语言冲突;比利时、瑞士的语言区立法,采取尊重语言区隔及语言人权的语言政策,缓解了民族矛盾,减少摩擦机会,维护了国家安定和民族和谐。由于经常发生语言冲突,比利时的语言问题非常敏感,比利时不断采用法律手段解决这个问题。比利时制定的相关政策法规数量堪称世界之最,推行手段强硬,取得了较好的效果。各地区政府和社区委员会可以制定符合本区的语言法规。如果法规相互抵触或冲突,或者出现侵害个人语言权利的情形,均可申请仲裁法庭裁决。如1973年7月19日佛拉芒社区的法令规定本社区只使用荷兰语,1982年6月30日法兰西社区制定的法令规定法兰西社区只使用法语,从而引起社区间的语言冲突。仲裁法庭于1986年做出裁决,取消了上述两个法令的有关条款。[①]

(三) 确立了语言文字立法的基本原则

在欧盟,为了实现欧盟人员自由流动的相关规范,欧盟法院要求限制当事人就业的语言能力条款必须符合"非歧视原则"和"比例原则",即欧盟各国对其他欧盟成员国公民的语言要求,必须与本国国民一致,不得有任何歧视行为,也必须遵守比例原则。[②] 据此,在申请工作职位设定的语言条件中,应依据"非歧视原则"和"比例原则",对公民就业权的行使不致造成不必要的妨碍。不过,根据职业特性和本质以及根据公共利益所设定的语言能力条件是容许的例外规定,比如为了确保医生和病患者的沟通信赖性,对医生执业的语言能力进行规制是必要的。较为有趣的话题是,为了确保使用少数语言的病患者与医生沟通的需要,确保通晓少数语言的医生的存在,应该由相关主管机关纳入考量。

"非歧视原则"与"比利原则",作为欧盟法院审查成员国语言法的基本原则,对于构建中国语言法的合宪性审查制度,具有一定的借鉴意义。党的十九大报告提出:"推进合宪性审查工作,维护宪法权威。"语言文字立法关涉公民语言权利,应接受"非歧视原则"与"比例原则"的合宪性检验。

---

① 斯钦朝克图:《国家的双语化与地区的单语化:比利时官方语言政策研究》,《世界民族》2000年第1期。
② 参见梁崇民《欧盟对于少数人权之保障——少数民族、少数语言个案分析》,《欧美研究》2004年第1期。

(四) 适时修订语言政策和语言立法

唐代大诗人白居易在《与元九书》中提出："文章合为时而著，歌诗合为事而作。"语言政策和语言立法也应作如是观，体现对现实社会的一种关切，对改造社会、促进社会进步的一种责任和使命。语言政策并非一成不变的，要与所处的社会、政治、经济发展水平相适应。国外语言立法大多体现了因时因事制宜的特点，如澳大利亚原住民语言政策的变迁，比利时语言区立法的形成与修订，等等。鉴于此，我国保护民族语言文化多样性时应密切结合实际，制定符合自身经济社会发展阶段的语言政策和民族政策，同时处理好社会经济发展与语言文化保护的关系，应坚持现阶段中国特色的民族政策和语言政策，科学保护各民族语言文化。[①]

二 国外语言文字立法的教训

由于没有遵循语言文字自身发展的规律，或对语言文字传统和现实缺乏清醒的认识，有些国家的语言文字立法归于失败。"前车之鉴，后车之覆"，这些失败的教训也值得我们引以为戒。

(一) 破坏语言团结和国家统一

以苏联为例，苏联加盟共和国最终成为独立的主权国家，是以1989年开始的语言立法运动（或称国语化运动）为信号灯。语言立法与民族独立加剧和助推了苏联的解体。苏联时期，尽管俄语实际上发挥着国语的作用，其他加盟共和国主体民族的语言仅是当地官方语言之一，但因强调民族平等和语言平等，对俄语在内的所有语言的地位没有特别明确的规定。1989年1月爱沙尼亚率先通过《爱沙尼亚苏维埃社会主义共和国语言法》，宣布爱沙尼亚语为国语并且是该共和国的唯一官方语言，这是第一部加盟共和国层面的语言法，开启了轰轰烈烈的语言立法运动。截至1991年10月，13个加盟共和国都颁布了各自的语言法，都将本共和国主体民族语言确定为国语。各加盟共和国的各自语言立法在一定程度上助推了苏联的解体。

(二) 背离市场力量等外部环境需求

以爱尔兰语言政策与立法为例，爱尔兰将语言立法作为语言规划和语言治理的机制与工具。随着爱尔兰自由邦于1922年成立，爱尔兰语

[①] 姚春林：《澳大利亚原住民语言政策的历史与现状》，《中央民族大学学报》（哲学社会科学版）2018年第5期。

即被授予"爱尔兰自由邦国语"地位。同时,英语作为官方语言的地位也被予以认可。1937年爱尔兰宪法第8条改变了平行双官方语言地位,该条款规定,作为国语的爱尔兰语是第一官方语言;英语被认为是第二官方语言;但是,亦可通过法律来制定相应规定以保证在自由邦或其任何部分为实现一个或多个官方目的对所说语言的独有使用权。1998年的教育法案、2000年规划与发展法案等语言法规、2003年颁布的官方语言法案,是迄今为止爱尔兰自由邦最重要的语言立法法案,这些法案旨在确保爱尔兰语的官方语言地位。语言立法法案在整个语言规划过程中起到重要作用。①

爱尔兰的语言复兴运动,是关注语言权利、语言政策与语言立法者常常援引的经典语言案例。从爱尔兰的语言复兴运动中发现:首先,"官方语言"确立的效果有限,赋予一种语言为官方语言地位,并不必然可以使某种语言得以保存和发展。其次,民族意识、语言态度无法直接转换为语言能力,语言与认同没有必然关联。最后,挽救语言流失的责任并不能完全推给政府,如果地方社区、少数语言族群本身失去挽救语言的动力与决心,甚至以学习掌握主流语言为傲,国家的任何努力都没有办法逆转语言流失的状况。

即使经过殚精竭虑的努力,至今爱尔兰语除了爱尔兰语区以外,仍是以英语为主要语言。爱尔兰语人口仍持续减少,"无可奈何花落去",就连爱尔兰语的语言中心地爱尔兰语区,其人口与范围都在不断缩减。

对于爱尔兰语复兴运动的结果加以反思和检讨,有论者认为失败的原因主要有三:一是政治因素,爱尔兰在独立后因动力消退,已经得到政治法律控制权,文化民族主义反对的殖民文化不复存在,语言复兴的热情逐渐消退。② 二是经济因素,农牧渔业衰退后,政府发展出口贸易吸引外资,但这些新工作机会很少需要爱尔兰语。三是除了学校以外,缺少语言使用环境,教学上注重读写能力,导致学生缺少社会使用的能力。

在此,可以更进一步追问的是,如果少数语言族群本身没有强烈意愿维持本民族语言的存续,究竟能否将之视为少数语言族群的自主选择,或

---

① 王洁等主编:《法律·语言·语言的多样性:第九届国际法律与语言学术研讨会论文集》,法律出版社2006年版,第157—158页。

② 张学谦:《国家能否挽救弱势语言?以爱尔兰语言复振运动为例》,《台湾国际研究季刊》2008年第4期。

者这种选择是政治、经济、社会、文化等外部环境作用下的唯一选择？在这种状态下是否还有维持语言存续的必要？因此，少数语言的保护和传承，其关键在于作为传承人的少数语言族群的内在动机和真实需求，政府动用公权力进行补贴、扶助和保护，充其量只能起辅助性作用。如果社会、经济及象征性因素只有利于主流语言并促使语言转移，明确而正式的语言政策本身对语言间的代际传承及多语言社区活力的维护将不会成功。①

（三）无视语言文字传统与现实的掣肘

语言文字立法和语言政策是传统与现实情境下的产物，正如 Lo Bianco 的深刻见解：语言政策不是一套脱离现实情境的协议书，可以从一个情境照搬到另一个情境。历史文化、法律、政治环境、种族关系等政策制定的背景不仅会影响特定背景下制定政策的可能性，还会影响到政策的形式和内容。②

以印度为例，印度虽然通过宪法第十七章对语言文字问题作出了较为详尽的规定，但对于印度激烈的语言冲突仍于事无补。印度宪法的语言文字规定有着两方面的严重不足：一方面，过高地估计了印地语的权威性，忽略了乌尔都语、泰米尔语和孟加拉语的语言声望和竞争性；另一方面，过低估计了英语在教育、科技和文职部门中的牢固地位，忽略了印地语取代英语的长期性和复杂性。③可见，任何语言政策和语言立法的出台，都是在既有社会条件制约下的产物，如果无视语言文字的传统与现实，而期待达到理想状态的语言治理，只能是一厢情愿的幻想。

再以南非语言政策与立法为例，民族融合是后殖民时代南非社会的焦点与难题，2014 年颁布的《学后教育白皮书》中的语言教育政策没有理顺经济、政治与文化层面的融合机制，存在政策错位；忽视了全球化带来的社会变迁，未能很好地反映南非的语言生活状况；缺乏可操作性，等等。这些因素都导致《学后教育白皮书》中的语言政策难以有效地贯彻执行。

---

① 周晓梅：《语言政策与少数民族语言濒危及语言多样性研究》，《贵州民族研究》2017 年第 6 期。
② 转引自王辉《澳大利亚语言政策研究》，中国社会科学出版社 2010 年版，第 58—59 页。
③ 周庆生：《印度语言政策与语言文化》，《中国社会科学院研究生院学报》2010 年第 6 期。

三 国外语言文字立法对我国的启示

当前的社会转型时期使语言生活进入了一个全新的发展阶段，这就需要根据我国国情，洋为中用，借鉴国外语言文字立法的先进经验或其失败的教训，适时地调整和更新我们的语言战略与语言治理模式，以适应新时期创建现代化语言强国以及和谐语言生活的需要。

（一）语言立法是解决语言问题的主轴

从前述世界各国处理语言问题的分析可以发现：在解决语言问题的讨论中，几乎都以法律为主轴，确立官方语言、划定语言区、制定少数语言教育的特殊法规等，无不是以法律的形式塑造语言规范的框架。语言权的主张者也以"语言权"为依据，希冀政府推动或制定相关的法律，保障弱势语言得以延续。可见，把语言文字工作纳入法制化轨道，做到有法可依，是解决语言文字工作的不二之选，如新西兰的《毛利语法案》，加拿大的《官方语言法》等。

世界上有语言文字专项立法的主要有法国、加拿大、俄罗斯等十几个国家。这些国家制定语言文字法的目的，都是根据本国的实际需要，或是为了在多种语言中确定某一种语言的官方语言地位，或是为了维护民族语言的纯洁性。那些没有专门语言文字法的国家，语言的规范主要靠词典和电台、电视台的标准播音进行引导以及通过学校教育来贯彻，如英国、美国等。所以，语言文字立法与否，没有绝对的正确与错误，主要还是根据本国的实际需要来决定，是一个怎么做对语言文字工作更有利的问题。以1991年脱离苏联独立、2004年正式加入欧盟的拉脱维亚为例，拉脱维亚语是真正的小语种，只有200万使用者，使用区域内还有几乎同等数量的俄语使用者，这些俄语使用者大多只说俄语，而拉脱维亚人大多能说拉脱维亚语和俄语两种语言。其语言立法背后的驱动力是担心语言转用俄语将导致拉脱维亚语言永久消亡和死亡。①

"语言"这项文化要素在各国的重要性以及被塑造的历史、方式与样态，都不一样。并非存在"语言差异"就必然形成语言族群间的冲突，而是语言之外的其他事物造成了语言问题。探寻语言问题的真正根源，必须观察具体的社会脉络——包括民族、历史、文化、宗教、语言的认同

---

① ［美］托马斯·李圣托编著：《语言政策导论：理论与方法》，何莲珍、朱晔等译，商务印书馆2016年版，第290页。

度、经济及政治等要素,如此,才能在整体观察下,思考语言问题的原因究竟为何。由于语言问题涉及的因素太多太复杂,历史经验难以复制,解决语言问题的策略因而必须是具体的、政治性的、动态的,必须经过本土化检验其适合性,而不存在普适的解决方案。从实践来看,语言问题的解决是以语言政策与语言立法为中心,通过民主、科学的立法程序产生的语言法最为适当。

(二) 语言文字立法要尊重现实国情

语言问题的解决无法脱离具体语境来解决。因此,有论者主张:"需要注意的是,没有一套普遍有效的多语主义模式可以适用于所有的文化、国家及环境。情景及脉络是制定个别多语言习得规划时必须考虑的决定性因素。"① 如,澳大利亚《语言问题国家政策》的合理性在于强调母语教育与外语教育并重,这样就能有效地处理好母语和外语的相互关系。② 因此,在我国今天大力提倡学英语的同时,还须极力维护汉语在中国的主导地位,不能忽视母语的教学和普通话的推广。因为母语是民族凝聚力的象征,民族有了凝聚力,国家发展才会有动力。中国应用语言学会会长陈章太教授曾阐述了自己的观点,他说:"英语热是正常的现象,英语作为强势语言,已越来越显示其世界通用语的作用。我国目前兴起的英语热,这是国家、社会发展的实际需要,我们应当理智、实际地看待它;加强英语教学,提高英语水平,适当扩大英语的使用,这是必要的。但英语毕竟是一种外语,不是我国的一种母语,不能同汉语与少数民族语言的双语相混,对英语的作用不宜强调到不适当的程度,更不能滥用或乱用,不能冲击、损害母语,也不能影响其他外语的教学与使用。"③

从比较法的角度观察,加拿大与比利时在宪法上制定官方语言,并且以联邦制的方式区分语言族群,解决了该国的语言冲突,这可以说是在适应既有社会条件约束下的最优选择。语言文字立法只有基于整个社会的历史条件和现实情况,从语言生活国情出发,最大限度地反映社会变迁,才能切实起到促进民族融合和经济社会高质量发展的作用。

---

① 张学谦:《比利时语言政策——领土原则与语言和平》,《台湾国际研究季刊》2007年第4期,第150页。
② 金志茹:《澳大利亚国家语言立法考察与借鉴》,《社会科学战线》2009年第3期。
③ 陈章太:《我国当今语言生活的变化与问题》,《中国教育报》2006年5月8日。

(三)语言文字立法应坚定不移地推广普通话和推行规范汉字

有论者指出,从信息论的角度来看,水陆交通、语言文字起到物质与精神的通信交往的通道作用。① 在法国,为了落实《杜彭法案》,法国历届政府相继成立了有关机构,对法语进行语言治理并大力推广,如法兰西学院、法语和方言总署、专业词汇委员会、法语联盟等,这些专门的语言文字或教育机构在保持语言纯洁性方面发挥了重要的作用,并延续至今。②维护普通话和规范汉字作为通用语言文字地位,应继续加强汉语的功能与地位,坚定文化自信,为汉语成为一门"全球性语言"提供坚实的后盾。

(四)语言文字立法主要管形式而不涉及思想内容

语言文字立法到底是管语言文字使用的形式还是管使用语言文字所涉及的思想内容,这也是语言文字立法过程中争论较多的一个问题。经过多次研究讨论,采取了内容、形式都要管,但侧重有所不同的做法。对于"内容",仅在《国家通用语言文字法》总则第五条中做了原则规定,这就是语言文字使用的总原则:国家通用语言文字的使用应当有利于维护国家的主权和民族的尊严,有利于国家统一和民族团结,有利于社会主义物质文明建设和精神文明建设。而在第二章对语言文字使用的形式作了较具体的规定,即在什么场合应当使用国家通用语言文字。这种"内容""形式"都要管,原则地管"内容",具体地管"形式"的处理方法是很恰当的。而使用语言文字所表达的思想内容问题应该主要由其他有关法律、法规作出具体规定,我国现行法律、法规,如《商标法》《广告法》《地名管理条例》等,已经对此作出了规定。③

(五)语言文字立法是实现语言权利保护的不二法门

有学者指出,语言法体系探讨的主要问题包括:语言权利;语言平等;语言多样性与文化多样性;语言立法;国语、官方语言或工作语言;法定语言规范;语言政策;语言运动;双语种或多语种环境;未来的全球语言格局及国内的语言法趋向。④ 这一包罗甚广的语言法体系展示了多语

---

① 金观涛、刘青峰:《兴盛与危机:论中国社会超稳定结构》,法律出版社2011年版,第26页。

② 戴曼纯、贺战茹:《法国的语言政策与语言规划实践——由紧到松的政策变迁》,《西安外国语大学学报》2010年第1期。

③ 魏丹:《语言文字立法过程中提出的一些问题及其思考》,《语文研究》2003年第1期。

④ 参见刘红婴《语言法导论》,中国法制出版社2006年版,第13页。

共存背景下,在基本权利立法模式引领下,系统推进语言文字立法应从基本权利的防御功能、给付功能和国家保护义务三个面向同时并举。一是从语言权利的防御功能出发,确立排斥国家的不正当干预的消极自由权,以维护语言平等和语言文化多样性。二是从语言权利的给付功能出发,还需要确立国家提供保障的积极权利,如对濒危的少数民族语言提供财政资助与科学保护,在司法等公共领域提供双语或多语服务等。三是从国家语言权利保护义务的角度,一方面要强化对新闻出版、广播影视、新媒体、公共教育、公共场所等公共领域语言文字使用情况的管理和监督,如建立监测体系以及社会语言生活引导和服务体系,有效地规范语言文字及其工作;另一方面,也要注重维护语言平等,防止强势语言对弱势语言的过度挤压和侵入。未来的语言权法律体系应当是以宪法中增列的语言权条款为源头,以专门的语言立法为主体,辅之以分散在各个法律中的单行规定的一整套体系。①

俄语的立法相当具有代表性。1993年正式颁布的俄罗斯联邦宪法第68条规定,俄罗斯全境内的国家语言是俄语,同时,俄罗斯联邦所属的各个共和国也有权确定自己的国家语言。1996年时任俄罗斯总统叶利钦发布第909号总统令,确立了俄罗斯联邦的国家民族政策。在国家民族政策的诸多基本原则中,特别提出了保护个人及民族的语言权利的问题。2005年俄罗斯总统普京正式批准并颁布《俄罗斯联邦国家语言法》,该法以国家法律的形式明确了俄语的重要地位,确立了规范使用俄语的具体准则,对俄语的健康发展具有重大作用。

克洛斯把宽容性的少数民族语言权利和促进性少数民族语言权利,进行了对比,前者是指国家和公共机构(尤其是公立学校)基于该权利为少数民族提供各种措施。这些法律规定、惯例和各种措施的总和,在必要情况下,保障了少数族群在私人领域,即在家庭和私人组织中,培育其语言的权利。② 各民族语言权利平等,各民族成员有使用本民族语言的权利;国家应重视通用语言的推广运用;应对濒危语言进行保护。③ 其中

---

① 参见翁金箱《当前中国语言权立法状况之分析——以近年来的语言事件为契机》,《政法论坛》2011年第2期。

② [美]戴维·约翰逊:《语言政策》,方小兵译,外语教学与研究出版社2016年版,第33页。

③ 田鹏:《集体认同视角下的欧盟语言政策研究》,北京大学出版社2015年版,第66—67页。

前两点已经体现在我国的语言政策中，是我国语言政策主要的指导原则。

综上所述，在世界范围内，多民族国家语言的地位在不同的国家或地区表现出不同的语言立法及政策特点，这种多元特点主要取决于不同的社会、经济、政治、意识形态及其宗教信仰和文化等因素。从上述几个多民族国家所实施或推行的不同语言立法及政策说明：无论在发达国家，还是在发展中国家，无论是在亚洲、非洲，还是在欧洲、美洲及大洋洲，语言权问题实质上已成为民族生存权问题。因此，对多民族国家而言，关注人们的权利以及对多语并存的敏感政策和对少数民族语言的关注远比使用单一的语言更能奠定和平共处的基石，我们需要关注和接受多语并存的代价与益处。"随着社会的进步、时代的发展，语言权问题作为衡量一个主权的多民族国家各民族生存权和民族平等权的重要尺度之一，已为大多数的多民族国家所认识，同时，采取语言立法或制定并推行民族语言政策，已成为或正逐渐成为越来越多的多民族国家或地区缓解语言冲突，处理民族矛盾或民族关系的一个行之有效的手段。"[①]

（六）语言文字立法是实现语言和谐统一的重要保障

无论是单一民族国家还是多民族国家，都非常重视语言的和谐和统一。一个重要的方面就是通过确立统一、共同的语言来保障语言交际的便利，增强国家凝聚力和国民认同感。法国一直奉行单一语言政策，1992年在宪法中明确规定"共和国的语言是法语"，宣称"法语"为其唯一的"国家语言"。面对英语"入侵"之势，法国采取多种手段捍卫法语的地位，把法语的国际推广上升到国家战略层面。在1994年制定了《法语使用法》，规定在法国境内某些公开场合禁止使用外语；公共场所的所有标语、公告牌必须用法语书写，原文是其他语种的也要翻译成法语，而且法语字母不能小于原文。法国还成立了由总统直接领导的"国家法语委员会"、隶属于政府文化部的"法语高级委员会"、隶属于外交部的"法语国家事务委员会"等机构，构建了一个维护法语、推广法语的网络。

我国是一个统一的多民族国家，为了实现语言的和谐统一，强调各民族语言权利平等，各民族成员有使用本民族语言的权利，自然是其题中应

---

① 普忠良：《一些国家的语言立法及政策述略》，《民族语文》2000年第2期。

有之义。同时，在一个广土众民的大国，还应重视通用语言的推广运用，以促进全国各地经贸文化的交流和人员的往来。国家以立法形式，通过规范国家中多种语言的不同关系，保障少数民族语言权利，同时在全国有效推广通用语言，以促进各民族成员之间的交往融合，强化全体人民，尤其是少数民族成员的国家认同。这两点已经体现在我国的语言政策和语言立法中，是我国语言政策和语言立法主要的指导原则。我国《宪法》第 4 条、第 19 条第 5 款、第 122 条，《民族区域自治法》《国家通用语言文字法》等相关法律条文中对少数民族语言权利的保障以及通用语言的推广，尤其是在教育体系中地位的保障都有明确规定。

目前，我国语言立法中较为欠缺的是濒危语言的保护。一些人口较少的民族有 20% 的语言已经濒危，如怒语、仡佬语、普米语、基诺语等；40% 的语言已经显露濒危迹象或正在走向濒危。譬如塔塔尔族总人口 5000 余人，但是塔塔尔语的使用人口不到 1000 人；在赫哲族聚居区，只有二十几人会赫哲语；仙岛语（阿昌族一个支系使用的语言）的使用人数也仅为百人左右。一些人口较多的少数民族的语言文字使用状况同样令人担忧。比如，彝族在 2010 的普查人口为 860 多万人。彝族有着历史悠久的语言文字，但是现在只有 40% 的人会彝族母语。在实践中，已广泛开展对濒危语言的保护，[1] 但关于濒危语言的保护与传承的立法尚未启动。全国政协委员茸芭莘那指出，语言文字的多样性是人类最重要的非物质文化遗产，我国少数民族语言文字的多样性面临严峻的危机，应立法予以保护，制定《濒危语言文字保护条例》，从制度上确保濒危语言文字的地位。[2] 国家积极有效的语言政策要依赖于教育、社会、经济、政治、人们的意识、少数民族话语者的意愿等各种综合因素的协调，才能最终达到保护少数民族濒危语言和实现语言多样化的目的。[3]

语言文字工作关系到国家统一、民族团结和社会进步。目前少数民族的语言权利问题，双语教育问题，濒危语言问题及少数民族语言文字信息化处理问题等成为关注的重点。在我国以"多元一体"为基础的少数民

---

[1] 李锦芳：《中国濒危语言研究及保护策略》，《中央民族大学学报》（哲学社会科学版）2005 年第 3 期。

[2] 茸芭莘那：《政府应立法保护濒危语言文字》，http：//www.ce.cn/xwzx/gnsz/gdxw/201503/08/t20150308_4758086.shtml，2019 年 11 月 27 日最后访问。

[3] 周晓梅：《语言政策与少数民族语言濒危及语言多样性研究》，《贵州民族研究》2017 年第 6 期。

族语言教育研究中,双语教育、民族认同、文化变迁与社会平等也是当前重要主题。① 从国内来看,国家通用语言文字——普通话和规范汉字的规范化、标准化,这是一项基础工程,可以促进民族交流、普及文化教育、发展科学技术、适应现代经济和社会发展的需要,以及提高工作效率。我国是一个多民族、多语言、多文种的国家,不同民族间的交流以及我国对外进行国际交往,都需要有代表整个中华民族的共同的语言文字,而这就是普通话和规范汉字。现代汉语有大量方言,因此造成交流的隔阂,从而阻碍了教育普及和科技文化的发展。因为普通话和规范汉字的通用地位是历史形成的,不是哪一个人能够外加给它的。当前,建立和完善社会主义市场经济体制,发展社会主义经济、政治、文化事业,提高中华民族整体素质,践行"一带一路"倡议,都迫切地需要推广、普及民族共同语,即普通话,更加需要推行规范汉字。从某种意义上来说,它是民族团结的纽带之一,中华民族凝聚力的象征。而加强语言文字立法工作,有利于国家统一和社会进步。

(七) 语言文字立法是提升公民语言能力的必由之路

"语言强弱不仅是国家强弱盛衰的象征,而且语言也会促进国家的发展强大。"② 在国家发展过程中,语言既是国家治理的重要工具,同时也是国家治理的重要内容之一。③ 作为国家语言治理的重要一环,公民语言能力建设是保障经济持续发展的条件。④ 联合国教科文组织发布了《世界文化多样性宣言》等,大力推动"保护人类的语言遗产,鼓励用尽可能多的语言来表达思想、进行创作和传播"⑤。此外,双语或多语的推动更可以创造就业机会,就个人而言,掌握双语或多语能够提升其职场竞争力,为公民个人带来更多发展机遇。

提高公民语言能力,应以学校教育为重点,全面普及国家通用语言和规范汉字,加强对青少年核心价值观的培养,唯其如此,才有助于加强民族团结、维护国家主权和统一、提升国家文化软实力、彰显"文化自信"

---

① 向伟、钱民辉:《我国少数民族教育研究主题回顾:基于"中华民族多元一体"的理论框架》,《民族教育研究》2017年第2期。
② 李宇明:《强国的语言与语言强国》,《光明日报》2004年7月28日。
③ 赵世举:《语言与国家》,商务印书馆2015年版,第19页。
④ 赵世举:《语言与国家》,商务印书馆2015年版,第21页。
⑤ 联合国教科文组织:《联合国教科文组织关于保护语言与文化多样性文件汇编》,范俊军编译,民族出版社2006年版,第103页。

和促进贫困地区社会经济的发展。①

作为国家通用语言的普通话在中国的推广，能够极大地有助于"国家的统一"和"民族的团结"，除了对内推广，海外的汉语热潮也使汉语影响力逐渐提升，特别是在倡导"一带一路"建设的今天，更多国家和外国人开始接触汉语并且学习汉语。除了传统的普通话教学及孔子学院模式外，借鉴加拿大的语言教育政策，形成符合我国国情的普通话推广方式，采取内部推广和外部推广相融合的发展方式，必将推进汉语言影响力的全面提升。②

（八）语言文字立法是强化国家语言能力建设的重中之重

国家语言能力既是国家的软实力，又是硬实力，关乎国家的政治、国土、军事、经济、文化、社会、科技、信息、生态和资源等多个领域的安全，国家语言能力缺失是一个威胁国家安全的潜在因素。国家语言能力这一概念最先由美国学者 Brecht 和 Walton 在在冷战结束后提出，是指一个国家掌握利用语言资源、提供语言服务、处理语言问题等方面的能力的总和，③即"政府运用语言处理国内外两类事务的效力和效率"。政府是国家语言核心能力和国家语言战略能力建设与发展的"大脑"，起着"总指挥"作用。④需要指出的是，处理语言事务的主体是政府，而不是个人或者非官方团体；处理的事务必须涉及国家利益，而不是个人职业规划或不涉及国家利益的群体行为；处理这些事务必须以语言政策与语言立法为重要抓手。⑤

从语言政策与语言立法的国家安全需求出发，外语人才的培养、小语种的开发利用等"关键语言"战略是提高国家语言能力的重心。我们需要认真反思、研究并解决现行语言政策及外语教育中可能存在的问题，力图提高国家外语能力。⑥

---

① 刘志刚、杜敏：《新时代国民语言能力提升与国家通用语言的普及》，《新疆大学学报》（哲学·人文社会科学版）2020 年第 2 期。

② 尤陈俊：《国家能力视角下的当代中国语言规划与语言立法——从文字改革运动到〈国家通用语言文字法〉》，《思想战线》2021 年第 1 期。

③ 赵世举：《语言与国家》，商务印书馆 2015 年版，第 18 页。

④ 文秋芳：《国家语言治理能力建设 70 年：回顾与展望》，《云南师范大学学报》（哲学社会科学版）2019 年第 5 期。

⑤ 文秋芳：《对"国家语言能力"的再解读——兼述中国国家语言能力 70 年的建设与发展》，《新疆师范大学学报》（哲学社会科学版）2019 年第 5 期。

⑥ 戴曼纯：《国家语言能力、语言规划与国家安全》，《语言文字应用》2011 年第 4 期。

参考文献

著作类

［挪威］艾德等：《经济、社会和文化的权利》，黄列译，中国社会科学出版社2003年版。

［英］埃里克·霍布斯鲍姆：《民族与民族主义》，李金梅译，上海人民出版社2006年版。

［以］博纳德·斯波斯基：《语言管理》，张治国译，商务印书馆2016年版。

［以］博纳德·斯波斯基：《语言政策——社会语言学中的重要论题》，张治国译，商务印书馆2011年版。

蔡芬芬：《比利时语言政策》，台北前卫出版社2002年版。

蔡永良：《美国的语言教育与语言政策》，上海三联书店2007年版。

曹逢甫：《族群语言政策：海峡两岸的比较》，台北文鹤出版有限公司1997年版。

陈金钊、谢晖主编：《法律方法》（第11卷），山东人民出版社2011年版。

陈新民：《宪法基本权利之基本理论》（上），元照出版公司1999年版。

陈章太：《语言规划研究》，商务印书馆2005年版。

［英］大卫·克里斯特尔：《语言的死亡》，周蔚译，台湾猫头鹰出版社2001年版。

［美］戴维·约翰逊：《语言政策》，方小兵译，外语教学与研究出版社2016年版。

［英］丹尼斯·埃杰:《语言规划与语言政策的驱动过程》,吴志杰译,外语教学与研究出版社 2012 年版。

［法］海然热:《反对单一语言——语言和文化多样性》,陈杰译,商务印书馆 2015 年版。

［美］汉密尔顿、杰伊、麦迪逊:《联邦党人文集》,程逢如、在汉、舒逊译,商务印书馆 1986 年版。

教育评议会:《教学语言政策:Policy on Medium of Instruction》,香港教育评议会教育评论系列编辑小组 2001 年版。

教育统筹委员会:《语文能力工作小组报告书》,香港政府印务局 1994 年版。

金观涛、刘青峰:《兴盛与危机:论中国社会超稳定结构》,法律出版社 2011 年版。

李学铭、何国祥编:《何去何从?关于九十年代语文教学、培训课程的策划、管理与执行问题》,香港教育署 1990 年版。

李英姿:《美国语言政策研究》,南开大学出版社 2013 年版。

李宇明主编:《中法语言政策研究》,商务印书馆 2014 年版。

李震山:《多元、宽容与人权保障:以宪法未列举权之保障为中心》,元照出版公司 2007 年版。

联合国教科文组织:《联合国教科文组织关于保护语言与文化多样性档汇编》,范俊军编译,民族出版社 2006 年版。

梁启炎:《法语与法国文化》,湖南教育出版社 1999 年版。

刘红婴:《语言法导论》,中国法制出版社 2006 年版。

刘美兰:《美国关键语言战略研究》,复旦大学出版社 2016 年版。

刘镇发:《香港客粤方言比较研究》,暨南大学出版社 2001 年版。

刘智峰:《国家治理论——国家治理转型的十大趋势与中国国家治理问题》,中国社会科学出版社 2014 年版。

［加］罗纳德·沃德华:《社会语言学引论》(第五版),雷红波译,复旦大学出版社 2009 年版。

［美］罗伯特·卡普兰、［澳］小理查德·巴尔道夫:《太平洋地区的语言规划和语言教育规划》,梁道华译,外语教学与研究出版社 2014 年版。

［匈］米克洛什·孔特劳等编:《语言:权利和资源——有关语言人

权的研究》，李君、满文静译，外语教学与研究出版社 2014 年版。

［美］塞缪尔·亨廷顿、劳伦斯·哈里森主编：《文化的重要作用——价值观如何影响人类进步》，程克雄译，新华出版社 2002 年版。

施正锋：《族群与民族主义》，台北前卫出版社 1998 年版。

施正锋、张学谦：《语言政策及制定"语言公平法"之研究》，台北前卫出版社 2004 年版。

施正锋编：《各国语言政策：多元文化与族群平等》，台北前卫出版社 2002 年版。

［日］市桥克哉等：《日本现行行政法》，田林等译，法律出版社 2017 年版。

［英］苏·赖特：《语言政策与语言规划——从民族主义到全球化》，陈新仁译，商务印书馆 2012 年版。

苏培成主编：《语文现代化论丛》（第五辑），语文出版社 2003 年版。

孙炜、周士宏、申莉：《社会语言学导论》，世界知识出版社 2010 年版。

田鹏：《集体认同视角下的欧盟语言政策研究》，北京大学出版社 2015 年版。

［美］托马斯·李圣托编著：《语言政策导论：理论与方法》，何莲珍、朱晔等译，商务印书馆 2016 年版。

王辉：《澳大利亚语言政策研究》，中国社会科学出版社 2010 年版。

王辉主编：《"一带一路"国家语言状况与语言政策》（第一卷），社会科学文献出版社 2015 年版。

王洁等主编：《法律·语言·语言的多样性：第九届国际法律与语言学术研讨会论文集》，法律出版社 2006 年版。

萧高彦、苏文流主编：《多元主义》，"中研院"中山人文社会科学研究所 1998 年版。

许长安：《台湾语文政策概述》，商务印书馆 2011 年版。

许育典：《文化基本权与多元文化国》，元照出版公司 2014 年版。

许志雄等：《现代宪法论》，元照出版公司 1999 年版。

赵世举：《语言与国家》，商务印书馆 2015 年版。

中国社会科学院民族研究所、国家语言文字工作委员会政策法规室编：《国家、民族与语言——语言政策国别研究》，语文出版社 2003

年版。

周庆生、王杰、苏金智主编:《语言与法律研究的新视野》,法律出版社 2003 年版。

周庆生主编:《国外语言政策与语言规划进程》,语文出版社 2001 年版。

周玉忠主编:《美国语言政策研究》,外语教学与研究出版社 2011 年版。

[美]朱迪·弗里曼:《合作治理与新行政法》,毕洪海、陈标冲译,商务印书馆 2010 年版。

一般论文类

[俄]A.C.彼戈尔金:《俄罗斯苏维埃联邦社会主义共和国民族语言法》,杨丽艳译,《世界民族》1995 年第 1 期。

包来福:《试析我国少数民族语言文字的立法保护现状》,《呼伦贝尔学院学报》2009 年第 2 期。

蔡进良:《给付行政之法的规制》,《宪政时代》1998 年第 1 期。

蔡永良:《论美国的语言政策》,《江苏社会科学》2002 年第 5 期。

蔡永良:《美国二十世纪末的"惟英语运动"》,《读书》2002 年第 1 期。

蔡永良:《美国土著语言法案》,《读书》2002 年第 10 期。

蔡永良:《谁不需要双语教育》,《读书》2003 年第 11 期。

蔡永良、王克非:《从美国英语官方化运动看语言的统一和同化功能》,《外语教学与研究》2013 年第 6 期。

陈章太:《说语言立法》,《语言文字应用》2002 年第 4 期。

陈章太:《语言文字立法是社会进步的需要》,《中国语文》2001 年第 2 期。

陈征:《基本权利的国家保护义务功能》,《法学研究》2008 年第 1 期。

崔丽红:《韩国的语言政策与国家意识探析》,《云南师范大学学报》(哲学社会科学版)2012 年第 3 期。

崔元萍:《韩国语言文字推广战略途径研究》,《当代韩国》2013 年第 2 期。

戴冬梅：《法国语言政策与其"文化多样性"主张的悖论》，《北华大学学报》（社会科学版）2012年第6期。

戴红亮：《我国少数民族语言文字法制化的进程和特点》，《语言与翻译》2006年第1期。

戴曼纯：《国别语言政策研究的意义及制约因素》，《外语教学》2018年第3期。

戴曼纯：《国家语言能力、语言规划与国家安全》，《语言文字应用》2011年第4期。

戴曼纯、贺战茹：《法国的语言政策与语言规划实践——由紧到松的政策变迁》，《西安外国语大学学报》2010年第1期。

道布：《中国的语言政策和语言规划》，《民族研究》1998年第6期。

［美］E.D.芬戈尔德：《世界宪法中的语言权利和语言公平》，王梅译，《国外社会科学》2005年第4期。

付慧敏、张绪忠：《加拿大语言管理探析》，《东北师范大学学报》（哲学社会科学版）2013年第6期。

傅振国：《英语蚂蚁在汉语长堤上打洞》，《中央社会主义学院学报》2010年第1期。

高凤兰、曲志坚：《俄罗斯语言教育目标规划述评》，《外国教育研究》2008年第12期。

高鉴国：《加拿大多元文化政策评析》，《世界民族》2016年第4期。

顾永琦、董连忠：《香港双语教学尝试的经验教训及启示》，《现代外语》2005年第1期。

郭科研、金志茹：《法语保护政策对我国语言政策的启示》，《齐齐哈尔大学学报》（哲学社会科学版）2009年第3期。

海淑英：《吉尔吉斯斯坦的语言政策及其双语教育》，《民族教育研究》2013年第1期。

韩涛：《佩里来航事件与近代日本语言政策转变的关系》，《日本问题研究》2015年第3期。

韩涛：《日本的语言政策演变路径研究》，《日本问题研究》2016年第2期。

郝祥满：《日本近代语言政策的困惑——兼谈日本民族"二律背反"的民族性格》，《世界民族》2014年第2期。

何俊芳：《俄罗斯联邦诸共和国的新语言政策述评》，《世界民族》1998年第2期。

［澳］洪历建：《权利与语言：澳大利亚原住民语言保护政策》，《华东师范大学学报》（哲学社会科学版）2019年第6期。

黄崇岭：《多语社会下的德国语言教育政策研究》，《世界教育信息》2021年第5期。

黄德宽：《〈国家通用语言文字法〉的软法属性》，《语言文字应用》2010年第3期。

黄格胜：《加快少数民族语言文字立法》，《中国社会科学报》2013年第3期。

黄明：《浅析新加坡英汉双语教育政策》，《中国教育学刊》2007年第4期。

加措、谢明琴：《加强民族语文法制建设繁荣和发展民族语文事业——民族语文立法应遵循的主要原则》，《中央民族大学学报》2000年第1期。

姜明安：《软法的兴起与软法之治》，《中国法学》2006年第2期。

金美：《论台湾新拟"国家语言"的语言身份和地位——从"国语推行办法"的废止和语言立法说起》，《厦门大学学报》（哲学社会科学版）2003年第6期。

金志茹：《澳大利亚国家语言立法考察与借鉴》，《社会科学战线》2009年第3期。

巨静、周玉忠：《当代美国语言立法探析》，《宁夏社会科学》2009年第4期。

蓝博：《秘鲁双语教育的历史与现状问题研究》，《江苏师范大学学报》（哲学社会科学版）2020年第1期。

李桂南：《新西兰语言政策研究》，《外国语》2001年第5期。

李建良：《基本权利理论体系之构成及其思考层次》，《人文及社会科学集刊》1996年第3期。

李锦芳：《中国濒危语言研究及保护策略》，《中央民族大学学报》（哲学社会科学版）2005年第3期。

李艳红：《民族整合进程中的秘鲁土著语言政策研究》，《民族教育研究》2013年第5期。

李迎迎：《评析俄罗斯语言政策调整的新变化》，《民族教育研究》2016 年第 1 期。

李永村：《德国少数民族语言保护政策及其特点》，《教育教学论坛》2020 年第 44 期。

李宗强：《德国语言规划与政策简论》，《湖北经济学院学报》（人文社会科学版）2014 年第 5 期。

梁崇民：《欧盟对于少数人权之保障——少数民族、少数语言个案分析》，《欧美研究》2004 年第 1 期。

梁砾文、王雪梅：《民族融合视域下的南非语言教育政策研究——以"学后教育白皮书"为例》，《民族教育研究》2018 年第 4 期。

梁启炎：《18 世纪法语在欧洲》，《法语研究》1999 年第 1 期。

廖青：《关于我国少数民族语言文字法的立法研究》，《青海民族研究》1992 年第 2 期。

刘福根：《澳大利亚语言规划简述》，《语文建设》1999 年第 5 期。

刘宏宇、池中华：《吉尔吉斯斯坦独立后的语言政策与实践》，《中南民族大学学报》（人文社会科学版）2013 年第 3 期。

刘满堂：《新加坡的语言政策：多语制和双语制》，《陕西教育学院学报》2000 年第 4 期。

刘汝山、鲁艳芳：《新加坡语言状况及语言政策研究》，《中国海洋大学学报》（社会科学版）2004 年第 3 期。

刘赛、王新青：《独立后吉尔吉斯斯坦俄语发展现状研究》，《新疆大学学报》（哲学·人文社会科学版）2013 年第 3 期。

刘巍、王淑艳：《法语的演变：从单一语言到语言多样性》，《法语学习》2017 年第 5 期。

刘志刚、杜敏：《新时代国民语言能力提升与国家通用语言的普及》，《新疆大学学报》（哲学·人文社会科学版）2020 年第 2 期。

楼必安可：《澳大利亚的国家语言政策》，《语文建设》1988 年第 5 期。

栾婷：《法国在全球推广法语的政策与措施分析》，《首都经济贸易大学学报》2014 年第 5 期。

栾婷、傅荣：《法国地方语言现状及地方语言政策分析》，《法语学习》2017 年第 4 期。

[俄] M.B.季亚奇科夫：《当代俄罗斯的语言政策》，钟华译，《世界民族》1994 年第 2 期。

[德] 马蒂亚斯·柯尼格：《文化多样性和语言政策》，冯世则译，《国际社会科学杂志》2000 年第 3 期。

孟红莉：《语言使用与族群关系：五种类型分析》，《西北民族研究》2010 年第 1 期。

潘海英、戴慧：《全球化趋势下俄罗斯语言政策的调整及动因》，《东北师大学报》（哲学社会科学版）2013 年第 6 期。

潘海英、张凌坤：《美国语言政策的国家利益观透视》，《东北师大学报》（哲学社会科学版）2011 年第 5 期。

潘海英、张凌坤：《全球化语境下美国语言政策对我国语言教育的启示》，《东北师大学报》（哲学社会科学版）2010 年第 4 期。

普忠良：《官方语言政策的选择：从本土语言到殖民语言——秘鲁语言政策的历史与现状问题研究》，《世界民族》1999 年第 3 期。

普忠良：《一些国家的语言立法及政策述略》，《民族语文》2000 年第 2 期。

齐影：《香港推广普通话研究现状及思考》，《语言文字应用》2013 年第 2 期。

钱伟：《多民族国家的国语、官方语言、通用语言的比较研究——以中国周边六国为例》，《新疆社会科学》2016 年第 3 期。

阮岳湘：《论新加坡语言政策规划的政治考量》，《学术论坛》2004 年第 5 期。

斯钦朝克图：《国家的双语化与地区的单语化：比利时官方语言政策研究》，《世界民族》2000 年第 1 期。

苏金智：《语言权保护在中国》，《人权》2003 年第 3 期。

唐晓琳：《联邦制国家多元语言政策模型及其评价》，《吉林师范大学学报》（人文社会科学版）2006 年第 4 期。

唐兴萍：《加拿大多元文化语言教育政策及启示》，《北方民族大学学报》（哲学社会科学版）2019 年第 5 期。

田成鹏、海力古丽·尼牙孜：《哈萨克斯坦"三语政策"及其影响分析》，《新疆大学学报》（哲学·人文社会科学版）2015 年第 1 期。

妥洪岩等：《社会学视域下的美国语言治理解读》，《武汉理工大学学报》(社会科学版) 2015 年第 6 期。

王必芳：《"公共服务"或"普及服务"？——以法国学说的反思和法制的演进为中心》，载李建良编《行政管制与行政争讼》，"中研院"中山人文社会科学研究所 2012 年版。

王加林、戈军：《语言政策与身份建构——基于回归后香港施政报告的研究》，《社会科学家》2012 年第 1 期。

王莉：《博物馆的社会使命与服务内涵》，《人民论坛》2011 年第 17 期。

王梦妍：《试析加拿大魁北克省的语言立法及其意义》，《重庆科技学院学报》(社会科学版) 2012 年第 19 期。

王铁昆：《试论语言文字的法制建设问题》，《语言文字应用》1995 年第 3 期。

王远新：《我国少数民族语言文字立法的必要性》，《民族翻译》2008 年第 1 期。

王中奎、宁波：《澳大利亚"亚洲优先"战略及其在语言政策方面的体现》，《外国中小学教育》2018 年第 8 期。

魏丹：《语言文字法制建设——我国语言规划的重要实践》，《北华大学学报》(社会科学版) 2010 年第 3 期。

魏丹：《语言文字立法过程中提出的一些问题及其思考》，《语文研究》2003 年第 1 期。

文秋芳：《对"国家语言能力"的再解读——兼述中国国家语言能力 70 年的建设与发展》，《新疆师范大学学报》(哲学社会科学版) 2019 年第 5 期。

文秋芳：《国家语言治理能力建设 70 年：回顾与展望》，《云南师范大学学报》(哲学社会科学版) 2019 年第 5 期。

翁金箱：《当前中国语言权立法状况之分析——以近年来的语言事件为契机》，《政法论坛》2011 年第 2 期。

乌兰那日苏：《我国少数民族语言文字法律保护现状及立法探讨》，《理论研究》2007 年第 3 期。

乌兰那日苏：《我国少数民族语言文字权行政保护探讨》，《广播电视大学学报》(哲学社会科学版) 2009 年第 2 期。

吴平、何永安：《澳门公务员普通话使用情况调查分析》，《河北大学学报》（哲学社会科学版）2017年第2期。

吴晓芳、林晓峰：《台湾70年语言政策演变与语言使用现实及其政治影响》，《云南师范大学学报》（哲学社会科学版）2017年第1期。

吴瑶：《法国语言政策中民族性的体现：从高卢罗马时期到法国大革命》，《法国研究》2017年第3期。

吴永利：《法语的历史演变、地位及现状》，《中国电力教育》2010年第4期。

伍精华：《如何进一步做好民族语文工作》，《中国民族》1992年第2期。

向伟、钱民辉：《我国少数民族教育研究主题回顾：基于"中华民族多元一体"的理论框架》，《民族教育研究》2017年第2期。

徐挥彦：《从欧盟文化政策之发展与实践论文化权之保障：以文化多样性为中心》，《欧美研究》2008年第4期。

许育典：《文化国与文化公民权》，《东吴法律学报》2006年第2期。

杨解君：《行政法平等原则的局限及其克服》，《江海学刊》2004年第5期。

姚春林：《澳大利亚原住民语言政策的历史与现状》，《中央民族大学学报》（哲学社会科学版）2018年第5期。

尤陈俊：《国家能力视角下的当代中国语言规划与语言立法——从文字改革运动到〈国家通用语言文字法〉》，《思想战线》2021年第1期。

余春红、傅荣：《从纷争走向多元——一项关于比利时"语言之争"的质性研究》，《外国语文》2019年第4期。

俞宙明：《德国正字法改革的困境和出路》，《德国研究》2006年第3期。

曾晓阳：《从"先生"的语言到公民的语言——试析近代法国统一民族语言的政治因素》，《史学集刊》2013年第6期。

张宏莉、张玉艳：《俄罗斯对外语言推广政策及其启示》，《甘肃社会科学》2011年第6期。

张立岩、姜君：《转型期俄罗斯语言教育现状、问题、原因与策略》，《继续教育研究》2013年第8期。

张蔚磊：《国外语言政策与规划理论研究述评》，《外国语》2017年第5期。

张慰：《普通话推广的祛魅化——以国家新闻出版广电总局的通知为研究对象》，《人大法律评论》2015年第2辑。

张慰：《宪法中语言问题的规范内涵——兼论中国宪法第19条第5款的解释方案》，《华东政法大学学报》2013年第6期。

张翔：《基本权利的受益权功能与国家的给付义务——从基本权利分析框架的革新开始》，《中国法学》2006年第1期。

张晓玲：《多语德国社会中的单语情结与主观多语偏好——评析德国社会的多语现象》，《外语研究》2020年第3期。

张绪忠、战菊：《语言管理与美国的语言管理实践》，《东北师大学报》（哲学社会科学版）2012年第5期。

张轩铭：《南非的民族管理机制——从班图斯坦制度到民族身份夫人淡化》，《科学与财富》2017年第7期。

张学谦：《比利时语言政策——领土原则与语言和平》，《台湾国际研究季刊》2007年第4期。

张学谦：《国家能否挽救弱势语言？——以爱尔兰语言复振运动为例》，《台湾国际研究季刊》2008年第4期。

张学谦：《回归家庭、社区的母语世代传承：论学校教育的限制及其超越》，载《90年度原住民族教育学术论文发表暨研讨会论文集》，2001年10月6日，新竹师范学院。

张学谦：《结合社区与学校的母语统整教学》，载《第四届台湾语言及其教学国际学术研讨会》，台湾中山大学，2002年。

张艳丰：《新加坡双语教育政策及其对中国的启示》，《教育理论与实践》2013年第15期。

赵蓉晖：《俄罗斯联邦的语言改革》，《国外社会科学》2008年第1期。

赵守辉、尚国文：《德语正字法改革的历程及其历史经验——兼与〈通用规范汉字表〉比较》，《北华大学学报》（社会科学版）2014年第1期。

周灵霞：《当代西欧少数民族语言政策研究——以加泰罗尼亚、巴斯克、威尔士和苏格兰地区为例》，《云南师范大学学报》（哲学社会科学版）2019年第2期。

周庆生：《国外语言规划理论流派和思想》，《世界民族》2005年第

4 期。

周庆生：《罗斯化与俄罗斯化：俄罗斯/苏联语言政策演变》，《世界民族》2011 年第 4 期。

周庆生：《一种立法模式，两种政治结果——魁北克与爱沙尼亚语言立法比较》，《世界民族》1999 年第 2 期。

周庆生：《印度语言政策与语言文化》，《中国社会科学院研究生院学报》2010 年第 6 期。

周庆生：《中国"主体多样"语言政策的发展》，《新疆师范大学学报》2013 年第 2 期。

周晓梅：《语言政策与少数民族语言濒危及语言多样性研究》，《贵州民族研究》2017 年第 6 期。

周玉忠、李文军：《"大熔炉，尚可；巴别塔，不可。"——美国建国初期的语言政策》，《宁夏社会科学》2006 年第 6 期。

祝捷：《台湾地区族群语言平等的法制叙述》，《福建师范大学学报》（哲学社会科学版）2014 年第 3 期。

邹长虹：《澳大利亚语言政策简述》，《海外英语》2011 年第 8 期。

邹长虹：《新加坡的语言政策及其对我国外语教育政策的启示》，《社会科学家》2014 年第 2 期。

学位论文

卞继华：《俄罗斯的民族语言政策研究》，硕士学位论文，中央民族大学，2014 年。

高原：《文化多样性视角下的法国语言政策研究》，硕士学位论文，南京大学，2015 年。

黄丽容。《新西兰毛利语教育之研究：以小学"完全浸渗式"毛利语教学为例》，硕士学位论文，台湾师范大学，1999 年。

黄怡祯：《从文化多样性论语言权之保障——以国家角色作为探讨核心》，硕士学位论文，台湾政治大学，2013 年。

柯政玮：《语言—法律—权利：语言的规范化反思》，硕士学位论文，台湾中正大学，2014 年。

吴欣阳：《台湾近代型国家语言法令之形成与演变》，硕士学位论文，台湾大学，2004 年。

徐锦辉:《台湾客家族群"语言权"保障之研究——以国家语言发展法草案为例》,硕士学位论文,台湾中央大学,2008年。

岳冰:《俄罗斯国家语言政策研究——以俄联邦"2011年—2015年'俄语'目标规划"为例》,硕士学位论文,对外经贸大学,2013年。

外文文献类

Benjamins, John, "Language and Nation: The Concept of Linguistic Identity in History of English", *English World Wide*, No.18, 1997.

Bianke, Richard, "Prussian Poland in the German Empire", *East European Monographs*, Vol.24, No.137, 1981.

Bokhorst-Heng W.D., Wee L., "Language Planning in Singapore: On Pragmation, Communilarianism and Personal Names", *Current Issues in Language Planning*, No.3, 2007.

Brown, B., "The Social Consequences of Writing Louisiana French", *Language in Society*, No.22, 1993.

Bruno Giussani, "Georgia Tech Is Sued For Non-Frech Web Site", *The New York Times*, Dec.31, 1996.

Calvet, J.-L., *Les politiques linguistiques*, Paris: PUF QSJ, 1996.

Carol Karakwas Stacey-Diablo, "Aboriginal Language Rights in the 1990's", in Ryszard I. Cholesinski ed., *Human Rights in Canada: Into the 1990's and Beyond*, Ottawa: Human Rights Research and Education Centre, U.of Ottawa, 1990.

Cobarrubias and Lasa, 1987: 150.

Crawford, *At War with Diversity: US Language Policy in an Age of Anxiety*. Clevdon: Multilingual Matters Ltd., 2001.

Cummins, Jim and Marcel Danesi, *Heritage Languages*, Toronto: Garamond, 1990.

de Saint Robert, *La politique de la langue française*, Paris: PUF QSJ, 2000.

Donald M.Taylor and Stephen C.Wright, "Language Attitudes in a Multilingual Northern Community", *Canadian Journal of Native Studies*, Vol.9, No.1, 1989.

Edwards, John, *Multilingualism*, London: Penguin Books, 1995.

Eggington, William, "Language Policy and Planning in Australia", *Annual Review of Applied Linguistics*, No.14, 1994.

Fishman, Joshua A, "Language loyalty in the United States: the Maintenance and Perpetuation of Non-English Mother Tongues by American Ethnic and Religious Groups", *The Hague: Mouton*, No.15, 1966.

Fishman, "Bilingualism with and without Diglossia; Diglossia with and without Bilingualism", *Journal of Social Issues*, Vol.23, No.2, 1967.

Ghil'ad Zuckermann,"Stop, Revive and Survive", *The Australian Higher Education*, June 6, 2012.

Haugen, E., *Language Conflict and Language Planning: The Case of Modern Norwegian*, Cambridge, MA: Harvard University Press, 1966.

Hila Shamir, "The Public/Private Distinction Now: The Challenges of Privatization and of the Regulatory State," 15 *Theoretical Inquiries*, Vol.1, No.5, 2014.

Hong Kong Education Commission, *Report of the Working Group on Language Proficiency*, Hong Kong: Government Printer, 1994.

Huws, Catrin Fflur, "The Welsh Language Act 1993: A Measure of Success?", *Language Policy*, No.5, 2006.

Inglis, C., *Multiculturalism: New Policy responses to Diversity* (Most policy Papers No.4), UNESCO: Paris, 1996.

Johnson, S., *Spelling Trouble? Language, Ideology and the Reform of German Orthography*, *Clevedon*, Toronto: Multlinggual Matters, 2005.

Kasper, Martin,Zur gegenwärtigen staatsrechtlichen Situation der Sorben, *Lětopis* 1995, Sonderheft.S.41.

Kenneth McRoberts, *Misconceiving Canada: The Struggle for National Unity*, Toronto: Oxford U.Press, 1997.

Luk, Sun-Lan, *Optimum Outcome and Implementation Ineffectiveness: Language Change in a Civil Service*, Hong Kong: Department of Public and Social Administration, City University of Hong Kong, 2000.

Machill, Marcel. "Background of French Language Policy and its Impact on the Media", *European Journal of Communication*, No.12, 1997.

MacMillan, C.Michael, *The Practice of Language Rights in Canada*, Toronto: U.of Toronto Press, 1998.

Marshall, David F., "The Question of an Official Language: Language Rights and the English Language Amendment", *International Journal of the Sociology of Language*, No.60, 1986.

McGrath, Alister, *The Story of King James Bible, and How It Change a Nation, a Language and a culture*, London: Hodder Stoughton, 2001.

McKee, D. and G. Kennedy, "Lexical Comparisons of Signs from American, Australian, British, and New Zealand Sign Languages", In K.Emmorey & H.Lane eds., *The Signs of Language Revisited: An Anthology to Honor Ursula Bellugi and Edward Klima*, New Jersey: Lawrence Erlbaum Associates, 2000.

Molfessis, N., "La langue et le droit", dans *Langue et droit*, éd.Jayme, E., Bruxelles: Bruylant, 1999.

Pastor, Thomas, *Die rechtliche Stellung der Sorben in Deutschland*. Bautzen: Domowina, 1997.

Peter, Thorlac Turville., *England and the Nation: Language, Literature and National Identity*, Oxford: Clarendon Press, 1996.

Poon, Anita Y.K., *Medium of Instruction in Hong Kong: Policy and Practice*, Lanham: University Press of America, 2000.

Riagian, Padraig O., *Language Policy and Social Reproduction: Ireland 1893-1993*, New York: Oxford University Press, 1997.

Robert Dunbar, "Minority Language Rights in International Law", 50 *Int'l & Comp*.L.Q., 2001.

Robio-Marin, "Language Rights: Exploring the Competing Rationales", in Will Kymlicka & Alan Patten eds., *Language Rights and Political Theory*, 2003.

Sandhu, K. S.and Paul Wheatley eds., *The Management of Success: The Moulding of Modern Singapore*, Singapore: Institute of Southeast Asian Studies, 1989.

Schiffman H., *Linguistic Culture and Language Policy*, London: Routledge, 1996.

Skutnabb-Kangas and Cummins eds., *Minority Education*: *From Shame to Struggle*, *Clevedon*, 1988.

Sonntag S.K., *The Local Politics of Global English*: *Case Studies in Linguistic Globalization*, USA: Lexington Books, 2003.

Tatalovich, Raymondand Daynes, Brown W., *Moral Controversies in American Politics*: *Cases in Social Regulatory Policy*, Armonk, NY: MESharpe Inx., 1998.

Tschernokoshewa, Elka, *Das Reine und das Vermischte. Die deutschsprachige Presse über Andere und Anderssein am Beispiel der Sorben*, Münster: Waxmann, 2000.

Walker, Alastair, "Applied Sociology of Language: Vernacular Languages and Education", In Peter Trudgill ed., *Applied sociolinguistics*, London: Academic Press Inc, 1984.

Ленин В.И.Нужен ли обязательный государственный язык? //ПСС. Т.24.-М., 1961.

Ленин В. И. Законопроект о национальном равноправии//ПСС. Т. 25.-М., 1961.

Ленин В. И. К вопросу о национальной политике//ПСС. Т. 25. - М., 1961.

Ленин В. И. Проект закона о равноправии наций и о защите прав национальных меньшинств//ПСС.Т.25.-М., 1961.

Ленин В. И. О праве наций на самоопределение//ПСС. Т. 25. - М., 1961.

Сталин И.В.Политика Советской власти по национальному вопросу в России [1920] //7.Сталин И.В.Сочинения.Т.4.-М., 1953.

Сталин И.В.Национальный вопрос и ленинизм: Ответ товарищам Мешкову, Ковальчуку и другим.//Сталин И. В. Сочинения. - Т. 11. - М.: ОГИЗ.

Государственное издательство политической литературы, 1949.

Серия книг 《Языки народов СССР. В пяти томах》 1966—1968, М., Наука.

Красная книга языков народов России / Под ред.В.П.Нерознака.М.:

Академия, 1994. г.

Нерознак В. П. Языки народов России. Красная книга, Издательство: ACADEMIA, 2002.

Нерознак В. П. Государственные языки в Российской Федерации, Энциклопедический словарь-справочник, М, 1995.

Солнцев В. М. Михальченко Ю. В. Введение//Письменные языки мира: Языки Российской Федерации. Социолингвистическая энциклопедия. -Книга I. -М., 2000.

Солнцев В. М., Михальченко В. Ю. Языковая ситуация в Российской Федерации. -М., 1992.

Белоусов В. Н., Григорян Э. А. Русский язык в межнациональном общении в Российской Федерации и странах СНГ. По данным социолингвистических опросов 1990—1995 гг. -М., 1996.

Солнцев В. М., Михальченко В. Ю. Русский язык: проблема языкового пространства//Языки Российской Федерации и нового зарубежья. Статус и функции. М., 2000.

Нерознак В. П. Языковая ситуация в России: 1991—2001 годы// Государственные и титульные языки России. Энциклопедический словарь-справочник. М., 2002.

Дьячков М. В. Языковая ситуация в России//http://www.my-luni.ru/journal/clauses/188/.

Баскаков А. Н. Социолингвистический анализ языковой ситуации в регионе Средней Азии и Казахстана. -Нукус, 1992.

Баскаков А. Н., Насырова О. Д., Давлатназаров М. Языковая ситуация и функционирование языков в регионе Средней Азии и Казахстана. -М., 1995.

Дьячков М. В. Миноритарные языки в полиэтнических (многонациональных) государствах. М., 1996.

Голикова Т. А. Современное состояние национальных языков в Республике Алтай//Языки России и стран ближнего зарубежья как иностранные: преподавание и изучение: Материалы II Международной научно-практической конференции 28-29 ноября 2013 года. -Казань, 2013.

Беликов В. И, Крысин Л. П.《Сиоциалингвистика》, Приложение: Языковая ситуация и языковая политика в России и СССР, М, 2001.

Руднев Д. В. Языковая политика в СССР и России: 1940—2000 - егг.// Государственная языковая политика: проблемы информационного и лингвистического обепечения.СПб.: Филологический факультет СПб-ГУ.2007.

Алпатов В.М.150 языков и политика.1917—2000.Социолингвистические проблемы СССР и постсоветского пространства.М., 2000.

Тишков В. А. Реквием по этносу: Исследования по социально - культурной антропологии.-М.: Наука, 2003.

Голикова Т. А. Языки малочисленных народов Сибири: специфика языковой политики//Вестник РОСНОУ.-2013.-Вып.3.

Балханов, И. Г. Двуязычие и социализация [Текст]. Улан - Удэ: Издательско-полиграфический комплекс ВСГАКИ, 2002.

Бабушкина Н.С.Влияние языковой компетентности на социализацию и социально - культурную адаптацию в современных условиях. - Улан - Удэ: Изд-во БГУ, 2000.

Дырхеева, Г. А. Бурятский язык в условиях двуязычия: проблемы функционирования и перспективы развития [Текст]. -Улан-Удэ: Изд-во БНЦ СО РАН, 2002.

Елаев А.А.Бурятский народ: становление, развитие, самоопределение.М., 2000.

Михальченко В.Ю Языковые проблемы Содружества Независимых Государств.М., 1994.

Губогло М.Н.《Языки этнической мобилизации》М., 1998.

Мухарямова Л. М. Российская Федерация: язык и политика в условиях постсоветского развития//Государственная служба.-2004.-№2.

Биткеева А. Н. Национально - языковая политика России: новые вызовы, последние тенденции Языковая политика и языковые конфликты в современном мире.-М., 2014.

Орешкина М.В.Новые тенденции в Российском законодательстве о русском язе Языковая политика и языковые конфликты в современном мире.-М., 2014.

Шелютто Н.В.Законодательство о развитии и использовании языков народов СССР.О правовом статусе языков в СССР.М., 1990.

Пиголкин А.С.Законодательство о языках Российской Федерации: опыт, проблема развития.Языковая ситуация в Российской Федерации, -М., 1992.

Исаев М. И. Языковое законодательство как составная часть национальноязыковой политики государства//Языковые проблемы Российской Федерации и законы о языках.М.: 1994.

Алпатов В. М. Об эффективности языкового законодательства// Языковые проблемы Российской Федерации.-М., 1994.

Боровских Е. М. Право и национальный язык: регулирование языковых отношений в Российской Федерации.М., 1996.

Михальченко В.Ю.Законы о языках и языковые конфликты//Языки народов России: перспективы развития.Элиста, 2000.

Бердашкевич А.П О правовых основах государственной языковой политики//Мир русского слова, 2003, №2.

Ляшенко Н.В.Русский язык как государственный язык Российской Федерации: конституционно-правовойанализ: Дис.... канд. юрид. наук: 12.00.02: Москва, 2004.

Гунжитова Гарма-Ханда Цыбикжаповна Государственная языковая политика в России на современном этапе, Улан-Удэ, 2011.

Баскаков А.Н. Языковая компетенция и типы языковых контактов тюркоязычных народов Российской Федерации//Общее и восточное языкознание.М., 1999.

Дьячков М.В.Миноритарные языки в полиэтнических (многонациональных) государствах.М., 1996.

Исаев М.И. Об актуальных проблемах языковой ситуации в нашей стране//Русская речь.1990.№ 4.

Исаев М.И.Языковое законодательство как составная часть национально-языковой политики государства//Языковые проблемы Российской Федерации и законы о языках.М., 1994.

Закон о языках народов Российской федерации от 25 октября 1991 года № 1807-1.

См.Руднев Д.В.Языковая политика в СССР и России: 1940—2000-е гг.// Государственная языковая политика: проблемы информационного и лингвистического обепечения. СПб.: Филологический факультет СПбГУ.2007.

Алпатов В.М.Языковая ситуация в регионах современной России// Отечественные записки.2005.№ 2.

Указ Президента РФ от 19.12.2012 N 1666 "О Стратегии государственной национальной политики Российской Федерации на период до 2025 года".

Биткеева А. Н. Национально - языковая политика России: новые вызовы, последние тенденции//Языковая политика и языковые конфликты в современном мире.-М., 2014.

Свод Основных Государственных Законов Российской Империи (в редакции от 23 апреля 1906 г.) // Электронный ресурс: http://cddk.ru/gos_i_religia/ history/ross-imp/026.htm.

Закон СССР от 24 апреля 1990г., 1990, ст.4, абз.2.

Закона РСФСР от 25 октября 1991 г.《О языках народов РСФСР》.

Конституция РФ, ст.68, п.1.

ФКЗ от 21 марта 2014 г.№ 6-ФКЗ, 2014.

Федеральный закон Российской Федерации от 1 июня 2005 г.№ 53-ФЗ 《О государственном языке Российской Федерации》//Российская газета, 7 июня 2005 г.

Закон СССР 《О языках народов СССР》 от 24 апреля 1990 г.

Закон РСФСР 《О языках народов РСФСР》 от 25 октября 1991 г.№ 1807-1.

Конституция РФ, 1993 г.

Федеральный закон О внесении изменений и дополнений в Закон РСФСР 《О языках народов РСФСР》 от 24 июля 1998 г.№ 126-ФЗ.

Федеральный закон О внесении дополнения в статью 3 Закона Российской Федерации 《О языках народов Российской Федерации》 от 11 декабря 2002 г. № 165-ФЗ.

Федеральный закон 《О государственном языке Российской Федерации》от 1 июня 2005 г. № 53-ФЗ.

Постановление Правительства Российской Федерации 《О порядке утверждения норм современного русского литературного языка при его использовании в качестве государственного языка Российской Федерации, правил русской орфографии и пунктуации》от 23 ноября 2006 г. № 714.

Указ Президента РФ 《О проведении Года русского языка》от 29 декабря 2006 г. № 1488.

Указ Президента Российской Федерации 《О внесении изменения в Положение о порядке рассмотрения вопросов гражданства Российской Федерации, утвержденное Указом Президента Российской Федерации от 14 ноября 2002 г. № 1325》от 15 июля 2008 г. № 1098.

Приказ Минобрнауки России 《Об утверждении списка грамматик, словарей и справочников》, содержащих нормы современного русского литературного языка при его использовании в качестве государственного языка Российской Федерации от 8 июня 2009 г. № 195.

Федеральный закон от 5 мая 2014 г. № 101-ФЗ 《О внесении изменений в Федеральный закон 《О государственном языке Российской Федерации》и отдельные законодательные акты Российской Федерации в связи с совершенствованием правового регулирования в сфере использования русского языка.

Указ Президента Российской Федерации 《О Совете при Президенте Российской Федерации по русскому языку》от 9 июня 2014 г. № 409.

Ляшенко Н. В. Русский язык как государственный язык Российской Федерации (теоретико-правовые аспекты). М.: Граница, 200.

Орешкина М. В. Языковая политика и языковые конфликты в современном мире. -М., 2014.

Постановление Правительства РФ от 20 июня 2011 г. № 492 "О федеральной целевой программе 'Русский язык' на 2011—2015 годы".

См. Федеральный закон Российской Федерации от 1 июня 2005 г. №

53-ФЗ 《О государственном языке Российской Федерации》//Российская газета, 7 июня 2005 г.

Постановление Правительства РФ от 23 ноября 2006 г. N 714 "О порядке утве рждения норм современного русского литературного языка при его использовании в качестве государственного языка Российской Федерации, правил русской орфографии и пунктуации".

Приказ Минобрнауки РФ от 08.06.2009 N 195 Об утверждении списка грамматик, словарей и справочников, содержащих нормы современного русского литературного языка при его использовании в качестве государственного языка Российской Федерации.

Выступление на Совете по государственной культурной политике при Председателе Совета Федерации 《Сохранение и развитие языковой культуры: нормативно-правовой аспект》（16 октября 2009 г.）//Электронный ресурс: http://www.molpalata.ru/opinions/o_merakh_po_sovershenstvovaniyu_rossiysk ogo_zakonodatelstva_v_oblasti_zashchity_russkogo_yazyka/.

Федеральный закон от 5 мая 2014 г.№ 101-ФЗ 《О внесении изменений в Федеральный закон "О государственном языке Российской Федерации" и отдельные законодательные акты Российской Федерации в связи с совершенствованием правового регулирования в сфере использования русского языка 》//Текст Федерального закона опубликован на 《Официальном интернет-портале правовой информации》（www.pravo.gov.ru）5 мая 2014 г., в 《Российской газете》от 7 мая 2014 г.№ 101, в Собрании законодательства Российской Федерации от 12 мая 2014 г.№ 19 ст.2306.

Пучкова М.В.Соответствие конституции и текущего законодательства РФ международным обязательствам РФ в области защиты национальных меньшинств//Проблемы правового регулирования межэтнических отношений и антидискриминационного законодательства в Российской Федерации.М., 2004.С.334.

Ляшенко Н.В.Великий и могучий русский язык//Жизнь национальностей.2004, № 2.

Фадеев В.В.Политико-правовые основы функционирования русского языка на постсоветском пространстве. Автореф. дисс. на соиск. уч. ст. канд.полит.наук.М., 2004.

加藤周一『現代世界を読む』（かもがわ出版、1993 年）。

船橋洋一「英語公用語論の思想——英語リテラシーは共存と信頼のテーマ」『言語』第八號、2000 年。

子安宣邦「〈國際語・日本語〉批判」三浦信孝編『多言語主義とは何か』（藤原書店、1997 年）。

西原鈴子「日本の言語政策の転換」田尻英三・大津由紀雄編『言語政策を問う！』（ひつじ書房、2010 年）。

橋内武.言語権・言語法——言語政策の観點から－［J］.國際文化論集，2012（1）。

常本照樹「人権主體としての個人と集団」『リーディングス現代の憲法』（日本評論社、1995 年）。

ソジエ内田恵美「日本の言語政策における統一性と多様性」"教養諸學研究"第 125 号、2008 年。

イ・ヨンスク『「國語」という思想 近代日本の言語認識』（岩波書店、1996 年）。

安田敏朗『「國語」の近代史』（中公新書、2006 年）。

小熊英二『日本人の境界』（新曜社、1998 年）。

村井実『アメリカ教育使節団報告書 全訳解読』（講談社、1979 年）。

文化庁編『國語施策百年史』（ぎょうせい 、2006 年）。

船橋洋一『あえて英語公用語論』（文春新書、2000 年）。

中村敬『「英語公用語化」から「日本語」を守るのはいわば「國防」問題 である 』（中公新書、2002 年）。

ジョン・C・マーハ＝川西由美子「日本におけるコリアン維持狀況」『新しい日本観・世界観に向かって』（國際書院、1994 年）。

加藤一夫「『北海道舊土人保護法』——戰後五〇年の視座から」『アイヌ語が國會に響く』（草風館、1997 年）。

北原きよ子「アイヌ——言語とその人々」『新しい日本観・世界観に向かって』（國際書院、1994 年）。

常本照樹「アイヌ新法制定への法的課題」『アイヌ語が國會に響く』（草風館、1997年）。

吉崎昌一「アイヌ文化講座を終えて」『アイヌ語が國會に響く』（草風館、1997年）。

林正寛「臺灣の多言語狀況と近代日本」田中克彦＝山脅直司＝糟穀啟介編『言語・國家そして權力』（新世社、1997年）。

손원일（2004），한글+한자문화 칼럼：<국어기본법>은 백해무익，≪한글한자문 화≫ 54，전국한자교육추진총연합회.

조항록（2007），<국어기본법>과 한국어 교육-제정의 의의와 시행 이후 한국어 교육계의 변화를 중심으로-，≪한국어 교육≫ 18권 2호，국제 한국어 교육학회.

김준희（2006），한국어 교사의 전문성-<국어 기본법> 이후 달라진 한국어 교사 양성 제도-，≪한말연구학회 학회발표집≫ 23，한말연구학회.

김진규（2005），<국어기본법>제정의 의의，≪한어문교육≫ 1，한국언 어문학교육학회.

권재일（2010），세계화 시대의 국어 정책 방향，≪국어국문학≫ 155，국어 국문학회.

이관규（2006），국어기본법 시대의 국어 정책 방향，≪한글≫ 272，한글 학회.

진재교（2006），<국어기본법>과 한문 교육의 방향-언어 내셔널리즘을 넘어-，≪한문교육연구≫ 27，한국한문교육학회.

박창원（2015），［특집］<국어기본법> 시행 10년, 그 성과와 나아갈 방향；<국어기본법> 10년을 되돌아보면서，≪새국어생활≫제 25권 제 3호，국립국어원.

변명섭.（2003).언어정책과 언어법제화의 양상.법과정책，9（0）.

김성은.（2011).1940년대 언어정책과 국민문학-잡지 매체를 중심으로- ［J］. 일본근대학연구，34（0）.

한글이 걸어온 길 ［Z］. 2015.

박용찬.（2008).국어 정책 혁신 방향과 "국어 기본법" - "국어 기본법"의 법률로서의 실효성과 의의를 중심으로- ［J］. 한말연구학회 학술발표논문집，2008（1）.

이광석. (2006).일반논문: 언어정책의 민간화에 관한 연구 [J]. 한국정책학회보, 15 (1).

조태린. (2010).논문: 공공언어 문제에 대한 정책적 개입 방식 [J]. 한말연구, 27 (0).

조태린. (2014).논문: 언어 소외 계층 대상 언어 정책의 현황과 과제 [J]. 한말연구, 34 (0).

강현석. (2014).세계 주요 언어의 국제적 위상 변화 양상과 국내 외국어 교육 정책에 대한 함축 [J]. 언어과학연구, 69 (0).

민현식. (2000).주제: 공용어 문제와 언어 정책 / 공용어론과 언어 정책 [J]. 이중언어학, 17 (0).

박갑수. (2000).주제: 공용어 문제와 언어 정책 / 한국인의 언어생활과 공용어 문제 [J]. 이중언어학, 17 (0).

조태린. (2009).논문: 언어 정책에서 법적 규정의 의미와 한계-국어기본법 다시 보기- [J]. 한말연구, 24 (0).

后　　记

　　本书受教育部哲学社会科学研究重大课题攻关项目"国家语言文字事业法律法规体系健全与完善研究"（项目批准号：14JZD050）资助，谨致谢忱！在本课题研究和本书撰写过程中，受制于小语种文献查找和利用能力，曾感到举步维艰。幸运的是，在此过程中，得到了许多精通外语的专家尤其是一些小语种如德语、法语、俄语、日语、韩语的学者的支援和协助，他们是：穆雷团队和杨可团队（广东外语外贸大学）、李善（广东外语外贸大学博士后研究人员）、吴悦旗（广东外语外贸大学南国商学院）、许顺福（华南师范大学）等。在此一并表示诚挚的谢意！还要特别致谢本书的责任编辑梁剑琴女士，她为本书的顺利出版付出了太多心力和辛苦！

　　本书是笔者与武汉大学法学院庄汉老师合作的成果，大致分工如下：杨解君撰写（第一章、第三章、第四章）；庄汉撰写（第二章、第五章、第六章、第七章）。

杨解君

2022 年 5 月 8 日